한자문화사상총서 02

# 한자 속의 화도(和道) 사상

장극화(臧克和) 저

김화영(金和英) 역

도서출판 **3**

한자문화사상총서 02

제목: 한자 속의 화도(和道) 사상

　　　The Philosophy of Hedao (和道, the Way of Harmony) in Chinese Characters

저자: 장극화(臧克和)

역자: 김화영(金和英)

원서: 漢字中的"和道"文化思想, 華東師範大學出版社, 2024.

한자문화사상총서 02

# 한자 속의 화도(和道) 사상

장극화(臧克和) 저

김화영(金和英) 역

도서출판 3

# 한자 속의
# 화도(和道) 사상

장극화(臧克和) 저

김화영(金和英) 역

## "한자문화사상총서" 한국어판 출판에 부쳐

경성대학교 한국한자연구소는 중국 화동사범대학 중국문자연구와응용센터와의 학술 협약을 통해 "한자문화사상총서" 제1집 3책을 한국어로 번역 출판하게 되었습니다. 이는 한중 양국의 한자학 연구 성과를 공유하고, 한자문화권의 학술적 소통을 심화하는 의미 있는 작업입니다.

이 총서는 한자를 단순한 문자기호가 아닌, 수천 년 동안 축적된 문화와 사상을 담은 인지체계로 접근합니다. 한자의 표층구조(형태적 변화)와 심층구조(사유방식과 문화관념)를 함께 탐구함으로써, 한자를 통해 어떻게 동아시아인들이 시간을 인식하고, 조화를 추구했으며, 예법을 실천했는지, 근본적 사유방식을 형성하고 전승해왔는지를 밝힙니다. 또 이들 관련 한자의 근원 및 의미파생 과정을 상세히 분석하여 관련 연구의 방법을 제공하고 있습니다.

처음 출간되는 제1집은 3권으로 구성됩니다. 『한자 속의 시간관념』은 한자에 내재된 시간인식의 특수성을, 『한자 속의 화도(和道)사상』은 조화와 균형을 추구하는 동아시아 철학의 문자적 구현을, 『한자 속의 예법(禮法)사상』은 예의와 질서관념이 한자 체계에 어떻게 반영되었는지를 다룹니다. 각 권은 갑골문, 금문, 전국문자 등에서 현대 한자에 이르는 문자 변천을 추적하면서, 그 속에 응축된 사유방식의 연속성과 변화를 상세히 규명합니다.

　이 총서는 전통적인 문자학과 훈고학을 넘어 인지언어학, 문화인류학, 철학을 융합한 학제적 연구로서, 한자학 연구의 새로운 지평을 열었다는 평가를 받고 있습니다. 특히 한자를 "사상의 살아 있는 화석"으로 보고, 문자 형태 속에서 문화원형과 사유구조를 읽어내는 방법론은 세계 문자학 연구에서도 독창적이라 할 수 있습니다. 이는 단순히 중국 고대문명을 이해하는 것을 넘어, 한자문화권 전체가 공유해온 정신적 토대를 재발견하고 천석(闡釋)하는 작업입니다.

　이번 출간에 이어 제2집 번역도 순차적으로 진행하여 한국 독자들에게 소개할 예정입니다. 나아가 한국한자연구소는 한국적 관점에서 독자적인 "한자문화사상총서"도 기획하고 있습니다. 한국인 관점의 한자문화연구는 물론 한국에서의 한자 수용과 변용, 한글과의 상호작용 속에서 형성된 고유한 한자문화를 조명하여, 동아시아 한자학 연구에 한국의 목소리를 더할 것입니다. 이를 통해 한·중·일 삼국의 한자연구가 대등하게 교류하고 발전하는 학술 생태계 구축에 기여하고자 합니다.

　이 자리를 빌려 제2권의 저자이자 중국 화동사범대학 중국문자연구와응용센터의 장극화(臧克和) 주임께 특별한 감사의 말씀도 전하고 싶습니다. 개인적으로 1994년 이후 학문적 인연을 맺어왔고, 2001년 "중국문자연구와응용센터"가 중국국가중점연구기지로 선정되면서 한자 배후에 녹아 있는 동아시아 문화와 사유특징을 연구하고자 한중일 삼국의 한자자료를 발굴하고 이들 자료의 문화적 속성을 천석(闡釋)해 왔습니다. 특히 2008년 한국한자연구소의 설립과 함께 두 기관은 매우 모범적인 협력연구를 진행해왔습니다. 이제 그 심화된 구체적 성과를 한국 독자들에게 선보입니다. 제3권과 제1권의 저자인 유지기(劉

志基), 서려군(徐麗群) 교수님께도 감사드립니다. 또 번역에 흔쾌히 참여해 올해 10월 일본 오사카교육대학에서 열리는 제11회 세계한자학회(WACCS)에 이 책을 선보이기 위해 초인적인 노력과 책임을 다해준 김화영(金和英) 교수께도 감사의 말씀을 전합니다.

역자를 대표하여
한국한자연구소 소장 하영삼 씁니다.
2025년 10월

# "한자문화사상총서" 출판설명

## 1. 한자 인지구조: 심층과 표층

한자의 인지는 표층구조와 심층구조로 나뉩니다. 먼저 '재(齋)'자의 구조 변화의 연쇄 과정을 예로 들어 살펴보겠습니다.

금문(金文)

전국초간(戰國楚簡)

진저초문(秦詛楚文)

서한연거신간
(西漢居延新簡)

동한비치비
(東漢肥致碑)

동한회원묘비
(東漢淮源廟碑)

북위원각빈묘지
(北魏元恪嬪墓志)

당이전묘지
(唐李瑱墓志)

　주(周)나라 금문으로부터 한대(漢代) 간독석각 문자까지 상당 기간 동안 제사
나 의식을 거행하는 과정에서 몸과 마음의 경건함을 중시하고, 제물은 정결해
야 한다는 관념이 존재했습니다. 이를 형식적으로 나타낸 것이 '재(齋)'자인데,
이는 형성(形聲)구조로 '시(示)'가 의미부이고 '제(齊)'의 생략된 부분이 소리부이
지만, '제(齊)'는 의미도 함께 표시합니다. '재(齋)'는 곧 정제(整齊: 가지런하게 하
다)를 말하는데, 고대인들이 제사나 의식을 거행하기 전에 몸과 마음을 정결하
게 하여 경건함을 내보이던 것에 비유됩니다. 동시에 이러한 관념은 제사에 바
칠 제수(祭需)에 관한 규정도 포함되었는데, 전국시대 초간(楚簡)의 관련 기록을
참고할 수 있습니다.[1]

　고대인들은 제사나 어떤 의식을 거행하기 전에 마음을 비우고 욕망을 줄이며
몸을 깨끗이 하고 먹는 것을 정결하게 함으로써, 이 일에 대해 경건함을 표시했
습니다. 이러한 관념이 문자에 표현되어 나온 것이 형식적 즉 표층구조에 속하
며, 이에 상응하는 관념의 형태 단위는 심층구조에 속합니다. 심층구조로의 발
전 변화는 또 종종 표층구조에 대해서도 조정을 일으키기도 합니다. '재(齋)'자

---

1) 상해박물관 소장 『전국초죽서(戰國楚竹書)』 제1책에 수록된 「공자시론(孔子詩論)」 제9
간(簡)에는 "손과덕고(巽寡悳古)"라는 말이 수록되었는데, 이는 "음식이 정결하고 고례
(古禮)에 합당하다(具食精洁·合乎古禮)."로 해석될 수 있다. (장극화(臧克和) 저, 『간독과
학술(簡帛與學術)』, 정주(鄭州): 대상출판사(大象出版社), 2010년, 81-82쪽 참조). 『설문
해자(說文解字)』에서는 "재(齋)는 계(戒)이며, 정결하다(洁)는 뜻이다. 시(示)가 의미부이
고, 제(齊)의 생략된 모습이 소리부이다.(齋, 戒. 洁也. 從示, 齊省聲.)"고 설명한다. 또 『
옥편(玉篇)』에서는 "재(齋)에 대해, 『주역(周易)』에서는 '성인은 이것으로 재계(齋戒)한
다.'라고 했는데, 한강백(韓康伯)은 '마음을 씻음을 재(齋)라 하고, 근심을 방지하는 것
을 계(戒)라 한다.'라고 하였다. 또 공경(敬)의 의미이기도 하다."라고 했다.

의 예처럼, 일정 단계에 이르러 '심재(心齋)' 즉 잡념을 제거하여 마음을 순수하게 하는 관념이 나오게 되었습니다. 평소에 술을 마시지 않고 육식을 금하는 등의 경건한 절제를 강조하거나, 심지어 특정 시간에는 아예 먹지 않는, 즉 '재를 먹다(吃齋, chī zhāi)', '채식을 하다(吃素, chī sù)' 등과 같은 규정이 생겼습니다. 인도의 불교가 동방으로 전파되면서 불교 계율에 따라 비구들은 정오 이후에는 식사를 하지 않게 되었는데, 아침과 점심때의 식사를 '재(齋)'라 하였습니다. 소승불교의 계율에 따르면 단지 정오 이후 식사를 금했을 뿐 정결한 고기를 먹는 것까지는 금하지는 않았으나, 후인들은 대승 불교의 별의(別意)에 따라 채식하는 것을 '재(齋)'로 여겼습니다. 그래서 위의 자료에서처럼 당나라 때의 석각문자에서는 (재(齋)를 구성하는 시(示)가) '미(米)'로 변화한 구조가 나타나게 되었습니다. 문자 코드표에는 또 '재(粂: 재계하다)'나 '재(齋: 재계하다)'와 같은 구조도 보존되어 있는데, 이 역시 특정 시간의 음식에 대한 제약이나 금식을 반영합니다. 이처럼 관념 형태의 심층구조가 변화하면, 문자의 표층구조도 종종 그에 맞게 조정됩니다.

　한자의 창조와 사용 역사는 수천 년 동안 단절되지 않았는데, 이는 세계의 다양한 문자 체계 중에서 유일무이한 예입니다. 이는 상당 부분 한자 인지구조의 심층과 표층 관계에 기인합니다. 문화 사상의 자원이라는 속성으로서 한자 체계는 그 역사가 유구하고, 층위가 풍부하며, 영역이 광범위하여 모든 것과 관련되어 있습니다. 각종 문화 가치 체계의 다른 핵심 범주들의 경우, 이처럼 깊고 순수하며 선명한 것은 드뭅니다.

　전문가들의 조사 연구에 따르면, 한자의 구조 방식은 중국 고대인들의 유비(類比) 인지모델을 축적 반영하고 있다고 합니다. 유비 인지관념은 바로 한자를 구성하는 심층구조입니다. 이를 바탕으로 한자 구조의 변화와 발전이라는 연쇄사슬을 통해 한자 인지의 심층구조에 도달할 수 있습니다. 한자 심층구조의 발굴을 통해 한자 관념발전사의 실마리를 찾아 복원함으로써 중국문화의 정신적 특징과 관련된 가치 관념을 계승할 수 있습니다. 고전문헌 정리라는 기초 작업과 비교해 본다면, 이러한 한자 심층구조와 관련된 자료의 구축은 한자문화에 내재된 정신 계승의 새로운 매체를 육성하는 것에 해당합니다.


## 2. 한자의 학술적 전통: 의리와 고증

중국의 학술은 의리(義理), 사장(辭章), 고증(考據)의 세 계층으로 나뉘는데, 한자문화 사상을 핵심으로 하여 빛나는 학술적 전통, 즉 의리와 고증의 융관회통(融貫會通)을 형성했습니다. 이 회통은 문자(文字)와 음운(音韻)과 훈고(訓詁)의 고증을 통해 실현되었습니다. 한학(漢學)이 발전하여 청나라 때의 박학(樸學)에 이르렀을 때, 대동원(戴東原), 단옥재(段玉裁), 왕념손(王念孫), 왕인지(王引之), 전대흔(錢大昕) 등과 같이 한 시대를 풍미했던 대가들은 "의리(義理)는 훈고(訓詁) 속에 존재한다"라고 분명하게 선포했습니다. 훈고의 방식은 실제로 고증이며, 훈고의 주체는 바로 문자와 음운입니다.2)

---

2) 소리는 다양한 형체들을 통섭(統攝)하며 연계를 이루고, 구조적인 형체는 동일한 음절(音節)의 변별을 생성한다. 그자(字)→어휘(詞)→도(道), 의미(意)→어휘(詞)→글자(字)라는 이 상호 관계는 청대 고증학자이자 철학자인 대진(戴震)이 문자고증(文字考據)과 의리(義理) 관념의 관계에 대해 내린 결론이다. 즉, 전체로서의 도(道)에 대한 원초적 인식과 부분으로서의 훈고학적 해석(訓詁解釋)은 고증의 경로 상에서 상호 보완적이며 순환적인 관계에 있다.(장극화(臧克和) 저, 『중국문자와 유학사상(中國文字與儒學思想)』, 남녕(南寧): 광서교육출판사(廣西敎育出版社), 1996년, 221쪽 참조; [한국어 번역본]

　전통적으로 한자는 예(禮), 악(樂), 사(射), 어(馭), 서(書), 수(數) 즉 '육예(六藝)'의 하나로, 다섯 번째에 배열되어 있습니다. 고대에는 "예(藝)에서 노닌다(遊於藝)"는 학문적 경험이 있어, 문자의 서사와 운용을 '제오유(第五游)'라고도 불렸습니다.3) 중국 학술사에는 '문자로 역사를 증명하는(以字證史)' 관습이 있습니다. 한자를 사용을 해온 '한자문화권'의 여러 학문도 종종 한자체계를 중국 상고 삼대(三代) 이래의 인지구조와 관념 체계 구축의 기초로 삼고 있습니다.4) 이렇듯 한자의 구조 체계는 바로 인지관념의 자취입니다.

---

　『한자와 유학사상』, 김화영(역), 학고방, 2024). 한 가지 지적해야 할 점은, 전종서(錢鍾書)(『관추편(管錐編)』 제1책, 북경: 중화서국(中華書局), 1979년, 172쪽)가 박학(樸學)의 해고(解詁) 기술 경로를 대상으로 이를 '해석학적 순환원리(闡釋循環原理)'로 규정하고 다음과 같이 설명했다는 점이다. "작은 것을 쌓아 큰 것을 밝히고(積小以明大), 다시 큰 것을 들어 작은 것을 관통하며(擧大以貫小); 말단을 미루어 근본에 이르고(推末以至本), 다시 근본을 탐구하여 말단을 궁구한다(探本以窮末). 상호교차하고 왕복함으로써(交互往復), 비로소 의미해석이 원만하고 충분해지며(義解圓足), 편협하고 메마름을 면할 수 있다(免於偏枯)."(장극화(臧克和), 「『관추편(管錐編)』 훈고학 사상 초탐(訓詁思想初探)」, 『화동사범대학학보(철학사회과학판)』(華東師範大學學報(哲學社會科學版)) 1989년 제3호 참조).

3) 한국한자연구소(韓國漢字研究所)에 수집된 한국 고대자전 중에 『제오류(第五游)』라는 이름의 자서가 포함되어 있다. [역주] 하영삼(河永三), 『제오유 정리와 연구(第五游 整理與研究)』, 상해: 상해인민출판사, 2012) 참조.

4) 전종서(錢鍾書)는 『관추편(管錐編)』에서 학문 연구에서 가장 핵심으로 느꼈던 부분에 대해 다음과 같이 논하였다. "심성(心性)에 대해 가진 한 시대의 고정관념과 선입견이 당대의 풍조로 퍼져나감에 따라, 그 시대의 의리(義理)를 다룬 책들은 [속 내용이] 너무나 익숙해져 서로 잊히고, 소홀히 여겨지며 드러나지 않게 된 것들이 흔히 문장(文詞)과 언어(語言) 속에 드러나게 마련이다.("一代於心性之結習成見, 風氣扇被, 當時義理之書熟而相忘·忽而不著者, 往往流露於文詞語言.)" 이는 거장의 식견과, 사장(辭章)·의리(義理)·고증(考據)의 학문적 방법론이 하나로 통하는 지점을 잘 드러내는 말이다.

## 3. 한자문화 사상: 매체와 자원

한자의 구조와 서사체계는 문화를 전승하고 짊어지는 속성을 가지고 있습니다. 한자문화는 앞서 언급한 관념 형태의 '심층구조'를 함축하고 있습니다. 중국 학술사에는 '문자로 경전을 해석하고(假字解經)', '문자로 역사를 증명하는(以字證史)' 오랜 전통이 있습니다. 이처럼 문자학은 예로부터 중국 전통 인문학의 근간이었습니다.

한(漢)나라 허신(許愼)의 『설문해자(說文解字)』는 1만여 자의 고대 한자에 대한 구조를 저장하고 있으며, 고대 중국인들의 자연과 인본에 대한 '심성의 고정된 견해'를 백과사전식으로 직접 보여주고 있습니다. 관찰과 인식을 통해 유형과 계층으로 분류하고, 풍부한 한자 인지모델을 가장 체계적으로 연역했습니다.

한자의 고증과 해석 과정은 고대 한자 구조의 내재적 연계를 통해 민족 고유의 순수하고 선명한 관념과 사상을 발굴하여 추출할 수 있고, 지식을 채집하고 발전과 형성과정을 분석할 수 있음을 보여줍니다. 예를 들어, '화(和)'자류 인지구조에 체현된 '화해(和諧)'의 관념사, '인(仁)'자류 인지구조에 저장된 인애(仁愛)와 인본(人本) 의식, '덕(德)'자류 인지구조에 전달된 원초적 도덕 율령, '예의(禮儀)'자류 인지구조에 축적된 인생 예의 태도, '시령(時令)'자류 인지구조에 침전된 시간관념의 발전사 등이 그렇습니다. 바로 이런 의미에서, 체계적인 한자문화 지식의 발굴은 중국 인지구조와 문화 사상 자원의 저장고를 구성한다고 해도 전혀 과장이 아닐 것입니다.

## 4. 한자 지혜의 전승: 지식과 지능

한자의 문화적 속성은 인지구조적 측면에서 구현됩니다. 한자의 인지구조는 고대 중국 사회의 풍부한 유비적(類比的) 인지 모델로 나타납니다. 한자가 구현하는 중국적 인지구조는 '형태로 의미를 나타내고(以形表意)' '유사성에 의해 체계를 이루며(以類相成)', 무엇보다도 한자 체계의 분류 즉 문자가 나타내는 사물의 외연 범위에 따라 일련의 의식 관념 구조 범주로 구분되는 것에서 먼저 드러납니다. 그리고 각 범주는 바로 '부류의 채택(取類)' – 취하는 바는 유(類)와 속(屬)이지 더 이상 구체적인 형태 단위가 아닙니다 – 에 해당합니다.

한자 고증과 해석의 역사적 과정이 보여주듯, 고대 한자 구조의 내재적 연계를 통해 민족 고유의 순수하고 선명한 의식 관념의 범주를 발굴하여 추출할 수 있습니다. 또 그 근원을 명확히 하고 흐름을 관찰하며, 한자 체계 발전 과정에서 지식을 채집할 수도 있습니다 – 이는 중국민족 인지구조의 문화 자원의 저장고를 구성합니다.

언어(인류의 인지 방식과 인지 결과)가 세계를 건설했다기보다는 문자가 세계(천인관계, 사물관계, 인간관계)를 고정시켰다고 볼 수 있습니다. 문자 표기는 세계 만물에 형태를 부여하여 만물이 저장하고, 분류하고, 추출될 수 있도록 했으며, 나아가 상호 연결되어 격물(格物)과 치지(致知)가 가능하게 했습니다. 이를 통해 세계는 '장면화(場景化)'되어 확정되고 파악 가능하게 됩니다. 21세기 이래, 인류사회는 제2차 체계적 코딩, 즉 문자 체계 자체의 디지털화 처리를 완성하여 이 세계를 디지털 지능시대에 진입하게 했습니다.

회의(會意)와 의회(意會)는 지식을 생산합니다.[5] 한자 구조의 인지는 독체(獨體)건 합체(合體)건 모두 전문 작업자의 대뇌를 통한 의회(意會: 의미 파악)라는 가공 과정이 필요합니다. 합체로 된 복합 구조의 한자도 옛 사람들이 말하는 '형성(形聲)'과 '회의(會意)'입니다. '회의(會意)'는 말할 필요도 없이 본질적으로는 '의회(意會)'이며, 회합에 참여하는 몇 개의 문자 부호를 정리하여 하나의 글자구성 의미를 도출해내는 것입니다. 간단히 말해 해독하는 사람의 '의회(意會)' 과정이라 하겠습니다. 구조 주체의 인지 과정으로서의 '형성(形聲)'류도 실제로는 '의회(意會)'의 참여 가공에서 벗어날 수 없습니다. 인류 인식의 발생과 발전사에서 의회(意會) 지식은 모든 지식의 기초이자 원천이었습니다. 폴라니(Michael Polanyi)는 "의회 지식이 말로 전하는(言傳) 지식보다 더 기본적이다. 우리는 말할 수 있는 것보다 알 수 있는 것이 많으며, 말로 전할 수 없는 이해에 의존하지 않으면 아무것도 말할 수 없다."라고 했습니다.[6] 이는 의회 지식이

---

5) [역주] 회의(會意)는 한자구성의 원리(육서 중 하나)를 지칭하는 용어로, 두 개 이상의 한자(문자부호)가 결합하여 새로운 의미를 생성하는 방식을 가리키며, 이는 문자 자체의 속성에 해당한다(예컨대 인(人)과 목(木)이 합쳐져 '나무에 기대어 쉬는 모습'에서 '쉬다'는 뜻을 그려낸다). 이에 반해 의회(意會)는 인간의 인지과정(Cognitive Process)을 설명하는 말로, 명시적으로 설명되지 않은 내용이나 관계를 직관적으로 이해하거나 함축적인 의미를 스스로 파악하는 심리적 작용을 말하는데, 이는 사람의 마음속에서 일어나는 활동에 속한다. 한국어로는 '의미를 헤아리다', '함축적 의미를 파악하다' 등으로 해석 가능하다.

6) [역주] 마이클 폴라니(Michael Polanyi, 1891-1976)는 헝가리 출신의 영국 철학자이다. 그는 원래 뛰어난 물리 화학자였으나, 후에 철학과 사회과학 연구로 전향하여 물리화학, 경제학, 철학 등 여러 분야에서 중요한 이론적 공헌을 했다. 그의 사상은 광범위하고 심오하며, 평생 동안 많은 저술을 남겼는데, 주요 저서로는 개인적 지식, 과학, 신념과 사회, 인지와 존재, 사회, 경제와 철학—폴라니 문선 등이 있으며, 과학철학, 인식론, 경제이론에 깊은 영향을 미쳤다. 특히 그가 제시한 암묵적 인지론(意會認知論)은 그의 사상 체계의 핵심 이론이다. 그는 암묵적 인지의 구조, 작동 메커니즘, 위치와 역

시간적으로 논리적이고, 말로 전해지는 지식보다 선행하며, 의회(意會) 없이는 말로 전해지는 지식을 생성하거나 이해할 수 없다는 뜻입니다. 글자의 창제(造字)는 의회(意會)를 떠날 수 없고, 자형과 자의를 해독하는 것도 반드시 의회(意會) 능력의 간여가 필요합니다. 이에 근거하면, 인공지능(AI)은 표지된 프로그램을 따라 '내용'만 생산할 수 있을 뿐, '지식'을 생산할 수 없습니다. 지식은 발굴을 기다려야 하며, 기계학습은 논리를 따르고 표지를 기다립니다. 이런 의미에서 기계 학습은 한자지식의 발굴과 채집 및 전승을 대체할 수 없습니다.[7]

## 5. 한자 지식의 발굴과 학문 전승

인문학은 보편적으로 학제간의 성격을 갖습니다. 1980~90년대 화동사범대학에는 '문화문자학'이라 불리는 한자학파가 있었습니다.[8] 세월이 흐르면서 이

---

할을 체계적으로 탐구했을 뿐만 아니라, 이러한 분석을 과학, 사회, 그리고 많은 전통적 철학 문제에 대한 사고에 적용했다.

7) 이경원(李景源), 『원시 인지연구(史前認識研究)』, 장사(長沙): 호남교육출판사(湖南教育出版社), 1989년, 78-80쪽.

8) 이령박(李玲璞)·장극화(臧克和)·유지기(劉志基), 『고대한자와 중국문화의 근원(古漢字與中國文化源)』, 귀양(貴陽): 귀주인민출판사(貴州人民出版社), 1997년. 장극화(臧克和), 『한어 문자와 심미심리(漢語文字與審美心理)』, 상해(上海): 학림출판사(學林出版社), 1990년. 장극화(臧克和), 『설문해자의 문화적 설해(說文解字的文化說解)』, 무한(武漢): 호북인민출판사(湖北人民出版社), 1994년. 장극화(臧克和), 『중국문자와 유학사상(中國文字與儒學思想)』, 남녕(南寧): 광서교육출판사(廣西教育出版社), 1996년. 장극화(臧克和), 『한자 단위 관념사 고찰(漢字單位觀念史考述)』, 상해(上海): 학림출판사(學林出版社), 1998년. 장극화(臧克和), 『상서 문자 교고(尙書文字校詁)』, 상해(上海): 상해교육출판사(上海教育出版社), 1999년. 장극화(臧克和) 주편(主編), 『한자연구 신시야 총서(漢字研究新視野叢書)』(11종), 남녕(南寧): 광서교육출판사(廣西教育出版社), 1996-2000년. 유지기(劉志基), 『

학파가 남긴 중국 문자가 함축하고 있는 예속사(禮俗史), 예술사, 관념사상사에
관한 일련의 연구 성과는 국내외 관련 전문 영역에서 여전히 광범위하고 깊은
영향을 미치고 있습니다. 작금의 "설문학" 연구 총목과 같은 문헌 목록 및 인
터넷 검색 엔진에서도 여전히 이와 관련된 대량의 관련 정보를 발견할 수 있습
니다.

지난 20여 년간 우리 화동사범대학교의 '한어문자학'은 줄곧 상해시 정부의
중점 학과로 건설되어 왔습니다. 세계를 향한 한자학과 플랫폼 체계로서 '화동
사범대학 중국문자연구와응용센터'는 중국교육부 인문사회과학 중점 연구기지
로 기능해왔습니다. 연구기지는 전 세계를 대상으로 『중국문자연구』, 『중국문
자』(*Journal of Chinese Writing Systems*) 등을 편집 발행했습니다. 국제적으
로는 한국 경성(慶星)대학의 한국한자연구소, 이스라엘 히브리대학의 고고연구
소, 일본 교토 리츠메이칸(立命館)대학의 동양문자문화연구소, 독일 본(Bonn)
대학의 한학과 등과 전문 프로젝트의 장기적 심층적 협력을 전개해 왔습니다.
이들 학과와 연구소들은 자체 연구 개발을 통해 통용 가능한 완전한 '고문자
자형집'을 구축하여, '신문방송학과' 영역의 중국문자 지능화 데이터베이스 등
을 최초로 구축하기도 했습니다. 이러한 과제가 포괄하는 일련의 프로젝트의
전개와 한자 지식의 심층적 채집은 향후 인공지능 기계학습에 동양 문화와 관
련된 데이터의 추진력을 제공하고, 인간과 기계가 융합된 최적의 발전을 실현

---

한자와 고대 인생 풍속(漢字與古代人生風俗)』, 상해(上海): 화동사범대학출판사(華東師範
大學出版社), 1995년. 유지기(劉志基), 『한자문화 종론(漢字文化綜論)』, 남녕(南寧): 광서
교육출판사(廣西教育出版社), 1996년. 유지기(劉志基), 『한자 체태론(漢字體態論)』, 남녕
(南寧): 광서교육출판사(廣西教育出版社), 1999년. 유지기(劉志基) 주편(主編), 『문자중국
총서(文字中國叢書)』(5종), 정주(鄭州): 대상출판사(大象出版社), 2006년.

할 것입니다.


## 6. '근본을 다지고 영혼을 함양하는' 일반교양 성격의 한자

화동사범대학(華東師範大學)은 학과 건설의 실제 상황에 기반하여 위와 같은 학과 자원을 통합하고, 일반교양 과정을 문자학 기초 위에 현실적으로 정착시키려 시도해왔습니다. 이를 통해 다양한 학과 전공 배경을 가진 독자들이 새로운 시대의 국가 거버넌스라는 위대한 실천 속에서 추출된 문화 사상과 핵심 가치관을 충분히 이해할 수 있도록 하였습니다. 이는 뿌리 깊은 우수한 전통 문화의 토양에 기반을 두고 탄탄한 학문적 이론 기초를 갖추어, 고유한 인지 연결 채널을 회복하거나 구축하고 '근본을 다지고 영혼을 함양한다(培根鑄魂)'는 목표를 실현하기 위함입니다.

이를 위해 화동사범대학교 당위원회는 관련 팀을 구성하여 학제 간 연구를 기반으로 조사 연구를 수행하고 지식을 발굴하여 "한자문화사상전승총서(漢字文化思想傳承叢書)"를 집필하게 되었습니다. 이는 다양한 전공 배경을 가진 독자들에게 상대적으로 보편적인 교양적 성격의 독본을 제공하고, 동시에 '한자문화권'은 물론 전 세계의 광범위한 독자들이 중국의 우수한 문화 전통을 인식하고 한자의 '인지원형(認知原型)'의 기억을 활성화할 수 있는 새로운 시각, 새로운 방법, 새로운 자료를 제공하기를 바라는 마음에서였습니다.

개방적 성격을 지니는 본 총서는 앞으로 독자들의 필요에 따라 지속적으로 발전을 거듭하며 다양한 주제별 시리즈를 선보일 계획입니다. 사회 각계각층의 관심과 지원을 부탁드리며, 이 시리즈가 함께 발전해 나가길 기대합니다. 이를 통해 '근본을 다지고 정신을 함양하며(培根鑄魂)', 진정한 문화와 사상적 자신 감을 확립하는 한자 속의 '화합의 길(和道)'이라는 이 거대한 과업이 훌륭히 완 수되길 바랍니다.

## 7. 체제와 설명

### (1) 설계 이념

새로운 출토 자료가 끊임없이 발굴되고 다양한 유형의 정보가 점점 더 풍부 해지는 '빅데이터' 환경 아래, 본 총서의 기획 의도는 문자해독(文字釋讀)을 통 해 객관적이고 신뢰할 수 있는 지식을 발굴하는 데 있습니다. '의미는 구조 속 에 존재한다'는 원칙에 따라, 본 총서에서 조사·분석한 자형(字形) 구조의 경우 '부수별로 유형을 모아(成部類聚)' 배열하고 비교하며, 동일 문자의 서로 다른 형체의 역사적인 '동태적 변화' 과정을 주의 깊게 관찰하고, 특정 단위의 관념 발전사를 발굴하려 노력했습니다. 또 다양한 문자 데이터 플랫폼을 통합하여 추상적인 관념과 의식을 가능한 한 직관적인 구체적 형상(具象)으로 전환하고 자 했습니다. 본문을 집필하는 과정에서 다양한 전공 배경을 가진 독자와 사용 자의 요구를 충분히 고려하였습니다.

### (2) 이중 구조 및 그 기원과 흐름

각 글자의 유형은 분석과 입증의 필요에 따라, 갑골문(甲骨文), 금문(金文), 전국시대 죽간문자(戰國簡文)와 백서(帛書), 고대 새인문자(古璽印文), 고대 도 기문자(古陶文), 고대 화폐문자(古幣文), 진한 시대 죽간문자(秦漢簡文)와 백서

(帛書), 석각 전서(石刻篆文), 『설문해자(說文解字)』('신부(新附)' 부분 포함), 한 (漢)나라부터 수당·오대 시대의 석각문자(漢至隋唐五代石刻文字), 『간록자서(干 祿字書)』, 『오경문자(五經文字)』, 『구경자양(九經字樣)』 등의 다양한 자양학(字 樣學) 문헌을 참고했습니다. 이를 통해 각 시대별로 실제 사용된 대표적인 원 형문자를 순차적으로 배열하고 비교하여, 한자 구조의 기원과 발전 역사를 객 관적이고 사실적으로 드러내고자 하였습니다. 이는 글자꼴(字體)의 발전과 그 속에 체현된 인지구조 및 개념의 진화 과정을 중점적으로 보여주며, 이를 통해 다양한 학문 분야 간의 유기적인 연결을 실현하는 데 목적이 있습니다.

(3) 이중 구조 및 그 분석

본문에서는 이중적인 복합 구조를 실현하고자 했습니다. 각 시대의 문자 기 록에 대한 실제적 고증을 바탕으로, 다양한 유형의 자형(字形) 구조 간의 변화 와 그 원인을 정확하게 분석하여, 전승 고전문헌의 기록과 상호 검증을 이루고 자 했습니다. 이를 통해 이미 숨어있거나, 단절되거나, 사라진 일련의 형태－의 미 간의 연결 단서를 새로이 재구했습니다. 다만, 예서(隸書)와 해서(楷書)로만 전해지는 자형에 대한 구조 분석은 단지 이해를 위한 참고용으로 제공하는 것 임을 밝혀둡니다.

구조 분석과정에서는 한자의 시대적 요소, 즉 구조의 변이 유형, 변화 과정 의 과도기 유형, 새로 증가된 자형의 유형, 서체 변환의 유형, 그리고 자형의 정형화 등 자형 구조 간의 기본적인 시간적 층위를 부각시켜 강조하였습니다. 나아가 이는 인지구조의 발전사의 기술과 문자사용의 시대 구분을 위한 참조 좌표를 제공할 것입니다.

한자의 의미와 연관성은 특정 구조 및 그 구조의 사용 과정 속에 존재합니다. 자형(字形)으로 의미를 연계하고 의미를 구별하는 것, 즉 자형 사용으로 인해 생성된 기본 의미 항목과 그들 간의 논리적 발전의 단서는 모두 구조 및 구조 사용 과정 속에서 고찰되어야 합니다. 자의(字義)의 설명은 구조의 전체성 원칙, 즉 인지구조적 의미가 구조 관계에 기반한 전체적 규정임을 강조했습니다. 동시에 연구는 실제 사용 '맥락(語境)'의 규정을 벗어나지 않는 원칙을 일관되게 유지하였으며, 이미 단절된 어떤 특수 의미 항목(義項)의 맥락적 연관을 회복하려 노력했습니다. 이를 통해 자의(字義) 체계의 기술이 더욱 명확하게 규정되고 대조 통일된 해석 구조 속에 놓이도록 하였으며, 데이터 사슬(근본을 다짐)과 의식 사슬(정신의 정련)이라는 이중 텍스트 복합 구조의 관계를 잘 처리하고자 하였습니다.

(4) 참고 문헌 및 그 표기

문헌의 정확성과 신뢰성을 보장하기 위해, 자형(字形) 이미지는 모두 출토 문자와 전래 자서(字書) 데이터셋, 즉 '중국문자 지능화 데이터베이스(中國文字智能化數據庫)'에서 채택하였습니다. 본문 중 자형의 기원과 흐름을 반영하는 다양한 고문자 자료의 출처는 본문에 따라 간칭(簡稱)의 형식으로 표기하여, 문헌 기록의 연대와 매체의 성질을 밝히는 역할을 하도록 했습니다. 이 책의 본문 뒤에는 '참고문헌'을 별도로 수록했습니다.

(5) 각주 내용

이는 두 부분을 포함합니다. 첫째는 본문에 확실히 보충이 필요한 사항, 둘째는 문헌 출처 등과 관련된 정보를 제공하는 것입니다.

본 총서에서 언급한 다양한 출토 고문자 데이터는 일반적으로 화동사범대학 (華東師範大學) 중국문자연구와응용센터에서 개발한 '중국문자 지능화 데이터 베이스(中國文字智能化數據庫)'에서 가져왔습니다. 편폭의 제한과 다양한 전공 배경 및 다양한 수준의 사용자 요구를 충족시키기 위해, 본문의 서술 과정에서 문자 데이터는 모두 간략하게 처리하였습니다. 향후 독자들은 생성형 인공지능 (AI) 도구를 통해 가시화된 문화 환경에 접근할 수 있을 것이며, 이러한 유형 의 기능에 대해서는 총서가 지속적으로 발전해 가며 끊임없이 보완해 나갈 것 을 약속드립니다.

'한자문화사상전승총서' 편집위원회를 대표하여
장극화(臧克和) 씁니다
2023년 7월 14일

# 목차

# 제1장
# 화(禾)계열
# 한자

# 제1장 '화(禾)' 계열 문자의 연관성

농업 문명의 발전수준은 '화(禾)' 계열 문자의 인지구조 및 그것이 맺고 있는 광범위한 연관성 속에서 드러난다. 화(禾) 계열 문자의 인지구조는 곡식에 적합한 생장 주기와 그에 상응하는 물리적 속성을 반영한다. 이러한 복잡하고 광범위한 연관성을 체계화하는 것은 '화(盉)'·'화(和)'·'화(龢)' 등과 같은 분화자의 어원적 관계를 이해하는 데 도움이 된다.

## 제1절 '화(禾)' 계열 문자의 속성

### (1) 화(禾): 명칭과 유래

'화(和)'는 소리부인 '화(禾)'와 의미부인 '구(口)'가 합쳐져 이루어진 글자이다. 『설문·화(禾)부수』에서는 이렇게 설명했다.

> 화(禾)는 '곡식'을 말한다. 2월에 처음 자라나 8월이면 익는다. 때의 정확함을 얻어야 하기 때문에 화(禾)라고 부른다. 화(禾)는 목(木)에 속한다. 그래서

목(木)의 기운이 왕 노릇을 할 때 자라나고 금(金)이 왕 노릇을 할 때 죽는
다. 목(木)이 의미부이고, 또 수(𥝩)의 생략된 모습이 의미부인데, 수(𥝩)는
곡식 이삭의 모습을 본뜬 것이다.(禾: 嘉穀也. 二月始生, 八月而熟, 得時之中,
故謂之禾. 禾, 木也. 木王而生, 金王而死. 從木從𥝩省, 𥝩象其穗.)[1]

한(漢)나라 때의 문자학자 허신(許愼)은 여기서의 의회(意會)적 분석을 통해,
원래의 상형(象形)의 독체(獨體) 구조를 두 부분으로 분리해 해석했는데, 이는
한(漢)나라 때 오행설(五行說)의 영향이 뚜렷이 반영된 것이다. 역대 학자들은
이에 대한 이해에서 일정한 견해 차이를 보여 왔다.[2]

실제로 증거에 따르면, '화(禾)'는 독체 구조로서, 이미 그 안에서 다시 '배경
요소'를 분석해 낼 수 없는 상태이다. 사람들이 생산 지식의 인지적 과정에서도
여전히 '의회(意會)'의 개입은 불가피하다. '화(禾)'의 형태가 상형문자인데, 이로
부터 '목(木)' 즉 나무를 분해해 내거나, 머리 부분의 '곡식의 이삭(穀穗)'을 분리

---

1) 곡(谷)은 '곡(穀)'의 간체자(簡體字)로서, '산골[山谷]'의 '곡(谷)'자와 동형자(同形字) 관계
   이다. 본서 이하의 서술에서는 『설문』을 약칭으로 사용한다. 자료는 화동사범대학(華東
   師範大學) 중국문자연구와 응용센터(中國文字硏究與應用中心)의 '중국 문자 인공지능 기
   반 검색 네트워크 데이터베이스(中國文字智能檢索網絡數據庫)'(https://wjwx.ecnu.edu.cn/)
   에서 채록하였다. 이하 제시되는 각 글자의 출토문자(出土文字), 『자휘(字彙)』, 운서(韻
   書) 기록은 모두 이 출처를 따르며, 재차 주석하지 않는다.
2) 송대(宋代)의 문자학자 서현(徐鉉)은 '득지중화(得之中和)'는 마땅히 '득시지중(得時之
   中)'으로 해석해야 하며, 원래 '수(𥝩)의 생략된 모습으로 구성되었는데, 수(𥝩)는 그
   이삭을 상징한다는 내용이 있었다."고 주장했다. 여기에서 인용한 『설문』은 송대 서현
   (徐鉉)의 교정본으로, 송대 학자들의 일부 관념이 보존되어 있다. 청대(淸代) 단옥재(段
   玉裁)는 "가(嘉)와 화(禾)는 첩운(疊韻) 관계에 있으며, 화(禾)와 화(和) 또한 첩운 관계
   이다. 고대 문헌에서 초(艸)와 목(木)은 모두 화(禾)로 지칭될 수 있었다."라고 해석했
   다. '목(木)'자의 상단 부분은, 왕념손(王念孫)의 설을 인용하여 이삭 부분을 지시하는
   데 사용되었다고 말했다.

해 내는 해석은 이해하기 어려울 뿐 아니라 상형 구조의 전체성 원칙에도 부합하지 않는다.

현대의 일부 고문자 학자들은 갑골문(甲骨文)과 금문(金文)에서 대응하는 실물 형상을 참조하여, 이를 성숙한 곡식 이삭의 상형으로 보기도 한다. 물론 여기서 말하는 '가곡(嘉穀)'은 '가화(稼禾)' 계열을 대표하는 것으로, 단일 곡식이 아닌 곡식 전체를 지칭한다. 선진(先秦) 문헌에서는 직접 '화(禾)'를 백성의 한 해 수확을 기록하는 데 사용했으며, 또한 농사와 관련된 노동과 작업을 지칭하는 데에도 사용했다.3)

이에 따라, 언어와 문자 학자들은 다음과 같은 '화(禾)' 계열의 인지적 연관성을 정립했다. 즉, 사람들에게 은혜를 베푸는 곡식으로서, 2월에 싹이 트고 8월에 익어, 사계절의 중화(中和)의 기운을 얻는다는 것이다.4)

## (2) 화(禾): 농사와 생명력

종합해보면, 여기에는 중요한 정보가 두 가지 포함되어 있다. 첫째는 '화(禾)'가 곡식 전체를 가리키는 '가곡(嘉谷)'의 총칭이라는 점이며, 둘째는 '화(禾)'라는 명칭의 유래를 밝힌 것이다.

첫째, '화(禾)'가 곡식의 총칭으로 사용되었다는 사실은, 이 글자가 농업 문명과 밀접한 관련이 있음을 보여주는 것이고, 단순히 특정 식물 하나로만 볼 수 없

---

3) 『시경·위풍(魏風)·벌단(伐檀)』에 "심지도 않고 거두지도 않았으면서, 어찌하여 화(禾) 삼백 전(廛)을 취하는가.(不稼不穡 胡取禾三百廛兮.)"라는 기록이 있다.

4) 2월과 8월은 모두 음력(農曆) 월수를 가리킨다. 胡安順 主編, 『說文部首段注疏義』第7卷 (北京: 中華書局, 2018), 370-371쪽. 고문자 학계에서 황천수(黃天樹), 동련지(董蓮池) 등 갑골문과 금문의 자형에 관한 학설은 상기 문헌에 수록되어 있다.

음을 의미한다. 둘째, '화(禾)'의 생장 주기 특성, 즉 "2월에 싹이 트기 시작해 8월에 익으니, 때의 중도(中道)를 얻었기에 이를 '화(禾)'라고 부른다."는 점을 밝힌 것이다. 2월은 봄의 중간인 중춘(仲春)에 해당하며, 8월은 가을의 중간인 중추(仲秋)에 해당한다.

'화(禾)'를 의미부로 하는 '년(年)'자는 농사일의 주기를 나타내는데, 봄에 파종하여 가을에 수확을 마치는 기간을 가리킨다. 즉, '화(禾)'자가 내포하는 주기는 정확히 한 해의 중간 절반에 해당한다. 일상에서 사람들이 '몇 번의 춘추(幾度春秋)'라고 할 때의 '춘추(春秋)'가 바로 한 해의 시간 길이를 대표할 수 있음을 보여준다. 이처럼 파종에서 수확까지 이르는 과정은 황하 유역 농사 활동의 계절력(季節曆)적 특성을 반영한 것으로 보인다.5)

한어사(漢語史)에서 앞서 언급한 '년(年)' 외에도 '계(季)', '정(程)', '초(秒)' 등의 글자가 주기적인 시간과 공간을 나타내는 단위로 사용되었다. 이 모두는 고대 중국인들이 작물의 생장과 성숙의 주기를 관찰하고 인식한 결과에서 비롯된 것이다.

'화(禾)' 부수가 기록하는 의미 체계에는 왕성한 생명력이 응축되어 있다. 이로부터 구성된 '화(和)' 계열의 인지구조는 생명의 법칙이 만물에 두루 자리하고 있음을 뚜렷하게 드러내고 있다.

---

5) '禾(화)'라는 명칭의 기원은, 전체 분류의 연관성으로 살펴볼 때, 초기 농업문명이 특히 추구하였던 '화도(和道)' 의식의 형성과 관련된 인지적 이해에서 비롯된 것으로 보아야 한다. 상(商)·주(周) 시기에서 곡식의 풍작과 흉작은 농시(農時)를 어기지 않는 '중화(中和)'에 달려있었을 뿐 아니라, 생장 단계별 상태와 빛깔·맛의 조화, 계량 단위 및 그 밖의 관련 사물에 대한 속성들이 서로 어울리는 데에도 좌우되었다. 아울러 황하 유역에서의 가뭄에 대한 관개(灌漑), 홍수에 대한 배수 조정이 적절히 이루어지는지의 여부 역시 큰 비중을 차지하였다. 이러한 세부적 지표는 곧 "풍조우순(風調雨順: 바람은 고르게 불고, 비는 알맞게 내린다.)"과 같은 한어 성어가 표현하는 가치 지향과 상응한다.

## (3) 화(禾) 계열의 문자

'화(禾)'자와 이를 부수로 하는 한자들은 예로부터 방대한 글자군을 이루어 왔다. 갑골문과 상주(商周) 금문에 기록된 은상(殷商)·상주(商周) 시기의 '화(禾)'자는 이미 큰 부류에 속했다. 역대의 자서(字書)에서 '화(禾)부수'에 속하는 글자들은 모두 농작물 및 그와 관련된 사물에 관한 문자 집합으로, 상대적으로 큰 범주에 속한다. 『설문·화(禾)부수』에는 송대(宋代)의 문자학자들이 새로 추가한 조항까지 포함되어 있는데, 전문 데이터베이스 검색 결과 총 89개의 항목이 확인된다. 이를 통해, 고대 농업 사회에서 수확과 식생활 등과 가장 긴밀히 연관된 농작물 계열의 글자군이 매우 방대했음을 알 수 있다.

이밖에도 '화(禾)'는 두 번째 층차인 「력(秝)부수」, 「서(黍)부수」, 「향(香)부수」 등에도 등장한다.

---

6) ( ) 속의 소전(小篆)은 송대 판본의 '화(禾)' 부수에서 증가한 글자들이다.

이러한 글자들은 '곡식[禾]'의 생장 단계의 주기와 관련되어 있다. 각 단계의 상태와 부위별 특징, 즉 '곡식[禾]'의 종류 및 그에 따른 물리적 속성, 생장 주기, 계량 단위 등에 광범위하게 관련되어 있다. 이는 '화(禾)' 계열 글자의 구조가 시간 주기의 '중화(中和)' 관념을 체현하고 있음을 보여주며, 또한 사물·색채·물리적 속성 등과의 조화로운 배합과도 상응함을 나타낸다.

## (4) '화(禾)': 생장 주기에 관한 개념

위에서 열거한 부류 중 일부 글자들, 예컨대 '추(秋)'의 구조는『설문·화(禾)부수』에서 "곡식이 익음"과 상응되게 "곡식이 익음을 말한다. 화(禾)가 의미부이고, 분(爐)의 생략된 모습이 소리부이다.(禾穀孰也. 从禾, 爐省聲.)"라고 해석했다. 현대 사람들은 이러한 식물 구조가 이미 계절성 곤충류의 생명 주기와도 서로 어울리고, 사물의 색깔과도 서로 조화를 이룬다고 여긴다. 고문자에서는 '귀뚜라미[蟋蟀]'의 모습을 형상했는데, 가을이 되면 귀뚜라미가 우니, 이런 계절적

현상이 곡식이 익어가는 과정과 서로 맞물려 있다.[7]

　전국(戰國) 시기의 간백(簡帛)에서는 '화(禾)'가 의미부이고 '화(火)'도 의미부인 구조이기도 하고, '화(禾)'가 의미부이고 '일(日)'도 의미부인 구조로 나타나기도 한다.[8] 가을철 곡식이 익으면 황금색으로 불타오르는 것과 같기 때문에 의미부 '화(火)'를 더했다. 이러한 인지구조는 매우 일찍부터 존재했던 것으로, 사람들이 오랜 기간 관찰한 경험이 축적된 것이다. 그리하여 이는 사계절 중 하나인 '추수'의 계절로 굳어지게 되었다.

　곡식 생산의 주기적인 관찰을 통해, 자연스럽게 중량과 저울[權衡] 및 나아가 시간 단위를 발전시킬 수 있었다. 『설문화(禾)부수』에서 '화(禾)'와 단위의 관계에 대해, '칭(稱)'자를 분석한 설명만 보아도 바로 그 관계를 이해할 수 있다.

　　저울을 말한다. 화(禾)가 의미부이고 칭(爯)이 소리부이다. 춘분이 되면 벼
　　가 자라난다. 날이 하지에 이르면 해 그림자로 시간을 잴 수 있다. 벼에는

---

7) 고대 사람들의 관념에서 '충(蟲)' 계열의 외연은 매우 넓다. 예컨대, 『장자소요유(逍遙游)』에서는 '날아다니는 동물[飛禽]'을 가리키고, 『수호전』에 이르면 '호랑이'를 지칭하기도 한다.
8) 전국(戰國) 장사(長沙) 자탄고(子彈庫)의 전국 초백서 갑편(甲篇)에는 '세(歲)'와 사시(四時)의 생성과 관련하여, '추(秋)'의 형태를 '화(禾)'가 의미부이고 '일(日)'도 의미부인 구조로 기록했다. 또 곽점(郭店) 초간(楚簡)의 「육덕(六德)」 제25호 죽간의 '춘추(春秋)'자 구조에서는 '추(秋)'의 형태에 이미 '화(火)'가 추가되어 있었다. 『어총(語叢)(1)』 제40호 죽간의 "춘추는 옛것과 지금의 것을 아우르는 까닭이다.(春秋所以會古含(今)之.)"에서는 '일(日)'이 의미부이고 '추(秋)'가 소리부인 구조로 분석할 수 있다. 포산(包山) 초간(楚簡)의 「복서제도기록(卜筮祭禱記錄)」 제214호 죽간의 "가을 3달에 소왕에게 감사의 제사를 올리고 소를 바쳤다.(至秋三月, 賽禱卲王, 戠牛.)"에서 사용한 '추(秋)'는 '일(日)'이 의미부이고 '화(禾)'도 의미부인 ⿰를 사용했다. 이러한 사례들은 모두 예외 없이 '추(秋)'가 이미 계절의 시간을 나타내는 길이 단위로 굳어졌음을 증명한다. 나아가 시간의 인지구조는 일반적으로 공간을 나타내는 '일(日)' 의미부와 결합되어 나타난다.

까끄라기가 있는데, 추분이 되면 까끄라기 모양이 확정된다. 율수(律數)에 의하면 12개의 까끄라기[秒]가 1분(分)에 해당하고, 10분이 1촌(寸)이 된다. 무게로 계산하자면, 12개의 알갱이[粟]가 1분(分)이 되고, 12분이 1수(銖)가 된다. 그래서 다음에 나오는 여러 무게나 양을 재는 단위가 모두 화(禾)로 구성되었다.(銓也. 從禾𠂹聲. 春分而禾生. 日夏至, 晷景可度. 禾有秒, 秋分而秒定. 律數: 十二秒而當一分, 十分而寸. 其以爲重: 十二粟爲一分, 十二分爲一銖. 故諸程品皆從禾.)[9]

여기서 '정품(程品)'은 합성어로 구성되어 있는데, 이는 '정식(程式)'을 가리키는 것으로, 후대에서 말하는 '법식(法式)'이나 '규범'을 말한다. 일반적으로 시간의 추상성은 공간적 관계를 빌려 나타내기 마련이며, 일부 단위는 이후에 물리적 공간 거리에서 시간 단위의 측정에까지 널리 활용되었다.[10] 이런 데이터들은 '화(禾)' 계열 글자의 구조에 광범위하고도 오랜 심층 구조—즉 관념적 기초—가 존재함을 보여준다.

아래에서는 '화(禾)'와 '년(年)'의 고문자 형태를 관찰함으로써, 보다 직관적으로 대응되는 농작물의 형상적 특징을 살펴보고자 한다.

'화(禾)'는 곡식의 뿌리, 줄기, 잎사귀를 형상화하고, 이삭이 익어 아래로 드리

---

9) [역주] 본서의 『설문』에 나오는 해석은 하영삼, 『완역 설문해자』(부산: 도서출판3, 2023)의 내용을 대부분 인용하고자 했다.

10) 송본(宋本) 『옥편(玉篇)·화(禾)부수』는 214자로 발전했다. 이러한 데이터 기록과 관련하여 덧붙여 언급해야 할 점은, 『설문』의 분류 방식에 따라, 「화(禾)부수」에 귀속되지 않았지만 '화(禾)' 계열'에 속하는 '계(季)'('「자(子)부수」), '위(委)'('「여(女)부수」) 등이 존재한다는 것이다. '계(季)'는 『설문·자(子)부수』에서 "치(稚)의 생략된 모습이 소리부인 구조"로 분석했는데, 이는 반드시 신뢰하기 어려우며, 오히려 '화(禾)'와 '자(子)'의 합성 구조로 볼 수 있다. 이는 벼싹이 자라는 일정한 시기를 관찰하여, '자(子)'의 유소함으로부터 벼싹의 어린 모종의 상태를 비유적으로 표현한 것일 수 있다.

운 모습을 부각시켰다.

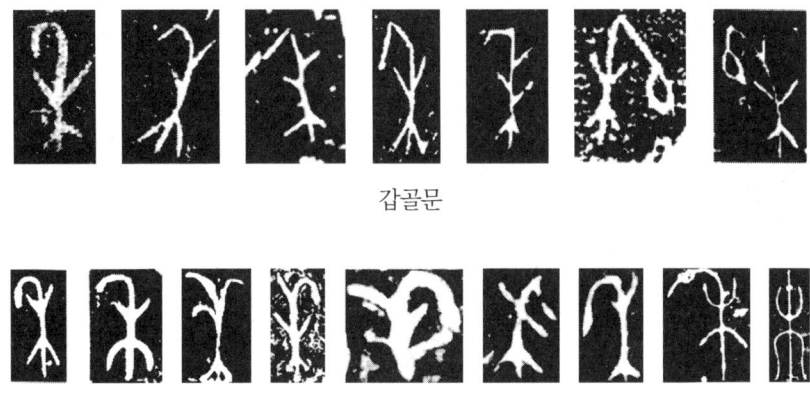

갑골문

금문

　'년(年)'은 갑골문에서 '화(禾)'를 바탕으로 하고, '인(人)'을 소리부로 사용했는데, 일반적으로 사람이 머리에 곡식을 이고 있는 형상으로 해석된다. 이는 한 해의 수확과 주기성을 나타내는 글자 구조를 이루고 있다.[11]

---

11) 이러한 구조적 인지는, 합체로 된 형성 구조라 할지라도 그 안에 '의미의 회합(意會)'이 개입되어 있음을 보여준다. 한자의 모든 구조유형의 인지에는 '의미의 회합(意會)'이 수반되며, 그로부터 '지식'이 생성된다.

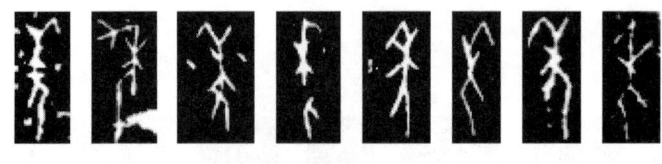

갑골문

금문12)

이와 같은 동류의 구조에는 '위(委)'와 '계(季)' 등의 글자가 있다. 이들 역시 그 주체는 화(禾)가 부수이고, 그 아랫부분은 모두 '인(人)' 계열에 속하는 '여(女)'가 더해진 것이다.13)

---

12) 해서체 '년(年)'은 『설문·화(禾)부수』의 소전(小篆) 기록에서 '화(禾)'가 의미부이고 '천(千)'이 소리부인 형성자 구조이다. 그러나 금문에서는 '인(人)'이 소리부인 경우도 있고, '천(千)'이 소리부인 경우도 있는데, '인(人)'이 소리부인 구조가 주를 이룬다. 본서에서 열거된 예시 역시 '인(人)'이 소리부인 구조를 채택했다.

전국 시기 초간(楚簡)에서는 대부분 '천(千)'을 소리부로 사용했으며, 후대의 석각(石刻) 전서체에서는 모두 '천(千)'을 소리부로 삼았다. 이때 '천(千)' 자체도 원래 '인(人)'을 소리부로 하는 글자였다. 고음(古音) 체계에서 '인(人)'과 '천(千)'은 모두 진부(眞部)에 속한다. 『시경·백주(柏舟)』에서 "어머니는 하늘이요, 다른 사람은 믿어주질 않네.(母也天只, 不諒人只.)"라고 하여, '천(天)'과 '인(人)'이 운(韻)을 맞춘 사례가 확인된다. 해서체 '년(年)'은 예변(隷變)의 결과물이다. 동한(東漢) 시기 석각의 자형에서는 '년(秊)'에서 '년(年)'으로 이행하는 예서적 변화, 곧 생략과 조정의 과정을 온전히 보여준다.

13) 역대 『자전』에서 「화(禾)부수」는 대체로 규모가 큰 부류에 속한다.

## 제2절 '화(禾)'의 분류적 연관성

앞 절에서 논의한 '화(禾)' 부수의 자형 구조와 그에 대한 분석은 역대 학자들이 '화(禾)'의 농사와 관련된 어원적 의미 사이의 분류적 연관성을 이해하는 데 도움을 줄 수 있다.[14] '화(禾)'를 소리부로 분화한 형성자들은 대부분이 '조화(調和)'와 '상응(相應)'의 의미를 지닌다는 공통점을 가지고 있다. 예를 들면 다음과 같다.

### (1) 화(盉)

『설문 명(皿)부수』에서는 "맛을 조절하는 것이다. 명(皿)이 의미부이고 화(禾)가 소리부이다.(調味也, 从皿禾聲.)"라고 했다. '화(盉)'는 청동으로 만든 주기(酒

---

14) 예컨대, 왕념손(王念孫)은 '화(禾)'의 명물(名物)의 근원을 밝히면서 "천하가 이를 얻으면 안정되고 얻지 못하면 위태로우니, 그러므로 '화(禾)'라 명명하였다.(天下得之則安, 不得則危, 故命之曰禾.)"라고 했다. 『광아소증(廣雅疏證)』 10권(상) 「석초(釋草)」에서는 "자(秶)·서(黍)·도(稻): 그 이삭을 '화(禾)'라 한다."는 조목 아래에 『설문』을 인용하여 "때를 얻어 중화(中和)를 이룬다.(得時之中和.)"라고 했다. 『爾雅·方言·釋名·廣雅』(淸疏四種合刊本)(上海: 上海古籍出版社, 1989)(영인본), 676쪽.

단옥재(段玉裁)는 『설문해자주(說文解字注)』에서 이를 "중화(中和)를 얻는다.(得之中和.)"로 정정하고서, 그 근거를 "「사현부(思玄賦)」의 주석과 『제민요술(齊民要術)』에 근거해 정정한다. 화(和)와 화(禾)는 첩운 관계이다."라고 밝혔다. 『說文解字注』(經韻樓藏版)(上海: 上海古籍出版社, 1981), 320쪽.

또한, 금문에서는 '화(禾)'를 직접 '화(龢)'로 기록한 사례가 있는데, 「주공흑종(邾公鈳鐘)」의 명문에서 "주공흑(邾公鈳)이 나를 위해 화종(龢鐘)(禾鍾)을 제작하여, 맹사(盟祀)를 정중히 예우하고, 매년 장수를 기원하는 제례를 올리며, 귀빈들과 정경들에게 음악을 베풀어 예를 다하였다.(邾公鈳乍禾龢(龢)鍾(鐘), 用敬恤盟祀, 旂年眉壽, 用樂我嘉賓及我正卿.)"라고 한 것이 이를 확인시켜 준다. 여기서 '화종(龢鐘)'은 타악기이다.

器)의 하나로, 배가 불룩하고 아가리가 오므라든 형태인데, 앞쪽에는 술을 따르는 긴 주구가 있고, 뒤쪽에는 손잡이가 달려있다. 또한, 뚜껑이 있으며, 아래는 대개 세 개의 발이 있다.

고고학적 발굴에 따르면, 화기(盉器)는 은대(殷代)와 서주(西周) 초기에 성행하였다.[15] '화(盉)'는 '명(皿)'이 부수로 구성되어 있는데, 본래는 술을 섞는 그릇을 가리켰으나, 그 의미가 확장되어 일반적으로 맛을 조절하는 기능을 가리키게 되었다.

## (2) 화(龢)

『설문약(龠)부수』에서는 "조화이다. 약(龠)이 의미부이고 화(禾)가 소리부이다. 화(和)와 같이 읽는다.(調也. 从龠禾聲. 讀與和同.)"라고 했다. 본래의 '조화(調和)'는 맛의 감각적 조절보다 한층 추상적인 청각적 감수성, 즉 음악적 조화의 영역에서 비롯되었다.

## (3) 화(和)

『설문구(口)부수』에서는 이 자형의 전서체가 기록되어 있지 않다. 앞서 살펴본 『설문』의 '화(龢)'를 분석한 내용에 따르면, 소전체에서는 일부 성분이 탈락된 형태로 보인다. 출토 실물자료를 살펴보면, '화(和)'는 이미 전국 시기 초간(楚簡)과 고새문(古璽文) 등에 나타나며, '조화(調和)'를 뜻하는 '화(龢)'와 동일하게 사용되었다. 후대의 자서(字書)에서는 '화(和)'를 이 체계에 연관시켜 놓았

---

15) 다음 절에서 수록된 이미지를 참조하라.

다.16)

'화(咊)'는 자서에서 일반적으로 '화(和)'의 이체자(異體字)로 간주했다. 『옥편·
구(口)부수』에서는 이를 '화(和)'의 고문체로 인정하며 다음과 같이 기술했다.

　　화(和)는 호(胡)와 과(戈)의 반절로 읽힌다.『서경』에서는 "여러 나라를 화합
　　하게 하라.(協和萬邦.)"라고 했다. 또 호(胡)와 과(過)의 반절로 읽힌다.『주역
　　』에서는 "그 자식이 화답한다.(其子和之.)"라고 했다. 화(咊)는 고문체이다.
　　(和, 胡戈切.『書』云: 協和萬邦. 又胡過切.『易』曰: 其子和之. 咊, 古文.)

　실제로 위에 열거한 '화(和)'자 항목에서 볼 수 있는 출토문자 기록을 보면,
자형이 아직 정형화되지 않은 단계에서 의미부인 '구(口)'가 전체 구조의 왼쪽
또는 오른쪽에 위치한 사례가 모두 존재한다.17)

　여기에서 이와 유사한 구조의 예로 '위(委)'를 함께 살펴볼 수 있을 것이다.

　고문자 자서의 분류 체계에 따르면, '위(委)'는 '화(禾)' 계열에 포함되지 않는
다.『설문』에서는 이를 「녀(女)부수」에 귀속시키고 다음과 같이 설명했다.

---

16)　일본의 승려 구카이(空海)가 당나라 때 필사한『전례만상명의(篆隷萬象名義)·약(龠)부
　　수』에서는 "화(龢)는 호(胡)와 과(戈)의 반절로 읽힌다. 조화를 말한다(調也). 화합을
　　말한다(和也).(龢, 胡戈反. 調也. 和也.)"라고 했다.『광운·과(戈)부수』에서는 "화(和):『
　　이아』에서는 '생(笙) 중에서 작은 것을 화(和)라 한다.'라고 했다. 화순(和順)함을 말하
　　고, 조화(諧)를 말한다. 단단하지도 부드럽지도 않은 상태를 뜻한다.(和,『爾雅』云: 笙
　　之小者謂之和. 和順也, 諧也. 不堅不柔也.)"라고 설명했다.
17)　상술한 연관성에 따르면, 화(盉) 혹은 화(龢)는 바로 화(和)이다. 기능적 관념의 측면
　　에서 보면, 조화(調和)·조치(調治)·조절[調適]을 나타내며, 가치적 의미의 측면에서 보
　　면, 화합[和諧]·협조(協調)·적중(適中)을 나타낸다.

위(委)는 '따르다'는 뜻이다. 여(女)가 의미부이고 화(禾)도 의미부이다. 신 서현(臣鉉) 등은 이렇게 생각합니다. "위(委)는 굽은 것을 말합니다. 그 곡식의 이삭이 드리워져 굽은 모양을 취한 것이므로, 화(禾)로 구성되었습니다."

당시 한어(漢語)가 실제로 사용된 상황과 관련지어 보면, 이 자형의 구조 속의 '화(禾)'는 의미부만이 아니라 소리부로도 기능했을 가능성이 있다.18)

'화(禾)'는 바로 '화(和)' 계열 글자의 어원적 근거이기도 하다. 즉, 한자가 아직 명확히 분화되기 이전의 시기에는, 농사 조정, 음식 추구, 음악 감상 등 '조화에 상응'하는 모든 개념은 '화(禾)'의 구조로 표기할 수 있었다.19)

이상의 논의에 기초하여, 먼저 감각적 음식 조화를 나타내는 '화(盉)' 계열 글자를 살펴보도록 하자.

---

18) 왜(倭)에 대해, 『설문·인(人)부수』에서는 "순종하는 모양이다. 인(人)이 의미부이고 위(委)가 소리부이다.(順兒, 從人委聲.)"라고 해석했다. 『광운·영(影)부수』에서는 반절(反切)로 '오(烏)와 과(果)', '오(烏)와 화(禾)'의 두 가지 독음을 표기했다. '왜(倭)'의 구조는 위(委)를 소리부로 삼는데, 위(委)는 다시 화(禾)를 소리부로 한다. 일본 규슈(九州) 시가섬(志賀島)에서 출토된, 현재까지 가장 오래된 한나라 도장[漢印] 문자인 '한위노국왕(漢委奴國王)' 명문에서 '위(委)'는 곧 '왜(倭)'이며, 그 독음이 '화(禾)'와 관련되어 있음을 알 수 있다. 따라서 일본에서 '왜(倭)' 즉 '위(委)'자를 사용하여 표기한 종족인 '와족(和族: わぞく)'의 유래는 음운적 연관성에 근거하여 형성된 것으로 볼 수 있을 것이다.

19) 『은주금문집성(殷周金文集成)』에 수록된 전국 시기 「유종(留鐘)」의 명문에서는 여전히 '화종(禾鐘)'으로 '화종(龢鐘)'을 기록했으며, 같은 시기의 「동무종(董武鐘)」 명문에서도 '화종(禾鐘)'으로 기록했다. 또한, 춘추 시기 기물인 「주공흑종(邾公釛鐘)」 역시 '화종(龢鐘)'을 '화종(禾鐘)'으로 표기했다.

# 제2장
# 화(盉)계열 문자와
# 음식 조화(調和)

# 제2장 '화(盉)' 계열의 음식 조화(調和) 관련 문자

　"백성은 음식[食]을 하늘[天]로 삼는다."는 말처럼, '조화[和]'에 대한 추구는 자연스럽게 일상적인 음식 문화 전반에 널리 존재해 왔다. 후대의 여러 추상적 가치관 또한 그 근원을 여기에서 찾을 수 있다. 약식동원(藥食同源), 즉 의약과 음식이 본래 하나의 근원에서 비롯된다는 인식에 따라, 고대의 의료와 식생활은 본래 긴밀히 연관되어 있었으며, 그 속에서 '화(和)'는 중국 의약(醫藥)의 인지 관념에서 최고 범주를 이루게 되었다.

## 제1절 '화(盉)': 맛을 조절하는 기물

　고대에는 음식의 맛을 조절하는 것을 기록할 때, 이를 나타내기 위한 전문적인 자형 구조를 사용했다. 바로 '화(禾)'를 소리부로 하고, 기물을 뜻하는 의미부 '명(皿)'을 더함으로써 분업화된 형태를 이룬 '화(盉)'가 그것이다. '화(盉)'는 현대 한어(漢語)의 서면 기록에서 통용자(通用字)의 범위 내에서 이미 '화(和)'에 통합되었다.

## (1) '화(盉)'의 형태[體]

아래에 배열한 자형들은 은상(殷商)과 서주(西周) 초기에 '화(盉)'로 이름 붙여 진 일부 기물의 명문(銘文)들이다.

명문의 자형 구조는 기물을 나타내는 의미부 '명(皿)'과 소리부인 '화(禾)'가 결합하여 이루어져 있다. 이는 아래에 제시한 출토 기물인 '화(盉)'의 실물 도판 과 대조하여 관찰할 수 있다. 출토 청동기 실물 중 '화(盉)'라는 기물은 상당한 비중을 차지하며, 상대(商代) 및 서주(西周) 시기에 크게 유행하였다. 은상(殷商) 과 서주 시기에는 '맛을 조절하는' 기능을 가진 '화(盉)'라는 기물이 대량으로 제 작되었다.[1]

---

1) 상주(商周) 금문 자료집을 선별한 결과, 40여 건의 '화(盉)'자 기록이 확인된다.

## (2) '화(盉)'의 쓰임[用]

위에서 배열한 문자 형태는 그 기능과 더불어 모두 '화(盉)'라는 기물에 통합되어 나타난다. 이는 아래 기물의 실물 이미지와 대조하여 살펴볼 수 있다.

좀 더 이른 시기의 일부 문자학자들은 '화(盉)'의 형태적 특징을 근거로, 이를 술의 농도를 조절하기 위한 혼합기, 즉 술과 물의 비율을 조절하여 알코올의 진하고 옅은 정도를 조절하는 기물로 보았다. 예컨대, 왕국유(王國維)의 『관당집림(觀堂集林)·설화(說盉)』에서는 다음과 같이 말했다.

> 나는 화(盉)가 술에 물을 섞는 기물로, 알코올의 농도를 조절하기 위한 것
> 이라고 생각한다.(余謂盉者, 蓋和水於酒之器, 所以節酒之厚薄者也.)[2]

이와 같이 '화(盉)'가 술과 물의 농도를 조절하는 기능 하나만 있다는 해석은, 기능적인 측면에서 다소 제한적으로 본 것이며, "형태 구조가 동일하면 한 부류만을 가리킨다."는 인지 원칙에도 부합하지 않는다.

기물의 형태와 명문의 기록을 함께 살펴보면, '화(盉)'는 '맛을 조절할 뿐만 아니라 '색을 조합하는 것'에도 사용되었음을 알 수 있다. 따라서 '화(盉)'는 술의 농도를 조절하는 기능과 오미(五味)를 조절하는 기능까지 갖춘 기물로 이해될 수 있다.

---

2) 王國維, 『觀堂集林』(寫本影印)(北京: 中華書局, 1959), 152쪽. 王先謙, 『荀子集解』(北京: 中華書局, 1988), 346쪽. 기물 도판은 臧克和, 『說文認知分析』(武漢: 湖北人民出版社, 2019), 第四章第一節, 315쪽 참조.

『순자·예론(禮論)』에서 이렇게 말했다.

> 가축 사료와 쌀, 다섯 가지 맛을 조화롭게 하여 입을 기쁘게 한다.(芻豢稻
> 粱, 王味調香, 所以養口也.)

여기서 말한 '향(香)'은 '화(盉)'와 그 모습이 유사한데, 왕선겸(王先謙)의 『집
해(集解)』에서는 청대(淸代) 왕념손(王念孫)의 고증을 인용해 "향(香)은 화(盉)로
교정되어야 한다."라고 주장했다.

은상(殷商) 서주(西周) '화(盉)' 계열 기물

서주 시기, 색(色)을 조합하는 기물

　'화(盉)' 형태의 구조를 갖춘 글자는 모두 '조화에 상응'하는 의미를 지닌다. 먼저 위에서 살펴본 '화(禾)'와 농사(農事)의 연관성과 가장 밀접하게 연결된 '화(和)'를 중심으로, 음식의 맛 조절과 관련된 글자들이 그렇다.

## 제2절 '맛(味)'의 조화[和]

앞 절의 관찰과 분석에 따르면, '화(盉)'라는 기물의 주요 기능은 술의 농도 조절과 맛을 조절하는 데 있다. 상고 시기 사람들은 일상생활에서 이미 '오미(五味)'의 조화를 중시했다. 상주(商周) 금문에 보이는 '화(盉)'에 대한 기록은 대부분 '조절하는 기능을 갖춘 기물'의 명칭과 관련되어 있다. 예컨대, 「반화(盤盉)」, 「여화(旅盉)」, 「하준(盉尊)」 등이 그렇다.

### (1) 화갱(和羹)

『시경』과 『상서』에 기록된 '화갱(和羹)'은 원래 '화갱(盉羹)'으로 표기되었다. 이렇게 조미된 국[羹]에 대해 『상송(商頌)·열조(烈祖)』에서는 다음과 같이 기록되어 있다.

또 고깃국 양념도 알맞으니, 맑은 술에 잘도 어울리도다.(亦有和羹, 旣戒旣平.)

한대(漢代) 훈고학자 정현(鄭玄)은 이를 다음과 같이 해석했다.

화갱(和羹)이라는 것은 오미(五味)가 조화를 이루며 날 것과 익히는 것이 조절되어, 그것을 먹으면 사람들의 성품이 안화(安和)해진다.(和羹者, 五味調, 腥熟得節, 食之於人性安和.)3)

　고대인들의 생활 속에서 '오미조화(五味調和)', '중구난죠(眾口難調)'와 같은 표현
은 앞서 말한 농업 문명과 밀접하게 연관된 인지의 결과임을 분명히 보여준다.4)
　'갱(羹)'의 경우, 『설문 력(鬲)부수』에 기록된 전서체 중 일부는 윗부분이 '고
(羔)'이고 아랫부분이 '력(鬲)'인 구조로 되어 있다. 이는 '력(鬲)'이라는 기물이
육류를 조미하는 것이라는 구조적 의미를 지닌다.5)

---

3) '성숙득절(腥熟得節)'에서 '득(得)'자는 여기서 '합(合)'의 기능을 하며, 성어 '상득익창(相
　得益彰)'의 '득(得)'과 기능상 서로 통한다.
4) 상고 시기에 '화갱(和羹)'은 이미 복합어로 정립되었다. 『시경·상송·열조(烈祖)』에서는
　"또 고깃국 양념도 알맞으니, 맑은 술에 잘 어울리도다.(亦有和羹, 旣戒旣平.)"라고 했
　고, 『상서·열명(說命)』(하편)에서는 "만약 화갱을 만든다면, 그대는 바로 그 국의 소금,
　매실과 같다.(若作和羹, 爾惟鹽梅.)"라고 했다. 이에 대해, 공안국(孔安國)은 『전(傳)』에
　서 "소금[鹽]은 짜고, 매실[梅]은 시다. 갱(羹)은 짠맛과 신맛으로써 조화시켜야 한다.
　(鹽, 咸; 梅, 醋. 羹須鹹醋以和之.)"라고 해석했다.
5) 음식의 맛을 조화롭게 하는 일은 오미(五味)의 균형만을 뜻하지 않는다. 그 안에는 사
　계절의 시령(時令)에 따른 '육화(六和)'와 '오행(五行)'의 성질에 상응하는 물리적 조화
　와 적절한 배합이 함께 고려되어 있다. 조화로운 재료의 구성과 사계절의 배합 원리에
　대해서는 『청경해(清經解)』 267권의 「향당도고(鄕党圖考)」에 실린 강영(江永)의 『통고
　식미조화(通考食味調和)』(王先謙編, 阮元續編, 『清經解·清經解續編』(上海: 上海書店出版
　社, 2014), 2-318쪽.)에서 확인할 수 있다.
　「예운(禮運)」에서는 "오미(五味), 육화(六和), 십이식(十二食)이 서로를 본질로 삼는다.(五
　味六和十二食還相爲質.)"라고 했는데, 『주(注)』에서는 "다섯 가지 맛은 신맛, 쓴맛, 매
　운맛, 짠맛, 단맛을 말한다. 이를 조화롭게 하는 방법은 봄에는 신맛을, 여름에는 쓴맛
　을, 가을에는 매운맛을, 겨울에는 짠맛을 많이 한다. 여기에 부드럽고 단맛을 더한 것
　이 육화이다.(五味, 酸, 苦, 辛, 咸, 甘也. 和之者: 春多酸, 夏多苦, 秋多辛, 冬多咸, 皆有
　滑甘, 是謂六和.)"라고 했고, 『소(疏)』에서는 "각 계절이 3달로 같더라도, 전체적으로
　살피면 12달마다 그 맛이 다르다.(每時三月雖同, 大總考之有十二月之異.)"라고 했다.
　『홍범(洪范)』에서는 "물[水]은 윤택하여 아래로 흐르니 짠맛을 만들고, 불[火]은 타올
　라 위로 오르니 쓴맛을 만들며, 나무[木]는 굽었다가 펴지니 신맛을 만든다. 쇠[金]는
　따르며 변하니 매운맛을 만들고, 흙[土]은 곡식을 기르니 단맛을 만든다.(水曰潤下, 火

　전국 시기 초간(楚簡)에서는 ''과 같은 형태로 나타나며, 이는 음식의 맛을 조절하는 기물인 '력(鬲)'으로 구성되었다. '력(鬲)'은 갑골문과 금문에서 모두 강한 상형성을 가진 구조로, 실제 기물의 형태를 거의 그대로 반영한다. 예컨대, (갑골문), (금문) 등이 그렇다. 형태를 보면, 아가리가 둥글어 청동기인 정(鼎)과 유사하며, 세 개의 속이 빈 발을 가졌다. 도기로 만든 '력(鬲)'은 신석기 말기에 이미 등장하며, 상주(商周) 시기에는 도기로 만든 것과 청동으로 만든 것이 병행하여 사용되었다.

　'력(鬲)'의 주요 기능은 음식을 조리하는 데 있었기에, 오미(五味)를 조화시켜,

---

日炎上, 木曰曲直, 金曰從革, 土爰稼穡. 潤下作鹹, 炎上作苦, 曲直作酸, 從革作辛, 稼穡作甘.)"라고 했다.

『천관(天官)·식의(食醫)』에서는 "모든 음식의 양[齊, 강씨 고증: 재세반(才細反), 양(量)을 말함]은 봄을 보고, 국의 양은 여름을 보고, 장의 양은 가을을 보고, 음료의 양은 겨울을 본다.(凡食齊(江氏考: 才細反, 量也.) 眡春時, 羹齊眡夏時, 醬齊眡秋時, 飮齊眡冬時.)"라고 했는데, 『주(注)』에서는 "밥은 따뜻하게, 국은 뜨겁게, 장은 시원하게, 음료는 차갑게 해야 한다.(飯宜溫, 羹亦熱, 醬宜涼, 飮宜寒.)"라고 했다. 또한, "모든 조화는 봄에는 신맛을, 여름에는 쓴맛을, 가을에는 매운맛을, 겨울에는 짠맛을 많이 하고, 부드럽고 단맛으로 조절한다.(凡和: 春多酸, 夏多苦, 秋多辛, 冬多鹹, 調以滑甘.)"라고 했는데, 『주(注)』에서는 "각 계절의 맛을 존중하면서 단맛으로 완성하니, 마치 물·불·쇠·나무가 흙에 의지하는 것과 같다.(各尙其時味而甘以成之, 猶水火金木之載於土.)"라고 설명했다. 『소(疏)』에서는 "오행에서 흙[土]이 가장 존귀하고, 오미에서 단맛[甘]이 가장 으뜸이다. 따라서 단맛은 네 가지 맛을 총체적으로 조화하며, 부드러움은 맛의 소통을 원활히 하여 네 가지 맛을 조화한다.(五行土爲尊, 五味甘爲上. 故甘總調四味, 滑者通利往來亦所以調和四味.)"라고 해석했다.

『좌전』에서는 "안자(晏子)는 '조화는 국과 같다. 물과 불, 식초(醯), 장(醢), 소금, 매실로 생선과 고기를 삶고, 장작으로 불을 지펴 요리사가 맛을 맞추어 부족한 것은 보충하고 지나친 것은 줄여야 한다. 군자가 이를 먹으면 마음이 평온해진다.'라고 말했다.(晏子曰: 和如羹焉. 水火醯醢鹽梅以烹魚肉, 燀之以薪, 宰夫和之齊以味, 濟其不及, 以泄其過, 君子食之以平其心.)"라는 구절이 있다.

'화(盉)'와 '정(鼎)' 등과 유사한 용도를 가졌다.[6] 이를 통해, 음식에서 오미의 조화를 중시하는 관념이 상고 시기부터 있었음을 알 수 있다.

## (2) 날 것과 익은 것의 조화[生熟得節][7]

음식의 생숙(生熟: 날 것과 익은 것)과 조리할 때 불의 세기는 조절이 필요한 여지가 있다. 맛을 조화시키는 데는 다양한 요소가 포함된다. 같은 재료라도 조리 과정에서 불의 세기에 따라 조화의 필요성이 존재한다. 앞서 언급한 훈고 자료에서 '오미조(五味調)' 외에 '성숙득절(腥熟得節)'이라는 표현이 등장하는데, 이는 날 것과 익힘의 정도가 알맞게 조화를 이루어야 함을 보여주는 생활상의 체험적 인식이다.

한대(漢代)에는 아직 '성(腥)'자가 사용되지 않았을 가능성이 높으며, 대신 '생(生)'자로 기록되었을 것이다. 예컨대, 우리가 잘 아는 진(秦)·한(漢) 교체기의 초한(楚漢)이 패권을 다투던 시절, 항우(項羽)가 연 '홍문연회(鴻門宴會)'에서 한군(漢軍)의 장수 번쾌(樊噲)가 하사받은 '체견(彘肩)' 즉 '돼지 앞다리'가 『사기(史記)』의 기록에 따르면 '날 것[生]'의 상태였다는 것은 현대인의 '생숙(生熟)' 개념으로는 이해하기 어렵다. 만약 문자 그대로 '살아있는' 상태로 해석한다면, 항

---

6) 『설문·력(鬲)부수』에서는 이렇게 말했다. "갱(鬻)은 다섯 가지 맛이 조화를 이룬 화갱(盉羹)을 말한다. 력(鬲)이 의미부이고 고(羔)도 의미부이다. 『시경』에서는 '갖은 양념한 국도 있는데(亦有和鬻)'라고 했다. 고(古)와 행(行)의 반절로 읽는다. '갱(鬻)'은 갱(鬻)의 생략형이다. '갱(鬻)'은 미(美)와 갱(鬻)의 생략된 모습으로 구성되었다. '갱(羹)'은 소전체인데 고(羔)가 의미부이고 미(美)도 의미부이다.(鬻, 五味盉羹也. 從鬲從羔. 『詩』曰: 亦有和鬻. 古行切. 鬻, 鬻或省. 鬻, 或從美, 鬻省. 羹, 小篆從羔從美.)"
7) 득(得)은 합(合)의 뜻이다. 득절(得節)이란, 조절의 요구에 알맞음을 의미한다.

우 측이 미리 털이 난 살아 있는 돼지 다리를 준비했다가 범쾌가 들이닥치자 그대로 대접했다는 해괴한 해석이 된다. 이런 해석은 현실적으로도, 조화의 원리로도 어긋난 비합리적인 결론에 이르게 된다.[8]

사실 『사기』보다 이른 진대(秦代)의 문헌인 악록서원(岳麓書院) 소장 진간(秦簡) 『점몽서(占夢書)』에는 '생(生)'을 '성(腥)'으로 사용한 사례("夢見原狐生[腥]臬[臊]")가 확인된다.[9] 여기서 '성(腥)'은 원재료의 본래 맛을 의미하여, 아직 오미(五味)의 조화가 가해지지 않거나 불에 익히지 않은 상태, 즉 '생조(生臊)' 또는 '성조(腥臊)'의 상태를 의미한다.

한(漢)나라 때의 학자들은 '오미조화(五味調和)'와 '성숙득절(腥熟得節)'을 통해 '화(盉)'의 조화가 "음식을 먹음으로써 사람의 성정을 평화롭게 하고 화합시키는 효과(食之于人性安和)"를 낸다고 보았다.[10]

---

8) 일본의 다키가와 스케노부(瀧川資言, たきがわ すけのぶ)는 양옥승(梁玉繩)의 설을 인용하며 다음과 같이 의문을 제기하였다. "체견(彘肩)은 '날 것'으로는 먹을 수 없으며, 게다가 이 음식은 요리사가 직접 내온 것이 아니라, 이미 상 위에 올려진 뒤에 물러난 것을 다시 가져온 것이다. 그렇다면 어찌 날 것이 될 수 있겠는가? 이는 사건을 종합적으로 고려하지 못한 해석이다."([日] 瀧川資言著, 楊海峥整理本, 『史記會注考證』(上海: 上海古籍出版社, 2016), 436쪽 참조.) 한편, 일부 독자는 이를 생으로 된 돼지 다리로 해석해 번쾌(樊噲)의 용맹함을 부각시키기 위한 극적 장치라고 해석하기도 한다. 그러나 이러한 해석은 문헌적 근거가 결여된 표면적 이해에 지나지 않는다.

9) 朱漢民·陳松長主編, 『岳麓書院藏秦簡(壹)』(上海: 上海辭書出版社, 2010), 158쪽, 「占夢書」篇, 1513호. 臧克和, 「<嶽麓書院藏秦簡)>字詞箚迻(一)」, 『中國文字研究』, 2014年 第2期. 실제 문자사용에서 '성(腥)'은 후대 묘지의 각석에 나타난다. '성(腥)'의 이체자인 '승(胜)'은 통용되지 못하고, 후에 '승(勝)'의 간체자로 차용되었다. 臧克和·劉本才, 『漢字結構認知大字典』(廣州: 廣東人民出版社, 2020), 2794쪽 참조.

10) 『사기·항우본기(項羽本紀)』에는 "항왕이 말했다. '그에게 돼지 앞다리살을 주어라.' 그리하여 생으로 된 돼지 앞다리살 하나를 주었다.(項王曰: 賜之彘肩. 則與一生彘肩.)"라는 기록이 있다. 이 문장은 '이중 목적어 구조'로, 본문 아래에는 "그에게 잔의 술을

## (3) 혀끝 위의 중국

현대 생활 속에서 중화(中華)요리의 계보는 식문화 구조에서 여실히 드러난다. 증기로 찌거나 삶는 등 다양한 조리 과정에서부터 각 지역 특유의 맛 조화에 이르기까지, 외국의 여행자들은 감탄을 자아내는 풍미를 경험하게 된다. 심지어 가장 평범한 음료조차도 한 모금 한 입에, 한 병 한 잔 안에 풍부한 색(色), 향(香), 맛(味)의 세계가 담겨 있다. 물론, 다른 민족의 식문화가 단순히 '조화(調和)'라는 요소를 배제한다고 일반화할 수는 없다. 각지를 여행하며 현지 음식을 즐기는 이들은 흔히 비교를 통해 이런 감상을 하곤 한다. 즉 외국인들은 '원재료 본연의 맛'을 선호하는 경향이 있지만, 때로는 '담백함'을 넘어 '단조로

---

하사하여라.(賜之卮酒.)"라는 구절이 이어진다. '성(腥)'자는 진대(晉代)와 수당대(隋唐代)의 각석(刻石) 자료에서 확인되나, 한대(漢代) 당시에는 오직 '생(生)'자로만 표기되었다. 따라서 '성(腥)'자로 기록된 경우는 모두 후대의 필사본에서 유래한 것임을 알 수 있다. 이 미각(味覺) 관련 글자의 원래 자형은 '성(胜)'이었다. 『설문·육(肉)부수』에서는 "성(胜)은 개기름의 고약한 냄새를 말한다. 육(肉)이 의미부이고 생(生)이 소리부이다. 일설에는 '익히지 않은 것'을 말한다고 한다.(胜, 犬膏臭也. 從肉生聲. 一曰不孰也.)"라고 했으며, 동일한 부수에서 "성(腥)은 별이 보일 때 돼지를 사육하여 생기게 한 작은 굳은살을 말한다. 육(肉)이 의미부이고 성(星)도 의미부인데, 성(星)은 소리부도 겸한다.(腥, 星見食豕, 令肉中生小息肉也. 從肉從星, 星亦聲.)"라고 추가 설명하고 있다.

한편 '성(胜)'자가 '승(勝)'의 간체자로 사용되기 시작한 것은 시기적으로 훨씬 후대의 일이다. 『사기』 팔서(八書) 중에서 「예서(禮書)」편에는 "큰 제사에서 상현존에게 제사를 올릴 때, 도마 위에서 날생선을 올린다.(大饗上玄尊, 俎上腥魚.)"라는 기록이 보인다. 이에 대한 『고증(考證)』[1]에 따르면, 『순자(荀子)』와 『대대례(大戴禮)』에서는 '상(上)'을 '상(尚)'으로, '조상성어(俎上腥魚)'를 '조생어(俎生魚)'로 기록하고 있다. 또한 「예서(禮書)」의 '조상지성어야(俎上之腥魚也)'에 대해서도 『고증(考證)』[9]은 『순자』와 『대대례(大戴禮)』에서 '성(腥)'을 '생(生)'으로 기록하고 있음을 지적했다.

움'을 느끼게 된다는 것이다. 이러한 비교는 대립적 인식으로 이어지며, 널리 퍼진 식문화 취향의 차이로 자리 잡았다.[11]

중국 안의 다양한 지역에서도 조화를 통해 형성된 식습관과 미각(味覺)은 현저한 차이를 보이며, 이는 마치 '음식문화의 유전자'처럼 쉽게 바뀌지 않는다. 개인이 자신의 미각적 기호를 바꾸려는 것은, 혼자의 힘으로 수천 년에 걸쳐 축적된 '오미조화(五味調和)'의 문화적 유전자에 도전하는 것과 같아, 결코 쉬운 일이 아니다! 따라서 음식문화를 설명하는 데에 '혀끝 위의 중국'이라는 표현이 중국 문화의 유형학적 상징으로 자리 잡은 것은 쉽게 이해할 수 있는 일이다.[12]

미각 편향은 지역적 차이와 밀접히 관련되어 있다. 지역별로 나타나는 미각적 기호의 유전자는 궁극적으로 해당 지역에서 나는 특색 있는 물품, 즉 민속

---

11) 청대(清代)의 대학자 원매(袁枚, 1716-1797)는 전문적인 요리 서적 『수원식단(隨園食單)』을 편찬하였는데, 서두부터 조리 기술에 대한 체계적인 설명을 담고 있다. 특히, 「수지(須知)」 19조항에서는 화력조절, 재료배합 등 요리의 핵심 원리를 집약적으로 제시하여, 현대인들이 농담 삼아 '식통(吃貨) 필독서'로 부르는 이유가 되었다. 이 책은 청대 간행본으로 초판이 존재하며, 현재는 袁枚, 『隨園食單(圖文版)』(南京: 江蘇古籍出版社, 2000)이 표준본으로 통용된다.

한편, 청대(清代) 이어(李漁, 1611-1680)의 『한정우기(閑情偶寄)』는 생활예술을 종합적으로 다룬 저작으로, 고대 명사의 '양생학(養生學)'으로 평가받는다. 이 책은 희곡(戲曲), 음식(飲食) 등 다양한 예술과 일상적 현상을 논하며, 특히 「음식 조리(飲饌調治)」 부분에서 삶의 정취를 풍부하게 묘사하였다. 예컨대, 「종식부(種植部)」에서는 '연꽃[芙蕖]'의 매력을 '가목(可目: 시각적 아름다움)', '가비(可鼻: 향기)', '가구(可口: 맛)', '가용(可用: 실용성)'으로 구분하여 분석한 대목이 압권이다. 李漁, 『閑情偶寄』(杭州: 浙江古籍出版社, 1985)를 참조할 수 있다.

12) 중국 요리는 일반적으로 8대 요리 체계, 즉 산동 요리[魯菜]·사천 요리[川菜]·광동 요리[粵菜]·강소 요리[蘇菜]·복건 요리[閩菜]·절강 요리[浙菜]·호남 요리[湘菜]·안휘 요리[徽菜] 등으로 대표되지만, 실제로는 각 지역마다 고유한 풍미를 지닌 대표 음식이 존재한다. 예컨대, 사천(四川)의 훠궈[火鍋], 금화(金華)의 소시지[火腿], 치박(淄博)의 불고기[燒烤] 등……일일이 예를 들 수 없을 정도로 많다.

(民俗)에서 말하는 '특산물[特産]'에 의해 결정된다. 『사기·화식열전(貨殖列傳)』
에서도 이러한 연관성이 명확히 드러난다.

> 천하의 산물은 부족한 것도 있고 풍부한 것도 있으며, 그에 따라 백성들의
> 풍속도 각기 다르다. 산동(山東) 지방은 바다 소금을 먹고, 산서(山西) 지방
> 은 암염(岩鹽)을 먹으며, 영남(嶺南: 광동·광서 지역)과 사북(沙北: 고비사막
> 북쪽) 지역에도 곳곳에서 소금이 나니, 대체로 이와 같다.(夫天下物所鮮所多,
> 人民謠俗―山東食海鹽, 山西食鹽鹵, 領南·沙北固往往出鹽, 大體如此矣.)

이는 천하의 물산이 지역에 따라 풍부하거나 부족함이 다르며, 그에 따라 각
지의 민속에 반영된 미각적 선호도 유전자적 수준에서 뚜렷한 차이를 보인다는
것을 의미한다.

남방 지역을 예로 들면 다음과 같다.

> 요컨대, 초(楚)와 월(越) 지역은 땅은 넓으나 인구는 적다. 쌀밥과 생선국을
> 먹으며 때로는 불로 밭을 태우고 물로 김을 매기도 한다. 과일, 박, 소라,
> 조개 등은 장사하지 않아도 충분하며, 땅이 기름져 먹을 것이 풍부해 굶주
> 릴 염려가 없다.(總之, 楚·越之地, 地廣人稀, 飯稻羹魚, 或火耕而水耨, 果隋蠃蛤,
> 不待賈而足, 地熱饒食, 無饑饉之患.)

이를 현대적 표현으로 해석하면 다음과 같다.

> 총체적으로 말해서, 초(楚)·월(越) 지역은 땅이 넓고 인구가 적어 쌀[稻]을
> 주식으로 하고 생선[魚]을 반찬으로 삼았다. 불로 밭을 태워 경작하고, 물로

잡초를 제거하며, 박(瓜), 과일(果), 소라(螺), 조개(蛤) 등은 외부에서 구입하
지 않아도 자급자족이 가능했다. 이처럼 기후가 따뜻하고 식량이 풍부했기
때문에 기근(饑饉)의 우려가 없었다.

이러한 기록은 '어미지향(魚米之鄉: 생선과 쌀이 풍부한 지역)'으로 대표되는
남방의 지리적 이점이 음식문화의 기반이 되었음을 보여준다.13)

---

13) '반도경어(飯稻羹魚)', 이 구절은 연합구조로, '반(飯)'과 '경(羹)'이 명사에서 동사로
　　바뀐 의동용법(意動用法: 중국어에서 명사가 '~로 여기다'의 의미로 쓰이는 문법 현
　　상)이다. 즉 "쌀(稻)을 밥(飯)으로 삼고, 생선(魚)을 국(羹)으로 삼다'라는 의미이다.
　　([日] 瀧川資言著, 楊海崝整理, 『史記會注考証』(上海: 上海古籍出版社, 2016), 4282쪽.)

## 제3절 '미(味)'자의 조미 기능―심미적 가치 판단

### (1) '미(美)'자의 심층 인지구조

구체적인 오미(五味)의 조화가 추상적인 가치 판단에 비유되듯, 미감(美感) 의식의 근원은 어디에 있는가? '두 팔과 다리를 벌리고 선 사람의 정면 모습[大]'의 윗부분에 양(羊)의 형상을 배치한 것은, 주로 제사의 공물과 음식 공급에 사용된 육축(六畜)의 풍요로움을 상징한다고 볼 수 있다.14) 감각의 통합과 유추적 인식의 연관성에 따라, 시각적 인식이 자연스럽게 '미각'적 감수성으로 이어지는 과정으로 이해할 수 있다.

한자에서 '감(甘)' 계열 구조가 이를 대표한다. 입맛에 맞는 맛을 총칭하여 '미미(美味)'라 하는데, 이 중 '미(美)'자는 은상 갑골문과 주대(周代) 금문, 고대 도기문자[古陶文]에서 자주 나타난다.

---

14) 대체로 동물과 인체의 합성 구조에서, 회의(會意) 인지 과정에는 구조 비율, 공간 위치 등의 '의미조합의 환경(意會環境)'을 고려해야 한다. 예컨대, 호(虍)와 인(人) 형태, 록(鹿)과 대(大) 형태, 양(羊)과 인(人) 형태 등 공통된 형상 부호는 각기 강조점이 다르다. 호(虍)와 그 아래 엎드린 인(人)이 비례적으로 합쳐져 '호(虎)'를 이루며, 인(人) 형태가 엎드린 모습은 소리부 역할을 한다. 한편 양(羊) 형태를 대(大) 형태 위에 배치한 것에 대해 인류학자와 미학자들은 머리의 '양'이 모자를 장식하는 것으로, 춤추는 사람이 양 머리를 장식으로 사용한다는 회의(會意)로 보기도 한다. 문제는 문자 구조 성분으로서 양 형태를 모자의 장식으로 추상화하기가 어렵다는 점이다.

갑골문

금문　　　　　　　　　　고대 도기문자

　늦어도 한대(漢代) 사람들의 인식 속에서, '미(美)'의 인지구조는 '감미(甘美)'라는 미각적 체험과 직접적으로 연결되어 있다. 『설문양(羊)부수』에서는 이러한 미각적 감수성의 관점에서 자형 구조를 다음과 같이 해석했다.

　　미(美)는 달다[甘]는 뜻이다. 양(羊)이 의미부이고 대(大)도 의미부이다. 양은 육축(六畜) 중에서 주로 공양(供膳)을 담당한다. 미(美)와 선(善)은 같은 뜻이다. 신 서현 등(臣鉉等)은 이렇게 생각합니다. "양이 크면 아름다우므로 대(大)로 구성되었습니다."

　미각적 감수성은 구체적으로는 느낄 수 있지만, 추상적이어서 설명하기는 어렵다. 따라서 인지구조는 이를 '종(種) 개념'인 양(羊)이라는 동물에 대응시켜 구체화하려는 방식을 취하였다. 이는 '속(屬) 개념'인 '가축류'를 나타내는 것이며,

적어도 당시의 '육축(六畜)'을 대표하는 것이었다.

한대(漢代) 사람들의 인식 세계에서 양(羊)은 '육축' 중에서 주로 식량을 공급하는 기능을 맡고 있었고, 송대(宋代) 사람들은 그 형태적 특징, 곧 크고 살진 모습을 곧 아름다움으로 여겼다. 이는 감각의 전환, 즉 시각으로 이어지는 감각적 경험이라 할 수 있다.

사실 '미(美)', '비(肥)', '미(味)'자는 어원학적으로 보기만 해도 그 연관성을 알수 있어서 반드시 파생어나 공감 등의 특수한 용법으로만 설명될 필요가 없다.15)

## (2) 양(羊)·육축(六畜)·급선(給膳)

고대 '설문학(說文學)'의 일부 학자들은 쇠[牛]와 양(羊) 등으로 기록된 가축은 주로 제사에 바치는 희생품(犧牲品)으로 사용되었다고 보았다. 고대에는 제사(祭祀)를 중시했기 때문에, 이러한 유형의 자형은 상형자이며, 출토된 다양한 고문자에서도 그 실제 동물의 형태적 특징을 묘사하고 있음을 볼 수 있다.

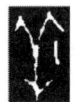

갑골문

---

15) 소명태자(昭明太子)의 「칠계(七契)」에서는 "기분을 즐겁게 하고 입맛을 달게 하며, 아름다움을 극진히 하고 맛을 지극히 한다.(怡神甘口, 窮美極滋.)"라고 했다. 여기서 '미(美)'와 '자(滋)'(즉 '미(味)')는 대구를 이루며 같은 뜻으로 쓰인 점이 뚜렷하게 드러난다.

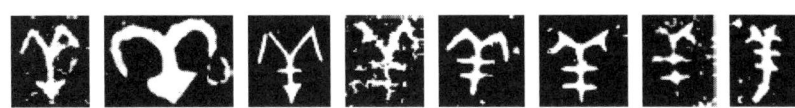

금문

전국(戰國) 시기 간독문　　고대 도장문자

도문　　고대 화폐문자

『설문앙(羊)부수』에서는 '앙(羊)'의 구조적 특징을 다음과 같이 설명했다.

　　앙(羊)은 상(祥)과 같아 상서로움(祥)을 뜻한다. 괴(丫: 양의 머리 부분)가
의미부이고, 머리, 뿔, 다리, 꼬리의 형태를 형상했다. 공자(孔子)는 "소(牛)
와 양(羊)과 같은 글자들은 형태를 들어 나타낸 것이다."라고 말했다.(羊, 祥
也. 從丫, 象頭角足尾之形. 孔子曰: 牛羊之字, 以形擧也.)[16]

---

16) 서호(徐灝)의 「설문해자주전(說文解字注箋)」은 단옥재의 「설문해자주(說文解字注)」에
　　대한 전석(箋釋)이다. 胡安順, 『「說文」部首段注疏義』(北京: 中華書局, 2018), 157-158
　　쪽.

따라서 고대 중국인들의 의식 속에서 '양(羊)'은 '상서롭고 복된' 의미의 어원적 근원으로 여겨졌다. 서한(西漢) 시기에 제작된 '청동 세숫대야[銅洗]'의 문양에서도 '길상(吉祥)'이 '길양(吉羊)'으로 표기된 사례가 발견된다. 이러한 연관성을 통해, 양(羊)의 형태적 구조가 긍정적 가치와 정서적 태도, 즉 심층적 구조와 오랜 역사적 근원을 가지고 있음을 쉽게 발견할 수 있다.[17]

| 상(商)나라 중기의 양(羊) 머리 문양 술잔[尊] | 한(漢)나라 '大吉羊(大吉祥)' 자형 및 세숫대야의 문양 |

이와 같이, 미각적 감수성과 관련된 의식은 결국 '양(羊)'자 형태에 응축되어 구현되었다.

고고학적 연구에 따르면, 중국은 매우 일찍부터 농업 문명사회로 진입했으며,

---

17) 臧克和, 『說文認知分析』(武漢: 湖北人民出版社, 2019), 307-310쪽, 제4장에서 인용. 한국어판은 하영삼(역), 『설문해자인지분석』(부산: 도서출판3, 2024), 제4장 제1절, 763-800쪽 참조.

농업은 인류에게 식량과 정착이라는 두 가지 생활 조건을 제공했다. 이 두 가지 요소는 다시 세 번째 생활 조건인 가축의 발생을 촉진하였다. 기원전 8천 년 경의 '나투프(Natuf) 후기 유적'에서 이미 소형 가축의 뼈가 발견되었으며, 그 계승자인 예리코(Jericho) 문화(기원전 7~6천 년경)와 동시대의 초기 신석기 문화들[18])에서도 염소와 양의 사육 흔적이 확인된다. 현대 과학적 연구에 의하면, 최초로 가축화된 동물은 개와 양이었으며, 소와 말의 가축화는 비교적 늦은 시기에 이루어졌다.[19)

'양(養)'의 어원은 바로 '양(羊)'이다.『설문·식(食)부수』에서는 다음과 같이 풀이했다.

> 양(養)은 공양(供養)을 의미한다. 식(食)이 의미부이고 양(羊)이 소리부이다.
> 양(羖)은 양(養)의 고문체이다.(養, 供養也. 從食羊聲. 羖, 古文養.)

여기서 '양(養)'의 소리부인 '양(羊)'은, 고대인들이 양을 생계유지의 공급원으로 인식했음을 반영한다. 고문(古文)의 구조는 '양(養)'자의 근원이 양과 불가분의 관계에 있음을 여실히 보여준다.

일찍이 상대(商代)에 이르러 은(殷)나라 사람들은 이미 목축의 전통을 가지고 있었다. 갑골 복사(卜辭)에 나타나는 가축의 명칭과 관련 기록으로 미루어 볼 때, 당시에는 '육축(六畜)' 즉 말[馬], 소[牛], 양(羊), 닭[雞], 개[犬], 돼지[豕]가 모두 갖추어져 있었다. 통계에 따르면, '육축(六畜)'의 구성 비율은 고인류학 연구의 결

---

18) 아나톨리아(Anatolia)의 차탈회위크(Çatalhöyük) 문화, 북아프리카의 카림 샤히르(Karim Shahir) 문화, 조금 후대의 자르모(Jarmo) 문화 등이 있다.

19) [소련] 레오니드 세르게예비치 바실리예프(Leonid Sergeevich Vasilyev, Леонид Сергеевич Васильев))『中國文明的起源問題』(中譯本)(北京: 文物出版社, 1989), 121쪽.

론(즉 양과 개의 사육이 다른 가축보다 더 이르다는 점)과 기본적으로 일치한다. 서중서(徐中舒)가 주편한 『갑골문자전(甲骨文字典)』의 수록자를 살펴보면, 표제자를 포함하여 부록(附錄)까지 통계에 넣었을 때, '육축(六畜)'을 대표하는 문자가 제1층위 구성에 참여한 경우 ─ 혹은 말·소·양·닭·개·돼지를 기본 문자 구성 요소로 삼은 글자들의 수는 각각 다음과 같다.

> 양(羊)부수 45자
> 시(豕)부수 36자
> 견(犬)부수 33자
> 우(牛)부수 20자
> 마(馬)부수 21자
> 계(鷄)부수 3자

이 중 '양(羊)' 부수에 속한 글자가 현저한 우위를 차지하였으며, 그 다음으로 돼지[豕], 개[犬], 말[馬], 소[牛] 순이었다. 그러나 『설문』에 이르러서는 양(羊)부수에 집약된 문자의 수가 감소 추세를 보여, 이체자를 포함해 총 34자에 불과했다. '육축(六畜)'의 각각의 비중을 갑골문에서 반영된 상황과 비교할 때, 각 시대별로 증감의 대비를 이루었는데, 이러한 변화는 사회생활 및 관념 인지의 발전을 반영하고 있다.

철학자 카시러(Cassirer)는 『인론(人論, *An Essay on Man*)』에서 다음과 같이 지적한 바 있다.

> 분류(分類)는 인간 언어의 가장 기본적인 특성 중 하나다. 명명(命名) 활동 자체가 분류 과정에 의존한다.

모든 분류는 특수한 필요에 의해 결정되고 지배된다. 그리고 이러한 필요는 인간의 사회문화적 생활 조건에 따라 변화한다.

따라서 인간의 언어는 항상 일정한 생활 형식에 부합하여 형성된다.[20]

위의 통계를 통해, 중국은 매우 일찍부터 목축업이 발달했으며, 그중에서도 '양(羊)'이 '육축(六畜)' 중에서 가장 중요한 위치를 차지했다는 사실을 알 수 있다. 이는 고대인들이 긍정적 감정과 가치 태도를 '양에 투사하여 응축할 수 있었던 사회 생활적 인지 기반을 제공하였다.

---

20) [독] 에른스트 카시러(Ernst Cassirer), 『人論(*An Essay on Man*)』, "二十世紀西方哲學譯叢"(上海: 上海譯文出版社, 1985), 173쪽.

## 제4절 '오미(五味)'—심리적 감정의 조화

'맛[味]' 계열 글자의 인지구조는 고대 중국인들의 감각 인지 특성 중 하나를 잘 보여준다. 즉, 일부 복잡한 정서적 체험은 언어로 직접 표현하기 어려워, 종종 '입맛'의 감수성을 통해 인지 경험을 전달했다. 이는 심층 구조의 의미 차원에서 감각의 경계를 넘어 범주 간 전이가 가능했음을 나타낸다.

예컨대, '고(苦)'는 다섯 가지 맛[五味] 중 하나를 기록한 글자이지만, 고대에는 그 의미가 심리적·정서적 차원으로 이동하여 고통과 슬픔의 감정을 나타내는 '정서적 감각'으로도 사용되었다. 이에 대한 가장 직접적인 연관성은 역대 묘지명(墓志銘) 서문과 명문(銘文)에서 확인할 수 있다. 이들 문헌에서 '고(苦)'와 '비(悲)'는 대구를 이루는 경우가 많으며, '고월(苦月)'이나 '고무(苦霧)'와 같은 표현도 유사한 수사적 기능을 수행했다.21)

---

21) 당대(唐代) 묘지명에 보이는 '고월(苦月)' 및 관련 표현 사례는 다음과 같다.
　① 당(唐) 건봉(乾封) 2년 「조군 처 양씨 묘지(趙君妻梁氏墓志)」: "슬픈 바람은 무성한 나무를 흔들고, 쓴 달빛은 차가운 무덤을 비추네.(風悲拱木, 月苦寒堂.)"
　② 당(唐) 개원(開元) 5년 「최군 처 정씨 묘지(崔君妻鄭氏墓志)」: "안개와 구름은 쌓여 높이 뜬 해 쓰라리고, 풀과 나무는 [……].(烟雲積而高日苦, 草樹□□□□□.)"
　후반부는 훼손되어 명확하지 않으나, 하단 예시에서 확인되듯 '고(苦)'와 '비(悲)'가 대구(對句)로 사용된 경우가 다수 발견된다.
　③ 당(唐) 개원(開元) 20년 「최광사 묘지(崔光嗣墓志)」: "성은 쓴 달빛에 임하고, 남쪽 길의 노래와 종소리를 그리워하네. 땅은 황량한 들판이니, 북망(北邙)의 가시덤불이 애통해 하는구나.(城臨苦月, 思南陌之歌鐘; 地卽荒郊, 痛北邙之荊棘)."
　④ 당(唐) 개원(開元) 21년 「등부인 묘지(鄧夫人墓志)」: "천 리 먼 길에 그리움만 쌓이고, 아득한 저승에 먼지만 가득하네. 슬픈 바람과 쓴 달빛만 이어져, 무덤과 샘터에 다시는 봄이 오지 않으리.(千里遙遙思煞人, 九原冥冥空有塵. 悲風苦月徒相継, 壟壙泉臺

不復春.)"

⑤ 당(唐) 장안(長安) 4년 「양량 묘지(楊亮墓志)」: "쓴 달빛은 밤을 비추고, 슬픈 바람은 낮에 불어오네.(苦月宵映, 悲風晝吹.)"

⑥ 당(唐) 개원(開元) 23년 「요후 묘지(姚珝墓志)」: "쓴 달빛은 언덕에 걸리고, 시름한 구름은 해를 가리네.(苦月懸隴, 愁雲暗日.)"

⑦ 당(唐) 개원(開元) 25년 「노교 묘지(盧暾墓志)」 명문: "어두운 무덤에 쓴 달빛이 스쳐가고, 찬 소나무에 슬픈 바람이 불어오네. 봄의 난초와 가을의 국화, 천 겹의 서리와 만 갈래 이슬.(幽隴悶兮苦月過, 寒松植兮悲風度. 春蘭兮秋菊, 千霜兮萬露.)"

⑧ 당(唐) 개원(開元) 27년 「장역 묘지(張易墓志)」: "슬픈 바람은 쓸쓸히 불고, 쓴 달빛은 맴도네.(悲風蕭瑟, 苦月徊徊.)"

'고월(苦月)'은 수당(隋唐) 시기 석각(石刻)에서 16회, '월고(月苦)'는 25회 사용되었으며, 위진남북조(魏晉南北朝) 석각에서는 아직 발견되지 않았다. 이는 '고월(苦月)'이 수당 시기에 등장한 고정적 이미지로, 묘지문의 분위기 연출에 활용된 특유의 표현임을 보여준다.

'고(苦)'와 '비(悲)'가 같은 의미로 사용된 대구적 사용을 보면 다음과 같다.

① 수(隋) 개황(開皇) 15년 「공빈 묘지(龔賓墓志)」: "산에는 쓴 안개가 떠오르고, 나무에는 슬픈 바람이 흔들리네. 흐르는 얼음은 물을 막고, 달빛은 하늘에 얼어붙었도다.(山浮苦霧, 樹動悲風. 流冰噎水, 上月凝空.)"

② 수(隋) 대업(大業) 9년 「곽총 묘지(郭寵墓志)」: "쓴 안개는 깃발을 묻고, 슬픈 바람은 덮개를 눕히네.(苦霧埋旌, 悲風偃盖.)"

③ 수(隋) 대업(大業) 11년 「오도진 묘지(伍道進墓志)」: "구름은 시름에 잠기고 해는 어두우며, 안개는 쓰라림으로 바람의 위세를 더하네.(雲愁日慘, 霧苦風威.)"

④ 수(隋) 인수(仁壽) 원년 「고규 묘지(高虯墓志)」: "언덕은 시름한 구름으로 어둡고, 산은 쓴 안개로 흐리네.(隴暗愁雲, 山昏苦霧.)"

⑤ 당(唐) 천보(天寶) 원년 「장본 묘지(張本墓志)」: "찬 숲은 쓸쓸하고, 슬픈 바람이 모이네. 높은 언덕은 우뚝하여, 쓴 안개가 언제나 날리도다.(寒林蕭瑟, 每積悲風. 高隴嵯峨, 常飛苦霧.)"

여기서 '고무(苦霧)'와 '비풍(悲風)'은 '비수지무(悲愁之霧)'로 해석될 수 있으며, 이는 '고월(苦月)'과 동일한 수사적 메커니즘이다. 예컨대, 당(唐) 천보(天寶) 4년 「사마원례 묘지(司馬元禮墓志)」에서 "쓴 안개는 자욱하고, 시름한 연기는 끝없이 넓도다.(苦霧霏霏, 愁煙漠漠.)"라고 했다.

달빛 청량함은 '처량함[凄凉]'을 강조하는 매개체로, 시각적 감각이 미각('苦')을 거

## (1) 구복(口腹)의 생리적 맛─범주를 넘는 인식: 남녀 간의 체험

고대인들은 '구복자미(口腹滋味)'라는 감수성 인지구조로 '맛(味)'에 대한 복잡한 정서적 체험을 전달했다. 예를 들어 보자.

> 『시경·여분(汝墳)』: "아직 군자를 보지 못했으니, 마음이 굶주린 듯 괴롭네."(未見君子, 惄如調飢.)[22]
>
> 『초사·천문(天問)』: "아, 순임금은 자신의 배필을 찾아 그 대를 이었으니, 어찌하여 취향이 다른 자를 탐하고 단지 아침의 배부름만을 즐겼단 말인가?"(閔妃匹合, 其身是繼, 胡維嗜不同味, 而快朝飽?)[23]

---

처 심적 체험('悲')으로 전환되는 과정을 보여준다. 이는 수당(隋唐) 묘지명에서 관용어로 정착되었으며, 특히 '고한(苦寒)'은 수대(隋代) 초기에는 '월한(月寒)'으로 표현되다가 당대에 이르러 고정되었다. 예컨대, 수(隋) 개황(開皇) 10년 「왕요 묘지(王曜墓志)」의 "바람은 슬프고 달은 차갑네. 언덕과 골짜기도 영원하지 않으니, 전후를 돌아보리라.(風悲月寒, 陵谷非久, 前後相看.)"가 그렇다.

22) 한(漢)나라 경학가인 정현(鄭玄)은 주석에서 "조(調)는 아침[朝]을 말한다. 아침에 배가 고파 음식을 생각하는 것과 같다.(調, 朝也. 如朝飢之思食.)"라고 풀이했다.(阮元 교감본, 『十三經注疏』(北京: 中華書局, 1982), 282쪽.) 조(調)의 고대음에 대해, 『광운(廣韻)』에서는 "장(張)과 류(流)의 반절로 읽힌다. 조(朝)는 새벽[早晨]을 뜻한다. 조(調)자는 주(周)에서 소리부로 취했고, 조(朝)자는 소전체에서 주(舟)에서 소리부를 취했다.(張流切, 朝, 早晨. 調字從周得聲, 朝字小篆則從舟得聲.)"라고 했고, 『설문·간(倝)부수』에서는 "조(鼂)는 해가 뜨는 새벽[旦]을 말하다. 간(倝)이 의미부이고 주(舟)가 소리부이다.(鼂, 旦也, 從倝舟聲.)"라고 했다. 금문의 '조(朝)'에서 '수(水)'편방은 '주(舟)'의 형태와 비슷하며, '주(舟)'와 '조(朝)'는 음도 서로 가까웠기 때문에, 『설문』의 소전체에서는 '주(舟)' 부호가 잘 못 들어가게 되었다.

23) "어찌하여 취향이 다른 자를 탐하고 아침의 배부름만을 즐겼는가?"라는 말은 현대적인 표현으로는, "왜 본디 좋아하는 맛이 다른데도, 한 끼 아침 배부름 같은 쾌감만을 탐냈는가?"라고 할 수 있다. 어떤 판본에는 이 구절이 "胡維嗜不同味, 而快鼀飽."

굴원(屈原)이 대우(大禹)가 도산녀(塗山女)와 교합했다는 것에 대한 의문에서, 그 체험을 아침의 허기를 채우는 포만감 즉, 생리적 욕구의 충족에서 오는 쾌감으로 남녀가 짝을 이루어 생기는 감정에 대한 은유로 사용했다. 따라서 '쾌조포(快朝飽)'를 '남녀의 조화로운 결합[甘匹合]'에 대한 은유로 사용한 것이니, 바로 '입과 배[口腹]'의 생리적 맛을 통해 남녀 간의 정서적 체험을 가상으로 표현한 것이다. 이와 반대로, 정서적 욕구가 충족되지 못한 상태 역시 생리적 '굶주림'의 맛으로 묘사되곤 했다.[24] 한어 속담에서 '배부른 놈은 굶주린 놈의 배고픔을 모른다.(飽漢不知餓漢饑.)'는 말이 바로 이러한 표현 구조를 잘 보여주는 예라

---

라고 기록되어 있다. 여기서 '조(鼂)'는 '조(朝)'와 독음이 같다. 『설문·미(黽)부수』에서는 "조(鼂)는 언조(匽鼂)[=도마뱀의 일종]를 말한다. '조(朝)'와 같이 읽는다. 양웅(楊雄)의 설명에 따르면 '언조(匽鼂)'는 벌레 이름이다. 두림(杜林)은 이를 '아침[朝旦]'으로 해석했으나, 이는 옳지 않다. [이 글자는] 민(黽)이 의미부이고 단(旦)도 의미부이다."라고 했다. 서현(臣鉉) 등은 주석에서 "지금은 속자(俗字)로 '조(晁)'를 쓴다."라고 밝혔다.

[역주] 여기서의 '민(閔)'은 '순임금(舜)'을 높여 부르는 표현이며, '妃匹合(배필을 찾아 결합함)'은 순임금이 요(堯)의 두 딸인 여영(女英)과 아황(娥皇)을 아내로 맞이한 고사를 가리킨다. '嗜不同味(취향이 다른 자 [다른 맛을 좋아하는 자]를 탐하다)'에서 '다른 맛'은 순임금의 아내들과는 성정이 달랐던 상(象)(순임금의 이복동생)을 암시한다. 상(象)은 순임금을 해치려 했으나, 순임금은 오히려 그를 용서했다. 이는 굴원(屈原)이 순임금과 상(象)의 갈등을 다루며, 인간의 도리와 통치자의 자질에 대해 물음을 던진 것이며, '조포(朝飽)'는 권력 유지를 위한 타협을 비판하는 은유로 해석되기도 한다.

24) 錢鍾書, 『管錐編』第一冊論「毛詩正義·汝墳」第10條 "匹與甘"(北京: 生活·讀書·新知 三聯書店, 2008), 127-128쪽. 여기서 저자는 문예심리학과 관련된 현상을 설명하며 이를 '정서적 배고픔'이라고 명명했다. 음식으로 남녀를 비유하고 달콤함으로 짝을 비유하는 인지 방식을, 발자크가 '사랑과 굶주림은 유사하다'라고 말한 표현과 비교 분석했다.

할 수 있다. 이와 유사한 인지 양상은 아래의 '심(甚)'자 조목에서도 볼 수 있다.

## (2) 육식(肉食)의 맛—범주를 넘는 인식: 음악의 청각적 향수

'맛[味]'에 대한 인식이 점차 발전하면서, 후대에 이르면 심리적·정서적 만족이나 즐거움의 체험도 '음식의 생리적 맛을 빌려 비유적으로 인식하게 되었다. 대체로 춘추 시기에 이르면, '맛'의 감각적 체험은 이미 음악 등 예술 감상의 영역으로 확장되기 시작했다. 『논어·술이(述而)』에서는 이렇게 서술했다.

> 공자가 제나라에서 「소(韶)」 음악을 들으니, 석 달 동안 고기 맛을 모르고 이렇게 말했다. "음악이 이 지경에 이를 줄은 생각지도 못했구나."(子在齊聞『韶』, 三月不知肉味, 曰: 不圖爲樂之至於斯也.)

언어의 수사학에서 언제나 언급되는 '감각의 상호 교감'의 예가, 실제로는 바로 '화도(和道)'의 개념 안에서 육식의 입맛이 음악의 청각적 향수에 비유한 것이다. 이에 대해서는 '화(龢)' 계열 글자의 관련 부분을 참고하면 된다.

## 제5절 '의(宜)'자의 구조—추상적 가치관의 비유

'구복지봉(口腹之奉: 입과 배를 위한 공양, 즉 생계유지를 위한 필수적 욕구)'
과 음식 섭취가 조화롭고 적절한 것도 고대에는 가치 판단의 기준으로 널리 사
용되었다. '적절하고 알맞은 것[适宜]'이야말로 조화의 법칙에 부합하는 것으로
여겨졌다. 이러한 인식의 연관성은, 한자의 인지구조에서 '의(宜)' 계열 글자가
담고 있는 의미적 정보 속에도 내포되어 있으며, 이는 앞으로 더 깊이 탐구할
여지가 있다.

### (1) 의(宜)와 조(俎): 형체[體]와 용도[用]의 결합

'의(宜)'자의 인지구조는 '양(羊)'자가 '상(祥)'자와 관계를 맺는 방식과 유사하
다. 즉, 그 기원은 역시 제사에서 희생의 음식을 바치는 행위에서 비롯되었다.

갑골문

금문

전국 시기 초나라 죽간

고대 도장문자

고대 도기문자

고대 화폐문자

후마맹서
옥석문자

갑골문과 금문에서 '의(宜)'자는 '다(多)'와 '차(且)'로 구성되었는데, 여기서 '차(且)'는 바로 제수 물품을 안치하는 예기인 '조(俎: 도마)'이고, '다(多)'는 소리부의 역할을 한다. '다(多)'의 본래 형태는 고깃덩어리 모양(🔻)을 본뜬 것으로, 갑골문에서는 '다(多)'의 절반 형태를 취하여 🔳 🔳 등으로 적었는데, 이를 중첩하면 '다(多)'가 된다. 전국 시기 초나라 죽간에서는 🔳로 적었고, 『설문·육(肉)부수』의 소전체에서는 🔻로 기록되어, 중첩할 필요 없이 '다(多)'의 형태에 가까워졌다. '의(宜)'자의 전체 구조는 희생물의 두 부분이 도마 양쪽에 안치되어 제사에 헌향하는 것을 본떴다. 『설문』에서는 이렇게 풀이했다.

> 의(宜), 편안한 곳을 뜻한다. 면(宀)의 아래, 일(一)의 위라는 의미를 그렸고, 다(多)의 생략된 모습이 소리부이다. 의(🔳)는 의(宜)의 고문체이다. 의(🔳)도 의(宜)의 고문체이다.(宜, 所安也. 從宀之下, 一之上, 多省聲. 🔳, 古文宜. 🔳, 亦古文宜.)[25]

---

25) '조(俎)'는 고문자의 형태 구조에서 🔳🔳(갑골문), 🔳🔳(금문) 등으로 확인된다. 갑골문에서는 다수의 고깃덩어리[肉]가 도마[俎豆] 위에 놓인 모습을 본떴다. 『설문』에서 "조(俎)는 의식에 사용하는 도마이다. 반으로 나뉜 고깃덩어리가 '조(且)' 위에 놓인 모습으로 구성되었다.(俎, 礼俎也. 從半肉在且上.)"라고 했다. 또 『옥편』에서는 "조(俎)는 장(庄)과 려(呂)의 반절로 읽는다. 나무를 잘라 네 다리를 만든 것으로, 고기를 올리는 도마(俎)이다.(俎, 庄呂切. 斷木四足也, 肉俎也.)"라고 했다. 또 『광운』에서는 "조(俎)는 조두(俎豆)를 의미한다.(俎, 俎豆.)"라고 했고, 『집운(集韻)』에서는 "조(俎), 조(柤), 조(抯)는 장(壯)과 소(所)의 반절로 읽는다. 혹체에서는 목(木)으로 구성되거나 장(爿)으로 구성되었다.(俎柤抯, 壯所切. 或從木, 從爿.)"라고 했다. 또 "조(俎)는 희생(牲)을 올리는 안석(几)이다. 『춘추전』에는 '사마(司馬)가 조(俎)를 부쉈다'라는 기록이 있다.(俎, 荐牲几. 『春秋傳』: 司馬折俎.)"와 "조(俎)는 예기(禮器)이다.(俎, 礼器.)"라고 기록되어 있다. '다(多)'와 '의(宜)' 두 글자는 고대음에서 모두 가부(歌部)에 속한다.

　어떤 학자는 현대 한어의 의미에 따라 '소안(所安)'을 '사람의 마음을 편하게 하는 곳'으로 번역하기도 한다.[26] 그러나 여기서 말하는 '심안이득(心安理得)'은 '의(宜)'와 '조(俎)'의 인지구조와의 연관 및 상고 시기의 제수 물품의 진설에서 비롯된 것임을 고려할 필요가 있다.

　'조(俎)'의 체계에 관하여, 왕국유(王國維)가 전문적으로 논의한 『설조(說俎)』가 있다.

　전승되는 고대 기물들, 즉 악기(樂器)……삶는 기물[煮器]……포와 해를 담는 기물[脯醢器]……메기장과 찰기장을 담는 기물[黍稷器]……술을 담는 기물[酒器]……씻는 기물[洗器]……과(戈), 극(戟), 모(矛), 검(劍) 등과 같은 병기(兵器)는 세상에 모두 남아 있다. 오직 '도마[俎]'만은 나무로 만들어졌기 때문에 세월이 오래 지나면서 썩어 없어져 그 형태가 전하지 않는다. 『설문』에 따르면, "조(俎)는 의식에 사용하는 도마를 말한다. 반으로 나뉜 고깃덩어리가 조(且) 위에 있는 모습을 그렸다.(俎, 禮俎也. 從半肉在且上.)"라고 했다. 『시·노송(魯頌)』의 '변두대방(籩豆大房)'에 대해, 『모전(毛傳)』에서는 "대방은 조(俎)의 반쪽이다.(大房, 半體之俎也.)"라고 했고, 『정전(鄭箋)』에서는 "대방은 옥으로 장식한 도마이다. 그 형태는 발 사이에 가로지른 것이 있고, 아래에 받침[跗]이 있다. 마치 당(堂) 뒤에 방(房)이 있는 것 같다.(大房, 玉飾俎也. 其制: 足間有橫, 下有跗. 似乎堂後有房.)"라고 했다. ……정현의 『시경』, 『예기』세 주석을 종합하면, 조(俎)라는 기물은 ……『주어(周語)』에서는 "체(禘) 제사와 교(郊) 제사를 지낼 때에는 전증(全烝)이 있고, 왕이나 제후가 연회를 할 때에는 방증(房烝)이 있다……(禘郊之事則有全烝, 王公立飫則有房烝……)"라고 했는데, 위소(韋昭)의 주석에서 "전증(全烝)은 그 희생물을 온전히 하여 올리는 것이고, 방(房)은 큰 도마를 말하는데, 그 희생물을 반쪽으로 갈라 방(房)에 올리는 것을 말한다.(全烝, 全其牲體而升之; 房, 大俎

---

26) 湯可敬, 『說文解字今釋』第2冊(上海: 上海古籍出版社, 2018), 1046쪽.

也; 謂牛解其體升之房也.)"라고 했다. 그렇다면 '방증(房蒸)'은 '전증(全蒸)'에 대칭하여 말한 것으로, 대개 전체의 절반을 도마에 담아 올리는 것을 말한다. 마땅히 방(房)이 두 개 있어서, 절반씩 각각 그 하나에 놓아두는데, 두 방(房)을 합하면 희생물이 온전해지므로 '방조(房俎)'라고 했다. '조(俎)'는 전서체로 '조(俎)'로 적는데, 고기의 절반이 조(且)의 곁에 놓인 모습을 본떴다. 그런데 은허의 점복문이나 「맥자유(貉子卣)」에서는 ▓나 ▓로 적었는데, 방(房) 두 개에 고기 둘의 형상을 구체적으로 그린 것이다. 그리고 그 가운데의 가로획은 양쪽 제물을 구분하는 물건을 나타낸 것이다. 이로 미루어 보면, 유우씨(有虞氏) 때에는 '완(梡)'이라 했는데, '완(梡)'은 '완전함[完]'을 뜻한다. 또 은나라 때에는 '구(梡)'라 했는데, '구(梡)'는 '구비함[具]'을 뜻한다. 이들 모두 전증(全蒸)의 '조(俎)'를 말한다.[27]

'조(俎)'의 기물 형태를 살펴보면, 희생물을 담는 예기로서 두 방(房)이 나란히 늘어선 형상을 본떠야 하고, 완전한 희생물이 양쪽에 늘어서 갖추어져 있어야 한다. 이는 『모전』에서 말한 "대방은 조(俎)의 반쪽이다.(大房半體之俎.)"와 『설문조(且)부수』에서 해석한 "조(俎)는 의식에 사용하는 도마를 말한다. 고기[肉]의 절반 모양이 도마[且] 위에 있는 모습을 그렸다.(俎, 禮俎也. 從半肉在且上.)'라는 설명과 완전히 일치한다.

정결히 손질한 제사의 희생을 도마라는 기물에 안치하는 것이 제헌에 알맞으므로, 제사의 고유명사로서 '의제(宜祭)'라고 부를 수도 있게 되었다.[28] 이후 의

---

27) 王國維, 『觀堂集林』 卷三 "說俎上"(北京: 中華書局, 1959), 155-156쪽. 容庚, 『金文編』 卷七: "俎, 宜爲一字."(北京: 中華書局, 1985), 527쪽 참조.

28) 臧克和, 『讀字彔』上冊(上海: 上海古籍出版社, 2020), 255-258쪽. 고대 제사의 예법을 엄격히 준수한 것에 관해, 전국 시기 초간(楚簡) 출토 자료에 해당 기록이 보존되어 있다. 예컨대, 상해박물관이 소장하고 있는 『전국초죽서(戰國楚竹書)·공자시론(孔子詩

미가 확장되어, 제사에 올리는 '제수 물품'이라는 고유명사에서 일반적인 요리를 가리키는 말로 발전했다. 이러한 의미의 연관성에 따라, '조화롭고 알맞음'의 추상적 용법 역시 대체로 제사 음식에서 일반 음식에 이르기까지의 세심한 배려에서 비롯된 것이다.

## (2) '의(宜)'자와 음식 및 출산

'의(宜)'는 일반적인 음식을 가리킬 수도 있고, 일반적인 식사 행위 전반을 가리킬 수도 있다. 이와 관련하여 다음의 두 구절이 대표적이다.

『초사 천문(天問)』에는 다음과 같이 기록되어 있다.

> 간적(簡狄)은 누대[臺] 위에 있었는데, 곡(嚳)은 어떻게 그녀를 아내로 삼았을까? 검은 새[玄鳥]가 알을 선사했는데, 그녀는 어찌하여 기뻐했는가?(簡狄在台, 嚳何宜? 玄鳥致貽, 女何喜?)

네 구절이 두 행씩 운을 맞추고 있으며, 앞의 '대(台)'와 '의(宜)'가 같은 운으로 짝을 이룬다.29) 전체적인 의미는 간적(簡狄)이 높은 누대 위에 있었는데, 제

---

論)』제9간에는 다음과 같은 내용이 있다. "天保丌得彔蔑畺矣巺㝨㥯古也." 이를 구두점을 달아 해석하면 "[『시경』의] 「천보(天保)」시는 그 복록을 얻음이 무한하니, 순박하고 덕이 옛것과 같기 때문이다."로 읽을 수 있다. 이를 현대어로 해석하면, "「천보」시가 노래한 바는 끝없는 복록을 얻으리니, 이는 음식을 정결하게 갖추고 고대 예법에 합당했기 때문이다." 정도가 될 것이다.

29) 『시경·상송·현조(玄鳥)』에서 "하늘이 검은 새(玄鳥)에게 명하여 내려오게 하니, 상(商)나라가 탄생하였다.(天命玄鳥, 降而生商.)"라고 했고, 『사기·은본기』에서는 "은나라의 시조 설(契)의 어머니는 간적(簡狄)이며, 유융씨(有娀氏)의 딸로 제곡(帝嚳)의 둘째 부인이었다. 세 명이 목욕하던 중 검은 새가 알을 떨어뜨리는 것을 보고, 간적이 이를

곡(帝嚳)이 어떻게 결합을 했는가라는 말이다.

이어지는 "검은 새[玄鳥]가 알을 선사했는데, 그녀는 어찌하여 기뻐했는가?(玄鳥致胎, 女何喜.)"라는 두 구절은 이미 '출산'과 관련된 함의를 담고 있다.

이에 대해, 『여씨춘추·음초(音初)』에서는 다음과 같이 전한다.

> 유융씨(有娀氏)에게 두 딸이 있었는데, 그들을 위해 아홉 층으로 쌓은 누대를 짓고, 음식을 먹을 때에는 반드시 북을 울렸다.(有娀氏有二佚女, 爲之九成之台, 飮食必以鼓.)

## (3) '의(宜)'와 '의(誼)'

『설문·언(言)부수』에서는 다음과 같이 풀이했다.

> 의(誼)는 '사람이 마땅히 해야 할 바라는 뜻이다. 언(言)이 의미부이고 의(宜)도 의미부인데, 의(宜)는 소리부도 겸한다.(誼, 人所宜也. 從言從宜, 宜亦聲.)

---

주워 먹어 임신해 설을 낳았다.(殷契, 母曰簡狄, 有娀氏之女, 爲帝嚳次妃. 三人行浴, 見玄鳥墮其卵, 簡狄取呑之, 因孕生契.)"라고 했다. 여기서 '대(台)'와 '의(宜)'는 압운(押韻)으로, 고대음에서 운부(韻部)가 동일하다. 예컨대, '태(苔)'와 '이(怡)'는 현대 중국어에서 두 가지 독음이 있으나, 모두 '대(台)'를 소리부로 사용한다. 또 '대(台)'는『광운·해(咍)부수』에서 "도(徒)와 애(哀)의 반절로 읽는다."('애(哀)'는 '구(口)'가 의미부이고 '의(衣)'가 소리부이다)로 기록되었다. 제3·4구도 압운을 이루며, 『사기회주고증(史記會注考証)』에서는 이 구절에 "현조치태(玄鳥致胎)"라는 이문(異文)이 있다고 했다.(上海: 上海古籍出版社, 2016), 117쪽.) 또 '희(喜)'는 이문으로 '가(嘉)'로도 기록되었으나, 압운이 맞지 않는다.

구조적으로 보면, '의(誼)'는 회의 겸 형성자이다. 즉, 언(言)이 의미부이고 의(宜)도 의미부인데, 의(宜)는 소리부도 겸하니, 사람에게 적합하고 적당하며 적정한 것이 마땅히 의리에 부합하는 것이라는 뜻이다.[30)]

이로부터 '의(宜)'는 인간관계나 사물의 조화로운 관계를 가리키는 말로 확장되었다. 예컨대, 한어에서 흔히 쓰이는 단어로 다음과 같은 것들이 있다.

> 의인(宜人): 사람에게 알맞음
> 편의(便宜): 편리하고 적합함
> 불의(不宜): 마땅하지 않음
> 득의(得宜): 적절함을 얻음
> 합의(合宜): 알맞고 적합함
> 기의(機宜): 시기와 상황에 맞는 조치
> 권의(權宜): 임시변통의 적절함
> 실의(失宜): 적절하지 못함
> 의진의희(宜嗔宜喜): 성내기도 하고 기뻐하기도 함(표정이 다양하고 아름다움)
> 의가의실(宜家宜室): 집안과 가정에 어울림
> 편의행사(便宜行事): 상황에 따라 유연하게 처리함
> 권의지계(權宜之計): 임시방편의 계책
> 사의(事宜): 일의 적절한 처리
> 사불의지(事不宜遲): 일을 미루어서는 안 됨

---

30) 『옥편·언(言)부수』에서는 "의(誼)는 이치[理]이며, 사람이 마땅히 해야 할 바[所宜]이다."라고 했고, 『명의(名義)·언(言)부수』에서는 "의(誼)는 이치[理]이며, 선[善]이다. 의리[義]이다. 마땅함[宜]이다."라고 했다. 『광운』에서는 "의(誼)는 사람이 마땅히 해야 할 바[人所宜]이며, 또한 선[善]이다."라고 했다. 『사기·송미자세가(宋微子世家)』에서 "편벽되지 말고 치우치지 말며, 왕의 도리[義]를 따르라.(毋偏毋頗, 遵王之義)"라고 한 구절은 『상서·홍범(洪範)』에서는 '의(義)'를 '의(誼)'로 기록했다.

면수기의(面授機宜): 직접 상황에 맞는 지시를 전달함

인지제의(因地制宜): 지역에 따라 적절히 조정함

이러한 연관성에서 더 나아가, 자연환경이나 시령(時令) 등과의 조화로도 비유되어 확장 적용되었다. 예컨대, 시의(時宜: 때에 맞음), 적의(適宜: 적합함), 상의(相宜: 서로 어울림), 불합시의(不合時宜: 시대나 상황에 맞지 않음) 등이 있으며, 이 모두가 '화도(和道)'의 기능 범주에 속한다.

## (4) '미모다의(美貌多宜)'―'의(宜)'는 어떻게 미적 가치 판단과 결합되었는가?

'미모다의(美貌多宜)'는 바로 '화도(和道)'의 가치를 직접적으로 구현한 것이다. '화(和)'자의 심층 구조는 다원적이고 다면적이며, 다시 다층적이고 다종(多種)적인 요소들이 상호 조화를 이루는 기능적 메커니즘을 보여준다. 고대에는 인물을 평가할 때, 그 체격과 태도를 논함에 특히 '의(宜)'자를 빈번히 사용했다. 『관추편』에서는 이러한 고대의 미학적 취향을 요약하면서, 특히 '배합이 적절함(配合適宜)', 즉 '미모다의(美貌多宜)'라는 평가 기준을 강조했다.[31]

---

31) 錢鍾書, 『管錐編』第三冊(北京: 中華書局, 1979), 1038-1039쪽에는 다음과 같이 기술되어 있다.

왕찬(王粲)의 「신녀부(神女賦)」에서 "완약(婉約)하고 기미(綺媚)하며, 동작이 다의(多宜)하다."라고 했고, 소식(蘇軾)은 「서호(西湖)」에서 서시(西施)를 칭찬하면서 "담장(淡粧)을 하든 농말(濃抹)을 하든 모두 상의(相宜)하다."라고 했고, 왕실보(王實甫)의 『서상기(西廂記)』 제1본 제1절에서 장생(張生)이 앵앵(鶯鶯)을 두고 "나는 그를 보니, 의진의희(宜嗔宜喜)하는 춘풍면(春風面)이로다."라고 말한 것 역시 '다의(多宜)'를 가리킨 것이다.

양간문제(梁簡文帝)의 「원앙부(鴛鴦賦)」에서는 "또한 아름다움이 신(神)과 같아, 의수(宜羞)·의소(宜笑)·의빈(宜嚬)을 겸비하였다."라고 했고, 주방언(周邦彦)의 「옥루춘(玉樓

눈길을 감추며 또 어울리는 미소를 지으니, 그대는 나의 아리따운 자태를 사모하는구나.(既含睇兮又宜笑, 子慕予兮善窈窕.)『초사 구가(九歌)·산귀(山鬼)』

여기서 말하는 '적절함[适宜]'이 바로 '아름다움[美]'의 기준이다. 한어사에서 '적의(適宜)'는 '알맞음[適當]'을 의미했다. 이를 계절이나 시기적 맥락에 적용하면 고대에서 말한 '당령(當令)', 즉 시절의 법칙에 순응하는 조화로운 상태를 의미한다.

따라서 '의(宜)'는 고대인들이 미(美)에 대한 가치 판단에 사용한 가장 보편적인 '핵심어'라 할 수 있다. 『시경·정풍(鄭風)·치의(緇衣)』첫 장에서도 "자의지의 혜(緇衣之宜兮)"라는 표현이 등장하는데, 이는 옷이 몸에 잘 맞고 체형과 조화를 이룸을 묘사한 것이다.32) 결국 '의(宜)'도 일종의 조화로움을 나타내며, 이는 자연스럽게 외모와 태도에 대한 미적 판단의 한 기준이 되었다.33)

---

春)」에서는 "얕은 빈(顰)과 가벼운 웃음이 백가지로 의(宜)하다."라고 했으며, 사홍(謝絳)의 「보살만(菩薩蠻)」에서는 "한 순간에 백가지로 의(宜)하여, 무단히 웃다가도 운다."라고 했으며, 양무구(揚無咎)의 「생사자(生査子)」에서는 "요요(妖嬈)한 백가지 모습이 다 의(宜)하니, 총체적으로 춘풍면(春風面)에 있도다. 함소(含笑)하며 함진(含嚬)하니, 단청(丹青)으로 나타내지 말라."라고 했다. 여기서 '의소(宜笑)'란 내재한 신운(神韻)의 아름다움을 전달하는 것을 의미한다. 『초사 구가(九歌)』의 「상군(湘君)」편에서 '의(宜)'에 대한 묘사는 직접적으로 '미(美)'라는 의태(儀態)와 연결되어 있다. 즉 "아름다움은 정교하고 고왔으며, 수양(修養)에 알맞네.(美要眇兮宜修.)"라고 했는데, 왕념손(王念孫)의 『독서잡지(讀書雜志)』에서는 이 '의(宜)'가 '의(儀)'의 가차일 것이라고 지적한 바 있다.

32) '칭신(稱身)', '합신(合身)'은 "옷이 몸에 알맞다"는 뜻으로, 의복 착용이 적절함을 말한다. '득(得)'··'합(合)'··'가(可)'··'화(和)'는 독음이 같거나 유사하다.

33) '의(宜)'자는 허화(虛化)되어 문장 속에서 융합적이고 유연하게 쓰이며, 정태허사(情態虛詞)로 기능한다. 이는 완전히 확정되지 않은, 어느 정도 추측에 기반한 인지적 판

단을 표시하는 것으로, '대개(大槪)', '사호(似乎)', '혹허(或許)'와 같다.

『좌전·성공(成公)』2년에서 "기이하도다! 부자가 삼군의 두려움을 가지고 있으면서 또한 상중(桑中)의 기쁨을 가지고 있으니, 마땅히(宜) 장차 처를 훔쳐서 도망갈 자이다."라고 했는데, 왕인지(王引之)의 『경전석사(經傳釋詞)』5권에서는 "의(宜)는 태(殆)와 같다."라고 했다. 또 『맹자(孟子)·공손추(公孫丑)(하)』에서 "본래 조회에 나아갈 것이었는데, 왕명을 듣고 드디어 이루지 못하였으니, 마땅히(宜) 그 예와 서로 닮지 않은 것 같다."라고 했다. 또, 『사기·염파인상여열전(廉頗藺相如列傳)』에서 "[환자령 무현이 말하기를] '신이 가만히 생각하건대 그 사람은 용사로서 지모가 있으니, 마땅히(宜) 사용할 만하다."라고 했는데, 『사기회주고증』에서는 "의(宜)는 태(殆)와 같다."라고 했다.([日] 瀧川資言著, 楊海崢整理, 『史記會注考証』(上海: 上海古籍出版社, 2016), 3172쪽.) 당시의 시대적 맥락과 인물의 신분·지위를 고려하면, '태(殆)' 자의 사용은 의미상으로 타당할 뿐만 아니라, 음운적으로도 문맥과 조화를 이루어 매우 적절하다.

## 제6절 '심(甚)'자에 드러나는 조화로움의 위배적 성격

### (1) '감(甘)'과 미각

『설문』이 제시한 '미(美)' 관련 인지구조를 살펴보면, 고대 중국인들의 미학적 가치 판단에는 다차원적이고 다면적인 원천이 있음을 알 수 있다. 그중에서 '조화'의 내적 메커니즘이 여전히 중요한 역할을 담당하고 있다. 먼저 '미각적 감수성'과 관련된 인지구조를 관찰하면 다음과 같다.

1. 감(甘): '맛있다(美)'라는 뜻이다. 입[口] 속에 어떤 것[一]을 머금은 모습을 그렸다. 일(一)은 도(道)를 뜻한다.[34](甘, 美也. 從口含一. 一, 道也.)(「감(甘)부수」)
2. 첨(甜): '맛있다(美)'라는 뜻이다. 감(甘)이 의미부이고 설(舌)도 의미부이다. 혀(舌)는 단맛을 느끼게 해주는 신체 기관이다.(甜, 美也. 從甘從舌. 舌, 知甘者也.)(「감(甘)부수」)
3. 감(甘): '조화로운 맛(和)'을 말한다. 감(甘)이 의미부이고 마(麻)도 의미부인데, 마(麻)는 조절하다(調)는 뜻이다. 감(甘)은 소리부도 겸한다. 함(函)과 같이 읽는다.(甘, 和也. 從甘從麻. 麻·調也. 甘亦聲. 讀若函.)(「감(甘)부수」)
4. 지(旨): '미(美)와 같아 맛있다'라는 뜻이다. 감(甘)이 의미부이고 비(匕)가 소리부이다.(旨, 美也. 從甘匕聲.)(「지(旨)부수」)
5. 상(嘗): '입으로 맛을 보다(口味之)'라는 뜻이다. 지(旨)가 의미부이고 상(尚)이 소리부이다.(嘗, 口味之也. 從旨尚聲.)(「지(旨)부수」)[35]

---

34) [역주] 『단주』에서는 이렇게 말했다. "음식물은 각기 다르지만, 그것의 도(道)는 하나인데, 맛의 풍요로움(味道之腴)이 바로 그것이다."

6. 향(香): 꽃향기를 말한다. 서(黍)가 의미부이고 감(甘)도 의미부이다. 『춘
　　추전』에서 '서직의 향기가 가득하다'라고 했다.(香, 芳也. 從黍從甘. 『春秋
　　傳』曰: 黍稷馨香.)(「향(香)부수」)

　　위에 열거한 유형들은 모두 인간의 미각과 관련된 쾌감을 나타내며, 감각적
즐거움이 '미(美)'의 인식 경험과 연결되어 있음을 보여준다. '감(麿)'은 '감(甘)'
계열에 속하는데, 이 글자를 구성하는 마(麻)는 '조(調)'로 해석되어 그 기능 작
용이 '조미(調味: 맛을 조화롭게 조절함)'에 있음을 나타낸다. '향(香)'은 갑골문
에서는 𩇙, 금문에서는 𩠕으로 적었다. 이는 구(口)와 서(黍)로 구성되어 그
맛의 근원이 곡식에서 유래하였음을 보여준다. 따라서 '향(香)' 또한 미각 조화
의 한 유형으로 볼 수 있다. 『설문』의 소전체에서는 서(黍)와 감(甘)으로 구성되
었다가 예변을 거쳐 해서화하여 '향(香)'이 되었는데, '서(黍)'는 '화(禾)'로 줄어
들고, '감(甘)'은 '일(日)'과 혼동되어 바뀌었다. '향(香)' 부수에는 '복(馥)'과 '형
(馨)' 두 글자가 수록되었지만, 더 이상 여러 가지 향기로 구분하지 않았다.

## (2) '심(甚)'자의 결합 구조

　　'심(甚)'은 『설문』에서도 「감(甘)부수」에 귀속시켜서, 대체로 음식과 미각적
경험에 관련된 범주로 이해하였다.

　　심(甚)은 더욱 안락하다는 뜻이다. 감(甘)이 의미부이고, 짝이라는 뜻의 필
　　(匹)로 구성되었다.(甚, 尤安樂也. 從甘, 從匹耦也.)[36]

---

35) 상(嘗)의 간화자는 '尝'인데, 초서체의 약자형이 해서화된 것이다.

　여기서 분석한 소전체는 '감(甘)'이 의미부이고 '필(匹)'도 의미부인 구조인데, '감(甘)'은 단맛과 즐거움을, '필(匹)'은 짝을 상징한다. 즉, 맛있는 음식과 배우자는 모두 인간의 욕구로서, 이 두 가지가 모두 충족된 상태는 바로 '지나친 안락'을 의미한다. 이 상태는 '조화롭고 어울림(調和諧適)'의 뜻에 완전히 위배된다. '심(甚)'이 소리부인 글자들은 다음과 같다.

1. 담(媅): 즐겁다는 뜻이다. 녀(女)가 의미부이고 심(甚)이 소리부이다.(媅, 樂也. 從女, 甚聲) (『설문·녀(女)부수』)[37]
2. 심(葚): 오디[뽕나무 열매]를 말한다. 초(艸)가 의미부이고, 심(甚)이 소리부이다.(葚, 桑實也. 從艸, 甚聲) (『설문·초(艸)부수』)[38]

　'담(媅)'은 「녀(女)부수」에 속하고, '심(葚)'은 「초(艸)부수」에 속하지만, 두 글자 모두 '심(甚)'을 소리부로 한다. 소리부 역할을 하는 '심(甚)'은 상대적으로 추상적인 것을 가리켜서, '환락에 빠짐(歡沈樂酖)', 즉 어떤 즐거움에 지나치게 빠지는 것을 말한다.[39]

---

36) 『광운』에서는 "심(甚)은 너무 지나치다는 뜻이다.(甚, 太過.)"라고 했다.
37) 주준성(朱駿聲)의 『설문통훈정성(說文通訓定聲)』의 臨部第三에는 "글자는 담(妖)으로 쓰기도 한다.(字又作妖.)"라고 했다.(朱駿聲, 『說文通訓定聲』(北京: 中華書局, 1984), 89쪽.)
38) 『설문통훈정성』의 臨部第三에는 "글자는 또 심(椹)으로 쓰기도 하는데, 뽕나무 열매가 목본식물에 속함을 나타낸다.(字亦作椹, 標記桑葚屬木本植物.)"라고 했다.(朱駿聲, 『說文通訓定聲』(北京: 中華書局, 1984), 88쪽.)
39) 단옥재는 『설문해자주』에서 "사람의 마음이 가장 편안하고 즐거워하는 것은, 반드시 자신이 깊이 빠져 사랑하는 데에 있다.(人情所尤安樂者, 必在所溺愛也.)"라고 했다.(段玉裁, 『說文解字注』(影印經韻樓藏版)(上海: 上海古籍出版社, 1981), 202쪽.) 마찬가지로 '심(甚)'을 소리부로 하여 파생되어 나온 '담(湛)'과 '심(愖)' 등의 글자는 그중 '지나

『시경·위풍·맹(氓)』에는 다음과 같은 구절이 있다.

아, 비둘기야, 뽕나무 열매를 먹지 말라; 아, 여자야, 사내와 탐닉하지 말아
라.(于嗟鳩兮, 無食桑葚; 于嗟女兮, 無與士耽)

여기에서 '심(葚)'과 '탐(耽)'은 운을 맞추는데, '탐(耽)'은 '사랑에 빠져 탐닉함'
을 뜻한다. 즉, 여성 관련 단어의 '심(葚)'은 감정적 탐닉을, 식물 관련 단어의
'심(葚)'은 뽕나무 열매가 사람에게 주는 미각적 쾌감을 나타낸다. 이들 둘 사이
에는 이치상 상통하는 바가 있을 것인데, 심리적·정서적 층위에서부터 물리적·
생리적 층위에 이르기까지, 하나의 안정적인 유사 대응 관계가 구축되었다.

'심(葚)'은 곧 '화(和)'를 위배하는 개념으로, 유학(儒學)의 가치체계에서는 자연
히 부정적인 것으로 간주되었다. '심(葚)'[40]으로 남녀의 교합과 감정적 탐닉을 이
미지화했다. 남녀 간의 정욕과 음식에 지나치게 탐닉하는 문제를 대함에 있어,
유가와 도가의 태도는 거의 차이가 없다. 『노자』 제29장에서는 이렇게 말했다.

이 때문에 성인은 심함을 버리고, 사치를 버리고, 큰 것을 버린다.(是以聖人

치게 안락함'이라는 뜻을 내포하고 있다. '심(愖)'은 '한가롭고 즐기는 것[逸樂]'을 말
한다. 『대대예기(大戴礼記)·소문(少間)』에는 "(임금이) 안락함에 젖고 그 즐김을 계속
하며, 정사가 자신의 집 문에서 나오니, 이를 일러 '실정(失政)'이라 한다.(优以継愖,
政出自家門, 此之謂失政也.)"라는 구절이 있는데, 공광삼(孔廣森)은 "심(愖)은 담(湛)과
같다. 임금이 한가롭고 즐거움에 젖어 있으면서, 정사가 대신의 집에서 나오게 되니,
이는 곧 윗자리가 그 정치를 잃은 것이다.(愖, 湛也. 君方优游湛樂, 而政出于大夫之門,
是乃上失其政也.)"라고 보충해서 주석했다.
40) 초(艸)가 의미부이고 심(甚)이 소리부이다.

　　去甚, 去奢, 去泰.)

　하상공(河上公)의 주석에서는 "심(甚)은 여색에 빠지는 것을 말한다(甚謂貪淫
聲色.)"라고 했다. 즉, 음식과 남녀 관계는 한쪽은 '종(種)'-자신의 생명 번식[匹]
에 관한 것이고, 다른 한쪽은 '물(物)'-사회적 생산[甘]에 관한 것이다. 인간의
생계 경제와 가장 기본적인 사회 구조는 이 두 가지 측면을 벗어나지 않는다.
양쪽 모두에서 지나침으로 인해 조화를 잃어서는 안 됨을 강조하므로, '심(甚)'
으로 조화와 절제를 가늠하는 기준으로 삼았다.[41]

---

41) '심(甚)'의 자형 구조와, 이를 소리부로 삼아 파생된 '담(媅)'·'담(湛)'·'심(椹)' 등의 일련
　　의 글자들 가운데 일부는 모두 감각적 향락이 지나쳐 조화에 어긋난다는 뜻을 지닌
　　다. '담(媅)'은 『설문·녀(女)부수』에서 "즐겁다는 뜻이다. 녀(女)가 의미부이고 심(甚)이
　　소리부이다.(樂也, 從女, 甚聲.)"라고 했다. 한편, '담(湛)'자는 '담(媅)'자의 이체자에 불
　　과하다. 『집운(集韻)·담(覃)운』에서는 "담(媅)은 혹 담(湛)으로 쓴다.(媅, 或作湛.)"라고
　　했다. '담(湛)'이 '甚'으로 구성된 것은 '탐닉'을 뜻하기 때문이다. 『설문·수(水)부수』에
　　서는 "담(湛)은 잠긴다는 뜻이다. 수(水)가 의미부이고, 심(甚)이 소리부이다.(湛, 沒也.
　　從水, 甚聲.)"라고 했다. 『시경·대아 억(抑)』에는 "그 덕을 무너뜨리고, 술에 빠졌다.
　　(顚覆厥德, 荒湛于酒.)"라는 구절이 있는데, 정현(鄭玄)은 "정사를 폐기하고 술에 탐닉
　　하여 즐겼다.(荒廢其政事, 又湛樂于酒.)"라고 해석했다. 『한서·곽광전(霍光傳)』에서는
　　"곽광이 수행 관속과 노비들과 함께 밤새 술을 마시며, 술에 흠뻑 빠졌다.(與從官官
　　奴夜飲, 湛沔于酒.)"라는 구절이 있는데, 안사고(顔師古)는 "담(湛)은 심(深)으로 읽고,
　　또 탐(耽)으로도 읽는다. 심면(沈沔)이란, 방탕하고 미혹됨을 말한다.(湛讀曰深, 又讀
　　曰耽. 沈沔, 荒迷也.)"라고 주석했다. 이로써 "편안함과 즐거움에 탐닉하다.(耽于安樂)"
　　의 '탐(耽)'자는 본래 이 '담(湛)'에서 비롯되었음을 알 수 있다. 왜냐하면 '심(甚)'과
　　'임(尤)'은 모두 고대음이 침(侵)부에 속하기 때문에, 『설문·유(酉)부수』에서 말한 "탐
　　(酖)은 술을 즐기는 것을 말한다.(酖, 樂酒也.)"라는 해석이 성립한다. 주준성은 『설문
　　통훈정성(說文通訓定聲)』에서 "색을 즐기는 것을 담(媅)이라 하고, 술을 즐기는 것을
　　탐(酖)이라 한다. 경전에서는 담(湛)으로 많이 썼다.(嗜色爲媅, 嗜酒爲酖. 經傳多以湛爲
　　之.)"라고 설명했다.

이상의 연관성을 통해, '화(和)'가 음식의 조미와 관련된 층위로 확장되어 있음을 어렵지 않게 알 수 있다. 그러나 이를 근거로 '조미의 화(和)'가 앞서 발생했고, '음악의 화(和)'가 이후에 발생했다고 단정할 수는 없다. 만약 억지로 이 둘의 선후를 나누고 영역을 구분한다면, 오히려 그 이해가 지나치게 단순해질 것이다. 출토 고문자의 구조는 이들과 비교하여 참조할 수 있다.

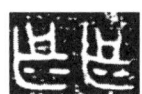

금문(金文)

전국 초나라죽간(戰國楚簡)

진저초문(秦詛楚文)

수호지진간(睡虎地秦簡)

이야진간(里耶秦簡)

'과유불급(過猶不及)'이라는 말이 있다. '화도(和道)'의 메커니즘과 그 효과를 주장한 사람들은 지나침과 미치지 못함이 모두 '화(和)'에 위배된다고 보았다. 고대 정치가들이 제시한 조화의 공식적 표현은 "모자란 것은 채워주고, 지나친 것은 덜어낸다.(濟其不及, 以洩其過.)"는 것이었다.

## 제7절 '섭화(爕和)': 음식의 조화[烹鮮]와 치국(治國)

### (1) '섭(爕)'과 '섭화(爕和)'

『설문』에서 이렇게 말했다.

> 섭(爕)은 '(고루고루) 조화롭다(和)'라는 뜻이다. 언(言)이 의미부이고 우(又)와 염(炎)도 모두 의미부이다. 주문(籒文)체의 섭(爕)자는 임(羊)으로 구성되었는데, 임(羊)은 독음이 임(飪)이다. 습(溼)과 같이 읽는다. 신 서현 등은 이렇게 생각합니다. 섭(爕)은 '흠씬 익히다(大熟)'라는 뜻입니다. 염(炎)이 의미부이고 우(又)도 의미부입니다. 그런 즉 익힌 물건을 가지고 잡을 수 있다는 뜻입니다. 이 섭(爕)은 섭(爕)의 생략된 모습으로 구성되었습니다. 말(言語)로 화합시킨다는 말입니다. 글자의 뜻에 서로 차이가 있는 이유입니다. (爕, 和也. 從言從又, 炎. 籒文爕從羊. 羊, 音飪. 讀若溼. 臣鉉等案: 爕字義大孰也. 從炎從又. 卽孰物可持也. 此爕蓋從爕省. 言語以和之也. 字義相出入故也.)

각 시기별 출토 문헌의 대표적 고문자 구조는 다음과 같다.

갑골문        금문        전국 시기 초나라 죽간

전국 시기 초나라 죽간은 우(又)가 의미부이고 염(炎)도 의미부인 구조이며, 갑골문은 손으로 여러 개의 횃불을 든 모습이다. 전체적으로 보면, 언(言)·우(又)·염(炎)으로 구성된 회의 구조로 분석된다.

'섭화(燮和)'라는 단어가 성립된 초기에는 본래 가열하여 익히고, 맛을 맞추어 조화시키는 조리 행위를 가리켰다. 그러나 한어사(漢語史)에서 '섭화(燮和)', '섭리(燮理)', '섭조(燮調)', '섭화지임(燮和之任)' 등과 같은 표현이 생성한 인지는 추상적인 영역에까지 사용되었다.

예컨대, 『상서·고명(顧命)』에서는 "천하를 조화롭게 다스림은 문왕과 무왕의 도(道)에 응하는 일이다.(燮和天下, 用答文武之光訓.)"라는 구절이 있다. 여기서 '섭화(燮和)'는 '협화(協和)'로도 쓰는데, '화목(和睦)'과 '융화[融洽]'를 뜻한다. 또한, 『상서·요전(堯典)』에는 "백성이 밝게 깨우치고, 천하의 모든 나라가 서로 화합한다.(百姓昭明, 協和萬邦.)"라는 구절이 있는데, 공영달(孔穎達)은 "구족(九族)이 화목하고 백성이 현명해지며 모든 나라가 화합한다."라고 해석했다.

이처럼 '조화(調和)', '화합[和諧]', '적절한 조응[配合得當]'의 작용은 특히 음악을 통한 교화(敎化)에서 두드러진다. 예컨대, 『후한서·유개전(劉愷傳)』에서는 "음양을 조화롭게 하고, 다섯 가지 품성을 고르게 조율하였다.(協和陰陽, 調訓五品.)"라고 했고, 『삼국지(三國志)·촉지(蜀志)·후주전(后主傳)』에서는 "상하가 소통해야 만물이 조화롭고 백성이 안녕해진다.(上下交暢, 然後庶物協和, 庶類獲乂.)"라고 했다. 여기서 '협화(協和)'는 곧 조화와 화합, 그리고 각 요소의 조응이 적절하게 맞아떨어지는 상태를 뜻한다.

## (2) 큰 나라의 다스림과 작은 생선의 조리

『노자』 제60장에서는 이렇게 말했다.

　　큰 나라를 다스리는 것은 작은 생선을 삶는 것과 같다.(治大國若烹小鮮.)

　여기서 '팽소선(烹小鮮)'이란, 작은 생선을 조리하며 조화시키는 일을 뜻하는데, 그 핵심은 세심하고 조심스러운 조리, 즉 신중한 조화에 있다.
　선(鮮)의 출토 고문자 형태는 다음과 같다.

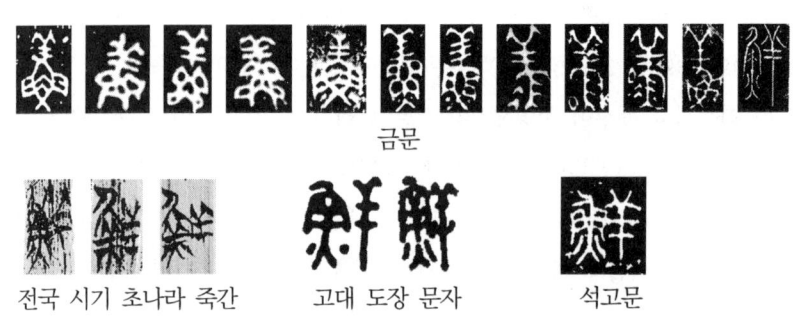

금문

전국 시기 초나라 죽간　　　고대 도장 문자　　　석고문

　또한, 『설문 어(魚)부수』의 소전체에서도 아래의 세 가지 구조가 나타난다.

鮮 —— 鱻 —— 魚

이들은 모두 어(魚)가 의미부이고, 전(羴, shān)의 생략된 모습이 소리부이다.[42]

금문은 기본적으로 상하 구조로 되어 있으며, 일부는 좌우 구조로 된 것도 있다. 고대 자서(字書)에 있는 '선(鮮)'의 의항을 통해, 고대 사회의 제헌(祭獻)에 관한 지식을 찾아볼 수 있다. 즉 "조류나 짐승 중에서 막 죽인 것을 '선(鮮)'이라 한다.(鳥獸新殺曰鮮.)"[43]라고 한 것이 그것이다. 즉, '선(鮮)'은 한 부류의 개념을 가리킨다. 고대에 새로 수확한 농작물, 갓 잡은 해산물, 막 사냥한 짐승의 고기 등은 모두 제사 때 가장 먼저 바치는 제물로 쓰였다. 이와 같이 '선(鮮)'은 또 고대인들이 제사를 드릴 때 맛보는 조미의 범위에 속한다고 할 수 있다. 조미 과정에서 세심하고 조심스러워야 함은 자연스런 일이었다. 위의 관련 각주에서도 언급했지만, 전국 시기 초간(楚簡)에는 이미 '찬과덕고(饌寡悳古)'처럼 정성을 다하여

---

42) '선(鮮)'자는 어(魚)로 구성되었는데, 하상공(河上公)은 "선(鮮)은 물고기이다."라고 주석했다. 성어 '삭견불선(數見不鮮)'에서 '선(鮮)'의 용법은 이미 허화(虛化)되었다. 『사기·역생육가열전(酈生陸賈列傳)』에 "1년 중에 왕래하며 다른 손님을 만날 때 대략 두세 번을 넘지 않으니, 삭견불선(數見不鮮)이라 오래토록 공(公)을 괴롭히지 않았다."라고 기록되어 있다. 사마정(司馬貞)의 『색은(索隱)』에서는 "수견(數見)은 삭현(朔現)으로 읽는다. 이는 때때로 와서 그대를 만난다는 것을 말한다. 불선(不鮮)은 반드시 신선하고 맛있는 음식을 준비하되 신선하지 않은 것을 보이지 말라는 말이다."라고 해석했다. 『사기회주고증』에서는 나카이 세키토쿠(中井積德)의 설을 인용하여 "자주 만나기 때문에 의미가 신선하지 않다."라고 했다.([日] 瀧川資言著, 楊海崢整理, 『史記會注考証』(上海: 上海古籍出版社, 2016), 3509쪽.) 『한서(漢書)』에서는 이 부분을 '삭격선(數擊鮮)'으로 기록하였는데, 이는 '생선'이라는 의미와 그리 멀지 않다.

43) 금문에서는 기본적으로 상하 구조로 나타나는데, 윗부분의 '양(羊)' 부호에 대해서는 이를 '미(美)'자 구조와 동일시하는 사람은 없을 것이므로, '양머리 장식'으로 허화해 볼 수 있다. 현재의 이체자로 취급되는 '선(鱻)'은 회의자(會意字)로, 세 마리 물고기[三魚]로 구성되어 있으며 오로지 '신선하다'나 '생선'의 의미에만 사용되고, 독음은 'xiān'이다. 또 다른 이체자 '선(尠)'은 회의자로 '심(甚)'과 '소(少)'로 구성되었고, '선(尟)' 역시 회의자로 '시(是)'와 '소(少)'로 구성되었으며, 둘 다 오직 '적다'의 의미에만 사용되고, 독음은 'xiǎn'이다.

살폈던 모습이 나타난다.

  이상을 요약하자면, '화(盉)'의 기능은 음식의 감각적 차원에서 '조화(調和)와 적절함[適意]'을 이루는 데에 있었다. 이러한 감각적 조화는 미각과 청각 등 다양한 감각 영역의 비유적 확장을 거쳐, '제사와 의례(祭祀蒸嘗)', '여러 입맛을 조율하는 일(協調眾口)', '중생의 화합(和諧眾生)', '증상에 따른 치료(辨證施治)', '교화로 널리 이롭게 함(教化廣大)', '모든 나라의 조화로운 다스림(協理萬邦)' 등 여러 분야에 두루 적용되었다. 화용론과 수사학 전문 학자가 강조하는 '감각의 상호 교감(感官相通)'의 효과는 후대에 이르러 형성된 것이다. 이러한 맥락에서 보면, 고대의 음악 이론에서 왜 '중화(中和)'의 기능을 특히 중시하였는가를 쉽게 이해할 수 있다. 그것은 곧 인륜의 교화에서 나아가 국가의 흥망에까지 깊이 관련된 문제였기 때문이다. 이에 대한 자세한 내용은 제4장 '화(龢)' 계열 문자에서 다시 살펴볼 것이다.

# 제3장

# 화(盉)계열 문자와

# 전통의학

# 제3장 '화(盉)' 계열 문자와 전통의학

중의학의 치료방법은 풍부한 약 처방과 의학적 이치를 담고 있으며, 그 전통은 매우 오래되었다. 그 중 상당한 예들이 '식이요법[食療]'에 관한 내용이다. 따라서, 이 부분에서 '화(盉) 계열 문자의 인지구조를 논의하는 것은 자연스러운 전환이자 적절한 연결이 될 것이다.

## 제1절 음식과 치료

### (1) 약선(藥膳)

중의학은 많은 상황에서 '의식동원(醫食同源)'을 강조하면서, 이를 '식료(食療: 식이요법)'라고 불렀다. 이는 음식의 조화를 통해 인체의 여러 시스템을 조정함으로써, 관련 질병의 치료 효과에 도달한다는 뜻이다. 제2장에서 논의된 '화(盉)' 계열 문자의 개념 중 일부는 이미 '치료'의 개념과 관련되어 있다.

'미미(美味)'의 '미(美)'와 '양(羊)', '영양(營養)'의 '양(養)'과 '양(羊)'의 관계를 분석하는 과정에서, 사람들은 '양(羊)'이 육축(六畜) 중에서 특수한 지위를 지닌다는 점, 즉 '음식의 주된 공급원[主給膳]'이라는 점에 이미 주목해왔다.

　'약선(藥膳)'은 중의학에서 복합어로 쓰이며, 약재와 식재료의 조화를 특징으로 한다. 삼기계(參芪鷄), 충초압(蟲草鴨), 은이갱(銀耳羹)[44] 등은 모두 널리 알려진 것들이다. 어떤 지역에서는 '약선식당[藥膳餐廳]'이 따로 있을 정도다.

　어떤 식재료는 그 자체가 약재여서 바로 약으로 쓰기도 한다. 예컨대, 식당에서 흔히 볼 수 있는 '산약(山藥)' 등이 그러하다. 또한, 일부 식재료나 약재는 미각과 직접적으로 연관되어 이름이 붙은 경우도 있다. 예컨대, '고정(苦丁)', '고과(苦瓜)', '향미(香米)', '감국(甘菊)', '산조인(酸棗仁)'[45] 등이 대표적이며, 이러한 예들은 일일이 다 들 수 없을 정도로 많다.[46]

---

44) [역주] '삼기계(參芪鷄)'는 인삼과 황기를 넣어 닭고기를 푹 고아 만든 보양식으로, 기운을 보충하고 피로회복에 좋으며, 특히 허약 체질이나 수술 후 회복에 도움을 준다. '충초압(蟲草鴨)'은 동충하초와 오리로 만든 영양식인데, 폐 기능을 강화하고 기관지 건강에 좋으며, 신장을 보호하고 노화 방지에 효과적이며, 주로 추운 지역에서 한기를 막는 음식으로 먹는다. '은이갱(銀耳羹)'은 흰 목이버섯을 주재료로 한 달콤한 탕으로, 폐를 촉촉하게 하고 기침을 완화하며, 피부 건강과 체내 수분 조절에 도움을 주며, 더운 날씨에 먹으면 체내 열을 내리는 데 좋다. 이 음식들은 중의학 원리에 따라 건강을 돕는 전통 보양식으로, 약재와 식재료의 조화로 효과를 높인 것이 특징이라 하겠다.

45) [역주] '고정(苦丁)'은 쓴맛이 강한 차 재료로, 열을 내리고 목의 붓기를 완화하는 데 도움을 준다. 특히 목이 아프거나 입맛이 없을 때 효과적이다. '고과(苦瓜)'는 쓴맛이 특징인 여름 채소로, 몸의 열을 내리고 혈당 조절에 도움을 주며, 쓴맛을 줄이기 위해 볶거나 무쳐 먹기도 한다. '향미(香米)'는 특유의 향기가 풍부한 쌀로, 일반 쌀보다 더 고소하고 부드러운 맛이 나는데, 특별한 자리나 명절 음식에 주로 사용된다. '감국(甘菊)'은 달콤하고 은은한 향이 나는 국화의 일종으로, 차로 만들어 마시면 긴장을 풀고 숙면을 돕는 효과가 있다. '산조인(酸棗仁)'은 신맛이 나는 대추의 씨앗으로, 한방에서 불면증 완화와 마음을 안정시키는 데 사용되며, 차나 탕으로 마신다.

46) 이외에도 재미있는 현상이 있는데, 일부 약재의 명명 방식은 동물과 식물이 결합된 형태를 띠고 있다. 예컨대, '동충하초(蟲草)', '마치현(馬齒莧)' 등이 그 대표적인 예이

## (2) 양생(養生)

상해시 중의학 문헌관(文獻館)에는 각 대형 병원의 유명한 중의학 의사들을 모아 놓았는데, 문헌관의 벽에는 '사계양생(四季養生)' 조절표, 즉 계절별 양생법 (seasonal regimen)이 걸려 있다.

'사계양생(四季養生)' 조절표

| 계절 | 봄 | 여름 | 가을 | 겨울 |
|---|---|---|---|---|
| 오장(五臟) | 간(肝) | 심장[心] | 폐(肺) | 신장[腎] |
| 대표 색상 | 푸른색[靑] | 붉은색[赤] | 흰색[白] | 검은색[黑] |
| 대표 기운 및 맛 | 신맛[多酸] 매운맛[多辛] | 신맛[多酸] 짠맛[多鹹] | 매운맛[多辛] 단맛[多甘] | 짠맛[多鹹] 쓴맛[多苦] |
| 대표 오행 | 나무[木] | 불[火] | 쇠[金] | 물[水] |

1년의 계절 변화를 주축으로 삼아 조화를 이루는 요인을 살펴보면, 시령(時令) 의 네 계절, 색채의 네 가지 색깔, 맛의 오미(五味) 편향 등을 함께 고려해야 하 며, 이는 각각 심장[心], 간(肝), 폐(肺), 신장[腎] 등의 장기 계통과 대응된다.

---

며, 그밖에도 이러한 사례는 매우 많다.

[역주] 동충하초(蟲草)는 곤충(주로 나방 유충)에 기생하는 버섯으로, 겨울에는 벌레 모양이다가 여름에는 풀처럼 자라는 독특한 생김새를 가졌다. 한방에서 폐와 신장 기능 강화, 피로회복에 사용되며, 고가의 보양재료로도 알려져 있다. '마치현(馬齒莧)' 은 말의 이빨을 닮은 두꺼운 잎을 가진 들풀로, 쌉쌀한 맛이 특징이다. 열을 내리고 염증을 완화하는 효과가 있어 여름철 더위 먹은 데나 피부 트러블에 활용되는데, 생 으로 무치거나 탕으로 마신다. 이들은 모두 약재 이름에 동물[蟲, 馬]과 식물[草, 莧] 의 요소가 결합되어 있어, 형태나 효능을 직관적으로 유추할 수 있는 특징이 있다.

## (3) 미각(味覺)과 의약(醫藥)

일부 중의약학 전문가들은 '맛[味道]'의 차원에서 중의약학의 문화적 메커니즘을 탐구했다. "기황이 본초를 짓고, 단맛과 매운맛으로 기록했다.(岐黃作本草, 甘辛味所紀.)"는 말이 있다. 쓴맛[苦], 단맛[甘]이거나, 혹은 매운맛[辛], 신맛[酸] 등, 각 약재마다 저마다의 독특한 맛이 있으며, 이들이 서로 배합되면 다양한 치료 효과를 지닌 중의학 처방이 된다.

약재의 채집 시기 또한 농작물의 성숙과 수확의 법칙과 일치하며, 역시 '중화(中和)'의 원칙에 부합함을 강조하고 있다. 송나라 때의 과학자이자 대학자였던 심괄(沈括)은 약초 채집에 관하여 약물학의 '변증법적' 조화 관념을 밝혔다. 그는 약재의 채집 시기를 2월과 8월에 한정하던 예전의 방식을 부정하고, 약의 용도와 성질에 따라 시기를 달리해야 한다고 주장했다. 나아가 식물의 생장이 지리, 기후, 인력 등 여러 요소의 영향을 받는 만큼, 채집 또한 '정해진 달[定月]'에 얽매이지 말고, 때와 장소에 따라 알맞게 해야 한다(因時因地制宜)고 강조했다. 여기의 '의(宜)'는 저자가 말한 "중의약이 마땅히 지녀야 할 조화의 원칙(中藥所宜)"과 인지구조 측면에서 동일한 것이다. 이처럼 대대로 이어져 내려온 중의약학의 대가들이 제창한 "증상을 분별하여 그에 맞는 치료를 시행한다(辨證施治)"는 이념 역시 매우 깊은 뿌리를 지니고 있음을 알 수 있다.[47]

---

47) 송나라 심괄(沈括)은 『몽계필담(夢溪筆談)』 26권에서 이렇게 말했다.
   옛 방식으로 약초를 채집할 때는 대부분 2월과 8월을 택했으나, 이는 매우 적절하지 못하다. 다만 2월에는 풀이 이미 싹이 트고, 8월에는 풀이 아직 시들지 않아 채집자가 쉽게 식별할 수 있을 뿐이지, 약효 측면에서는 최적의 시기는 아니다. 대체로 뿌리를 쓰는 경우, 오래된 뿌리[宿根]가 있는 약초는 줄기와 잎이 없을 때 채취해야 영

양분이 모두 뿌리로 모여 있다. 이를 확인하려면 무[蘆葍]나 지황(地黃) 등을 보라. 싹이 없을 때 캐면 단단하고 무게가 나가지만, 싹이 있을 때 캐면 속이 비고 가볍다. 오래된 뿌리가 없는 약초는 싹이 자랐지만 꽃이 피기 전에 채취해야 뿌리가 충분히 자랐으나 아직 쇠퇴하지 않은 상태이다. 예컨대, 오늘날의 자초(紫草)는 꽃이 피기 전에 캐야 뿌리 색이 선명하며, 꽃이 진 후에 캐면 뿌리 색이 어둡고 질이 떨어진다. 잎을 사용할 경우에는 잎이 완전히 자랐을 때 해야 하고, 싹을 이용할 경우는 해당 식물의 특성에 따라야 하며, 꽃을 사용할 때는 꽃이 막 필 때 따야 하며, 열매를 사용할 경우는 열매가 완전히 익었을 때 따야 한다. 이렇듯 반드시 특정 달에 국한시킬 수 없다.

그 이유는 토양과 기후의 차이 때문이다. 예컨대, 평지에서는 3월에 피는 꽃이 깊은 산에서는 4월에 핀다. 백거이의 「유대림사(遊大林寺)」시에도 "인간 세상에선 4월에 꽃이 다 지는데, 산사엔 복숭아꽃이 막 피네."라고 하였으니, 이는 일반적인 이치인데, 이는 지세의 높낮이가 다르기 때문이다. 예컨대, 대나무 순도 2월에 나는 것이 있는가 하면 3, 4월에 나는 것도 있고, 만계(晚筍)처럼 5월이 되어야 나는 것도 있다. 벼도 7월에 익는 것이 있는가 하면 만도(晚稻)처럼 10월이 돼야 익는 것도 있다. 같은 사물이라도 같은 땅이라도 빠르고 늦음이 있는 것이 사물 특성의 차이이다. 영교(嶺嶠) 지역의 풀들은 겨울에도 시들지 않으나, 병분(並汾) 지역의 큰 나무들은 가을이 되기 전에 잎이 떨어진다. 남방[諸越]에서는 복숭아나무가 겨울에 열매를 맺고, 북방[朔漠]에서는 여름에 꽃이 핀다. 이는 땅 기운의 차이 때문이다. 같은 밭이라도 거름을 준 작물은 일찍 싹이 트고, 같은 언덕의 곡식이라도 늦게 심은 것은 열매도 늦게 맺는다. 이는 인력의 차이 때문이다. 그런데 어찌 모든 것을 고정된 달로만 정할 수 있겠는가?(沈括, 『夢溪筆談』(上海: 上海古籍出版社, 2015), 176-177쪽.)

## 제2절 자연 경관 감상과 질병 치료

### (1) 악(樂)과 료(療)

『설문·녁(疒)부수』의 소전체에서 '료(療)'는 녁(疒)이 의미부이고 악(樂)이 소리부이다. 이는 '료(療)'의 혹체자로서, 녁(疒)이 의미부이고 료(尞)가 소리부이다. 간체자 '료(疗)'는 번체자 '료(療)'의 소리부를 '료(了)'로 대체한 결과이다. 일부 사람들의 흥미를 끈 것은 '약초[草藥]'의 '약(藥)'의 소리부이다. 즉, 상고 시기의 무의(巫醫)가 시법했던 '악신(樂神)'의 '악(樂)'과 위에서 분석한 '료(療)'의 소리부와 완전히 일치한다.[48]

최근 일부 언론매체에서는 이들 간의 특수한 연관성, 즉 '음료(音療: 음악치료)'를 발견했는데, 그 근저에는 이미 고대부터 존재하던 "음악이 치료와 관련된다."는 사유구조가 자리하고 있다.

### (2) 풍물의 아름다움은 굶주림도 치유한다.

명산대천을 유람하며 깊은 계곡을 바라보면 돌아가는 것을 잊고 만다. 그러나 동행한 여행객이 "이 풍경으로 배도 채울 수 없는데, 뭐 하러 그리 미련을 갖는가?"라고 하며 돌아가기를 재촉할 수도 있다. 그러나 그 장면의 정취와 맛

---

48) 악(樂)·악(藥)·료(療)·료(療)자를 보면 음운적 연관성을 직관적으로 확인할 수 있다. 아래의 의(医)·의(醫)·의(毉)자들에서도 번체자와 이체자를 함께 제시한 것은 이와 같은 음운적 연관성을 고려한 것이다.

을 진정으로 음미하지 못하면, '서로 보아도 싫증나지 않는(相看兩不厭)' 감정적
교류도 이루어질 수 없다. 결국 사람들은 자연스레 '흥이 깨졌다(煞風景)'라고
느끼게 될 것이다.

　이미 『시경』에서도 산수풍경이 '굶주림을 치료하는' 효과로 묘사되었다. 예컨
대, 「진풍(陳風)·형문(衡門)」에서는 "누추한 대문 아래서도 쉴 수 있고, 졸졸 흐
르는 샘물로도 배고픔을 달랠 수 있다.(衡門之下, 可以棲遲. 泌之洋洋, 可以樂
饑.)"라는 구절이 있다. 여기서 '낙기(樂飢: 굶주림을 즐겁게 하다)'는 바로 '료
기(療飢: 굶주림을 치료하다)'를 의미한다. 『모시(毛詩)』의 경학 훈고학자들은
"락(樂)은 료(療)로 가차되었다. 『열녀전(列女傳)·현명(賢明)』에도 동일한 표현이
인용되어 '료(療)'로 적었다."[49]라고 여겼다.

　이는 산수 풍물의 구조와 그 흐름의 리듬이 감상자의 정서와 심리 상태와 서
로 공명하며, 결국 '상응하는 구조'와 '같은 파동'의 '조화로운 경계에 이르게 되
는 것이다.

---

49) 高亨注, 『詩經今注』(上海: 上海古籍出版社, 1980), 179쪽.

## 제3절 의(醫)와 술[酒]의 관계

### (1) '의(醫)'자의 구조적 변천과 그 이면의 관념

각종 약재 간의 조화로운 배합뿐 아니라, '의(醫)'의 인지구조가 반영하는 관념의 역사에는 어떤 특징이 있을까?『설문·유(酉)부수』에서는 다음과 같이 설명했다.

> 의(醫)는 병을 치료하는 자를 말한다. 예(殹)는 '보통사람과는 다른 나쁜 상태'를 말하는데, 의사의 속성이 그러하다. 술[酒]을 치료의 보조재로 사용하기에 '유(酉)'가 의미부가 되었다. 왕육(王育)의 학설이다. 일설에는 '예(殹)는 병이 들어 앓는 소리'를 말한다고도 하다. 술은 병을 치료하는 약이다.『주례(周禮)』에 약으로 쓰는 술[醫酒]이 나온다. 먼 옛날, 무팽(巫彭)이 처음으로 의료 행위를 했다고 한다.(醫, 治病工也. 殹, 惡姿也, 醫之性然. 得酒而使, 從酉. 王育說. 一曰殹, 病聲. 酒所以治病也.『周禮』有醫酒. 古者巫彭初作醫.)

자형의 구조적 관계로 보면, '의(醫)'자는 문헌상 기록이 비교적 이르며, 진(秦)·한(漢) 시기의 간독에도 나타난다. 이는 '유(酉)'가 의미부이고 '예(殹)'가 소리부이다. 유(酉)가 의미부인 것은 술과 관련이 있으며, 고대인들이 술을 질병 치료의 매개체로 사용했다는 것을 보여준다.

중고(中古) 시기에 들면서 '유(酉)'가 의미부이고 '감(監)'의 생략된 모습이 의미부인 '의(醫)'자가 등장한다. 이 글자의 구체적인 사용 기록을 보면, 🔲(北魏吐穀渾璣墓志), 🔲(北魏於仙墓志)와 같이 북위의 석각에서 보인다. 당나라 때는 또 무(巫)가 의미부이고 예(殹)가 소리부인 '의(毉)'가 나타난다. 이러한 구조인 것은 고대에서 무(巫)와 의(醫)가 원래 같은 데서 기원했기 때문이다. 이들 자형은 🔲(唐魯謙墓志), 🔲(唐裴琪墓志), 🔲(唐匹婁思妻墓志) 등을 참고하면 된다. 오늘날 사용되는 간체자 '의(医)'는 번체자 '의(醫)'의 일부를 생략한 형태로, 일찍이 원나라 때의 필사본에서 사용한 예가 발견된다.50)

『설문』의 구조분석을 종합하면, 주목할 점은 다음과 같다.

첫째, '치병공(治病工)'인데, 현재의 '병을 치료하는 관직' 혹은 '치료 담당자'이다. 고대의 '백공(百工)'은 바로 '백관(百官)'을 말한다.

둘째, 술이 병을 치료하는 데 사용되었다. 즉, 의관(醫官)은 술로써 치료를 행했다.(得酒而使.)

셋째, 병의 치료를 뜻하는 '의(醫)'는 고대의 주술사[武師]에서 비롯되었다.

## (2) 술[酒]과 의약─약물의 매개체로서의 역할

위에서 언급한 자형의 분석을 바탕으로, 오늘날 말하는 '의생(醫生: 의사)'의 '의(醫)'자에 왜 '유(酉)'의 형태가 포함되어 있는지를 이해할 수 있다. 『설문』의 분석에 따르면, 술은 의사가 병을 치료할 때 사용하는 약물이었다. 이러한 설명은 나름의 인지적 근거가 있었다. 예컨대, 『곡례(曲禮)』에는 "병이 있으면 술을 마시고 고기를 먹는다.(有疾則飮酒食肉.)"라고 했고, 『한서·식화지(食貨志)』에서는

---

50) 『설문』에는 별도로 '의(医)'자가 있는데, 회의자로 방(匚)과 시(矢)로 구성되었는데, 본래 의미는 활과 화살을 담는 기구(즉 동개)였다. '의(醫)'자가 간화된 후 이 같은 형태가 되었다. 당나라 때의 『간록자서(干祿字書)』에는 "醫, 毉, 醫: 위의 것은 속자, 중간 것은 통용자, 아래 것은 정자이다(上俗中通下正)."라고 하였다. '의(殹)'는 지금 'yi'로 읽는다. 방(匚)은 지금 'fāng'으로 읽는다.

"술은 모든 약 중의 으뜸이다.(酒, 百藥之長.)"라고 했다. 단옥재는 "의(醫)는 본래 술의 이름이다.(醫本酒名也.)"라고 주석했다. 이로써 술이 약효를 끌어내는 매개체였다는 것은 쉽게 알 수 있다. 심지어 일정한 조건에서는 '의(醫)'가 본래 술의 또 다른 명칭이었다고 말할 수도 있다.

## (3) 배합[配] 및 배합의 비율[配比]―적절한 배분 비율

'조배(調配: 조화롭게 배합함)'라는 단어는 출토된 갑골문과 금문에서 대량으로 발견된다. 술은 특정 약재들과 배합하면 약효를 더욱 발휘하게 하므로, '유(酉)'가 '의(醫)'자의 의미부를 구성하게 되었다. 『주례·천관·주정(酒正)』에는 "네 가지 음료의 재료를 구별한다. 첫째는 청(淸), 둘째는 의(醫), 셋째는 장(漿), 넷째는 배(配)이다.(辨四飲之物: 一曰淸, 二曰醫, 三曰漿, 四曰配.)"라는 구절이 있다. 여기서 '의(醫)'와 '배(配)'가 함께 나란히 언급되었는데, 배(配)자 역시 배합 후 술의 성질이 조절되는 것과 관련이 있다. 예컨대, 한어의 합성어에서 흔히 보이는 '조배(調配)', '배오(配伍: 약재를 배합하여 조제함)', '배합(配合)', '배비(配比: 배합의 비율)' 등이 그렇다.

'배(配)'의 갑골문 자형은 다음과 같다.

금문의 자형은 다음과 같다.

『설문 유(酉)부수』에서는 "배(配)는 술의 색깔을 말한다. 유(酉)가 의미부이고 기(己)가 소리부이다.(配, 酒色也. 从酉己聲.)"라고 했다. 분명히 알 수 있는 것은, 이 글자의 형태가 사람이 술그릇에 몸을 굽히는 모습을 본뜬 회의자라는 점이다. 그래서 어떤 학자들은 '배(配)'가 사람이 술항아리를 향해 있는 모습으로, 술의 색깔을 조화롭게 배합하는 의미를 나타낸다고 생각했다.

알려진 바에 따르면, 후대에 사용된 '배비(配比: 배합의 비율)'라는 말은 액체나 다른 물질을 구성하는 각 성분의 수량적 비율 관계를 가리킨다.[51] 『설문 유(酉)부수』에서는 또 "정(醒)은 술로 생긴 병이다. 일설에는 취했다가 깨어나는 것이라고도 한다. 유(酉)가 의미부이고 정(呈)이 소리부이다.(醒, 病酒也. 一曰醉而覺也. 从酉呈聲.)"라고 했다. 방울을 푸는 것은 방울을 단 사람에게 달려있다는 말처럼, 술을 깨는 것에도 결국 술이 필요하다. 즉, 이것이 고대인들이 말한

---

51) 배비(配比)는 하나의 물질을 구성하는 여러 성분이 수량적으로 어떤 비율 관계를 이루는가를 나타낸다. 이에 비해, 동사적 성격을 지닌 '배오(配伍)'는 의학에서 두 종류 또는 두 종류 이상의 약물을 배합하여 동시에 사용하는 행위를 뜻한다. 여기에 포함된 원리는 약물들이 서로 배합되면 약리작용을 강화하고, 독성이나 자극성을 약화시키며, 부작용을 방지하고, 나쁜 맛을 교정할 수 있다는 것이다. 결국, 여기서 말하는 것은 실제로 '화(和)'의 조화 메커니즘의 효과적인 대응이다.

'술로 술을 푼다(解酒以醒)'고 할 때의 '정(醒)'이다.

## (4) 취(醉)─조화의 정도

　'유(酉)'를 부수로 하는 글자 중에서 조화의 기능을 가진 또 다른 글자로 '취 (醉)'가 있다. 오늘날의 사람들에게는 다소 뜻밖으로 느껴질 수도 있다. 일부 지역의 술자리에서는 취하지 않으면 즐겁지가 않은 것처럼, 반드시 취할 때까지 마셨다. 흥미로운 점은 오늘날 우리가 이 글자를 보면 곧바로 과음이나 만취의 상태를 떠올리지만, 적어도 한나라 때의 사람들은 그렇게 단순하게 이해하지 않았다는 것이다. 『설문·유(酉)부수』에서는 다음과 같이 해석했다.

> 　취(醉)는 끝마침(卒)을 말한다. 그 도량을 다하되 어지러움에 이르지 않는 것이다. 일설에는 '무너지다'는 뜻도 있다고 한다. 유(酉)가 의미부이고 졸 (卒)도 의미부이다.(醉, 卒也. 卒其度量, 不至於亂也. 一曰潰也. 從酉從卒.)

　유(酉)가 의미부이고 졸(卒)도 의미부인데, 졸(卒)은 소리부도 겸한다. '졸(卒)' 의 뜻은 '마치다', '다하다'는 것으로, 술을 마시되 양을 다하는 것이지 양을 넘는 것은 아님을 나타낸다. 이런 맥락에서 보면, '주취반포(酒醉飯飽: 술 취하고 배부르다)'나 '취생몽사(醉生夢死: 술에 취한 듯 살고 꿈꾸듯 죽는다)'와 같은 성어의 '취(醉)'자는 본래 절제된 음주의 조화, 즉 정도껏 마시는 것을 가리키는 말이었다.[52] 『상서』에 담긴 주나라 때의 문헌 기록에 유명한 「주고(酒誥)」가

---

52) '호락무황(好樂無荒)'에는 그 해석 방향이 상반되는 두 가지 견해로 나뉜다. 한쪽에서 　　는 "즐거움을 사랑하되 헛되이 보내거나 저버리지 말라"는 뜻으로 본다. 다른 한쪽 　　에서는 "즐거움에 빠지되 방탕하거나 절도를 잃지 말라"는 경계의 뜻으로 풀이한다.

있는데, 강왕(康王)이 은(殷)나라 옛 땅의 토착민들에게 내린 훈령이 실려 있다. 거기에는 '덕을 지키려면 술에 취하지 말라.(德將無醉.)'라는 구절이 있다. 이는 술을 마시되 본성을 어지럽히지 말아야 함을 강조한 것이다.[53] 또 『시경』의 '주연(酒宴)'에 대한 묘사에 「빈지초연(賓之初筵)」이라는 시가 있는데, 이는 술에 취하여 절제를 모르고 도가 넘는 줄도 모르며, 예의를 잃고 말을 실수하여 덕을 잃기까지 하는 행위를 풍자한 것이다.

　마지막으로, '예주(醴酒: 단술)'와 '주료(酒醪: 술지게미)'에 대해 알아보자. 『사기·편작창공열전(扁鵲倉公列傳)』에서 이렇게 말했다.

　　신이 듣건대 상고 시기의 의사 유부(俞跗)는 병을 치료할 때 탕액(湯液)과 예쇄(醴灑)를 사용하지 않았다고 합니다.(臣聞上古之時, 醫有俞跗, 治病不以湯液, 醴灑.)

---

후자의 경우라면, 자연히 절제와 조화의 조정이 필요함을 전제로 한다.
53) 『상서』의 구조본(九條本) 『전』에서는 "덕으로써 스스로를 다스려 취하기에 이르게 하지 말라"고 했다. 수(隋) 대업(大業) 9년 『석덕장 묘지(席德將墓志)』에 "그분의 휘는 덕장(德將)이요, 자는 도행(道行)이다.(君諱德將, 字道行.)"라고 했으니, 덕장과 도행은 이름과 자로 서로 의미가 호응한다. 『상서』 속의 '덕(德)'자는 본래 이중적이고 다면적인 구조를 지니고 있으며, 「주고(酒誥)」에는 또 '중덕(中德)'이라는 말이 있으니, 이는 '덕(德)'자가 여전히 일정한 규정을 필요로 함을 보여준다. '주(酒)' 역시 그 덕을 갖고 있다. 당(唐) 대력(大曆) 8년 『장원 묘지명 병서(張願墓志銘并序)』에서 "주덕(酒德)으로 섞고, 금가(琴歌)로 한가하게 하여, 만천(曼倩: 곽거경)을 얻으면 뭇 손님들이 웃음을 터뜨리고, 차공(車公: 구양수)이 없으면 자리에 흥이 없다.(雜之以酒德, 閑之以琴歌, 得曼倩而衆賓解頤, 無車公而滿座不樂.)"라고 했다. 『논형·어증(語證)』에서는 이를 인용하여 "덕장은 취하지 않는다.(德將毋醉.)"라고 했다. '덕장무취(德將毋醉)'는 '술의 성정은 어지러워서는 안 된다.(酒性其毋亂.)'는 뜻이다.(臧克和, 『尚書文字校詁』(上海: 上海敎育出版社, 1999), 333-334쪽의 '주고(酒誥)'의 주석 16 참조.) 이렇게 보면, '취(醉)'자의 분촌(分寸: 적절한 정도, 절제)의 출입은 덕성의 혼란과 관련이 있다.

이는 병을 치료하는 과정에서 '탕액(湯液)'과 '예쇄(醴灑)'를 나란히 언급하여 그 지위가 상당함을 말한 것이다. '예쇄(醴灑)'는 약주에 해당하는 것으로 보인 다.54) 또 같은 글에서 이렇게 말했다.

질병이 '피부의 털구멍과 살결 사이[腠理]'에 있으면 '뜨거운 물로 찜질하는 치료법[湯熨]'이 미치는 바이고, '혈맥(血脈)'에 있으면 '침과 돌침을 이용한 치료법[針石]'이 미치는 바이며, '장위(腸胃)'에 있으면 '술지게미[酒醪]'가 미 치는 바이고, '골수(骨髓)'에 있으면 '생명을 관장하는 신[司命]'이라도 어찌 할 수 없습니다. 지금 골수에 있으니, 신이 이로써 청하지 않는 것입니다. (疾之居腠理也, 湯熨之所及也; 在血脈, 針石之所及也; 其在腸胃, 酒醪之所及也; 其在骨髓, 雖司命無奈之何. 今在骨髓, 臣是以無請也.)

이는 '술지게미[酒醪]'의 약효가 미치는 신체 부위가 따로 있음을 의미한다.

---

54) [日] 瀧川資言著, 楊海崢整理, 『史記會注考証』(上海: 上海古籍出版社, 2016), 3622쪽의 주석 9번에 다음과 같은 내용이 있다. "쇄(灑)는 마땅히 '주(酒)'로 써야 한다. 후인들 이 잘못하여 '쇄(洒)'로 썼고, 또 잘못하여 '쇄(灑)'가 되었다. 쇄(灑)는 간단히 쇄(洒)로 쓰는데, 쇄(灑)와 주(酒)는 서로 가까워 형체 윤곽이 같다. 쇄(灑)는 후에 '세(洗)'가 되 었으며, 전국 초간(楚簡), 서한 죽간 등에서 보인다. '쇄(灑)'는 『설문』소전 및 남북조 수당 각석에서 보인다. '예쇄(醴灑)'가 병렬된 것은 마땅히 '예주(醴酒)'로 써야 한다." 『고증』에서 보이는 '쇄(灑)'로 된 것으로 보아 이는 『사기』의 이후에 나온 텍스트일 것이다.

## 제4절 주술과 의술의 상응 관계

### (1) 무(巫)와 의(毉)

 '의(醫)'는 '의(毉)'로도 쓰는데, 당대(唐代) 석각(石刻)에서는 무(巫)를 의미부로 하는 '의(毉)'로 표기되었다(당대 「유준례 묘지(劉遵禮墓志)」 참조). 이는 기능적으로 동등한 구조 속에서 '유(酉)'와 '무(巫)' 두 부호가 서로 대체 가능함을 의미하며, 이를 통해 고대인들의 인식을 매우 직관적으로 엿볼 수 있다. '유(酉)' 와 '무(巫)'는 치료 과정에서 본질적으로 같은 역할을 담당했다. 한편 '의(毉)'가 다시 '무(巫)'를 의미부로 삼는다는 것은 고대인들이 일찍이 주술[巫術]로 질병을 치료하고 주술사를 의사로 인식했음을 보여준다. '무(巫)'는 본래 일체이변(一體二邊)의 구조를 갖추고 있었으며, 인간과 신령 사이의 소통과 조화가 근본적인 역할이었다.

### (2) 축유(祝由)와 처방[藥方]

 서양의학이 '근원을 제거'하는 방식을 목표로 한다면, 전통적 의미의 고대 의술은 '화해(和解)', 즉 조화와 균형의 회복을 지향하는 방식을 취했다. 장사(長沙) 마왕퇴(馬王堆) 한묘(漢墓)에서 출토된 간백문자(簡帛文字)에는 다양한 질병을 대상으로 한 '축유방술(祝由方術)'이 기록되어 있다. 이는 증상에 맞춰 처방하고 질병에 따라 방법을 달리한 치료라고 할 수 있다. 이러한 '축유방술(祝由方術)'

의 기본 구조를 보면, 일반적으로 '치유 작용을 옮기기 위한 매개물'과 '치료 효과를 유도하는 주문[祝由詞]'으로 구성된다. 달리 말해, 고대의 초기 의술에서 치료의 핵심은 환자 자신의 신체 각 부위 간의 관계를 조화롭게 조정하여 신체 내부의 균형을 회복시키는 데 있었다. 이 과정에는 물리적인 조제(調劑) 수법, 축유사(祝由詞)의 언어적 조화, 심리적 안정 등이 복합적으로 관여하였다. 또한, 이러한 행위는 필요에 따라 특정 도구나 매개물이 함께 사용되었다. 문체적 특징으로 보면, 이들 축유사 대부분은 운율을 맞춘 운문체(韻文體)에 속한다.[55]

『오십이병방(五十二病方)』에는 다양한 질병의 치료에 축유술을 사용했다. 예컨대, '제상(諸傷)', '영아계(嬰兒瘈: 유아 경기)', '소자(巢者)'[56], '채(蠆: 전갈)',

---

55) 『오십이병방(五十二病方)』은 병을 처방하는 숫자를 지칭하는 것이 아니라, 이러한 유형의 의학 문헌이 52개의 장편(篇章) 제목으로 구성되어 있음을 의미한다. 각 제목은 치료 방술의 한 분류 집합으로, 각 유형에는 최소 1-2개의 처방에서 많게는 20여 개의 처방이 포함되어 있다. 이러한 소분류를 총계하면 280여 가지 처방(이 중 불완전한 처방 포함)을 확인할 수 있다. 의학 연구자들의 조사에 따르면, 이 280여 가지 처방은 내과·외과·부인과·소아과·이비인후과 등 현대 의학의 분류 항목에 걸쳐 있다. 이 중 축유(祝由) 성분이 포함된 것으로 확인된 처방은 36개로, 구체적인 분포 상황은 다음과 같다. 각종 외과적 외상(外傷) 처방 1가지, 소아과 영아 경기[嬰兒瘈] 처방 1가지, 소자(巢者) 처방 1가지, 독충[蠆] 처방 2가지, 독사[蚖] 처방 3가지, 사마귀[尤(疣)] 처방 6가지, 방병(瘇病: 종기) 처방 2가지, 탈장[癩(癩)] 처방 9가지, □란자[□爛者] 처방 2가지, 종기[癰] 처방 2가지, 옻[漆] 처방 3가지, 만성 피부병[久疕] 처방 1가지, 기생충병[蠱] 처방 1가지, 아이귀신[魅] 처방 2가지 등이다. 이는 『오십이병방』 전체의 12.7%를 차지하며, 13가지 질환을 주로 치료한다.(周一謀, 『馬王堆醫學文化』(上海: 上海文匯出版社, 1994), 15쪽 참조.)

56) [역주] '소자(巢者)'에 대해서는 아직 완전히 규명되지 않은 상태인데, 마계흥(馬繼興)(1992)을 비롯한 대부분의 연구자들은 '피부에 발생한 낭종성(cystic) 병변' 또는 '모낭충 감염(folliculitis)'으로 추정한다. 하지만 소(巢)자의 상형적 특징(새 둥지 모양)이 병변의 공동 구조(cavitary lesion)를 형상화한 것이라는 주장도 있고(『馬王堆醫書考注』, 1988), 부인과 질환 중 '자궁 내막증(endometriosis)' 또는 '난소 낭종(ovarian

'원(蚖: 살무사)', '우자(尤者: 사마귀)', '융병(癃病: 곱사등이)', '□란자(□爛者)', '옹(癰: 악창)', '구비(久疕: 대머리)' 및 '기(魃: 아이귀신)' 등이 그러한데, 기초적인 통계에 의하면 모두 13종류 이상에 달한다. 이는 『오십이병방(五十二病方)』중에서 상당한 비율을 차지한다.

　더 자세히 분석하면, 이 13종류의 질병을 치료할 때 모두 축유술을 사용했지만, '기(魃)'만이 순수하게 축유술만으로 귀신을 쫓아내고, 나머지는 축유술과 약물치료를 함께 조화를 이루는 병용 체계로 되어 있다.[57]

---

cyst)'을 지칭한다는 주장도 있다(周一謀, 1994). 또 山田慶兒(2000)는 '화농성 농양 (purulent abscess)'으로 판독할 것을 주장하기도 했다.

57)　臧克和, 『簡帛與學術』(鄭州: 大象出版社, 2008), 171-172쪽, '축유와 치료―한묘 간독 서에 보이는 질병 유형 및 치료 방술' 참조.
"축유(祝由)는 축주(祝咒)로도 읽을 수 있다. 발음방법으로 볼 때, 천천히 발음하면 '주유'가 되고, 촉급하게 발음하면 '축유'가 '주'가 된다. 따라서 '축유' 두 글자는 연용될 수도 있고, 분리되어 사용될 수도 있다. 『소문(素問)·이정변기론(移精變氣論)』에서 황제가 물었다. '내 듣건대 옛날의 질병 치료는 오직 정기를 이동하고 기를 변화시켜, 축유로만 해결할 수 있었다고 한다.(余聞古之治病, 惟其移精變气, 可祝由而已.)' 해석자들이 '유(由)'를 '질병을 일으키는 원인' 등으로 설명했지만 이는 아직 피상적이다. 출토 문헌에서 '유(由)'자는 동사로 기록되어 있는데, 백서(帛書)에 사용된 '유(由)'자 및 '축유'의 서식이 이를 증명한다."
마왕퇴 한묘 백서(馬王堆漢墓帛書)에서는 완전한 형태의 축유사(祝由詞)를 확인할 수 있으며, 특히 '축(祝)'과 '유(由)'가 분리되어 사용된 사례들이 발견된다. 예컨대, 마왕퇴 의서(馬王堆醫書) 『오십이병방(五十二病方)』 97-98행과 『양생방(養生方)』 195-196행 등이 그러한데, 그중 『오십이병방』 제22방 '난(爛, 즉 화상)자방(者方)'에서는 다음과 같이 기록되어 있다. "열자유(熱者由)('유(由)'는 백서의 원형이 '고(古)'에 가깝다)가 말했다. '힐힐굴굴(肣肣詘詘), 부뚜막(竈)으로부터 나오라. 연장(延長)하지 말라! 황신(黃神)이 장차 너와 말하리라!' 그러고는 침(唾)을 세 번 뱉는다." 여기서 사용된 '유(由)'자는 백서에서 '고(古)'로 기록되어 있다. 또 다른 예로 "고(古, 즉 고(辜))가 말했다. 신사일(辛巳日)에 세 번! 또 말했다. 천신(天神)이 내려와 질병의 신녀(神女)가 차례로 나의 말을 들으리라!"라는 구절이 있는데, 정리자는 '고(古)'에 가까운 이 형상을 '고(辠)'로 해석했다. 그러나 이 역시 '축유(祝由)'로서 그 기능은 '축(祝)'과 동일하다. 이러한 축유 방술(方術)은 일반적으로 전이를 위한 매개물과 치료를 위한 축유사로 구성되는데, 대부분의 축유사는 압운(押韻)이 있는 운문체(韻文體)로 기록되어 있다. '유(由)'가 '고(古)'의 형태에 가까운 것은 사실 초나라 계통 문자에서 전국 시기 초부터 '고(古)'의 형태가 '유(由)'의 형태에 접근하는 현상이 나타났기 때문이다. 예컨대 『증후을묘(曾侯乙墓)』 제1호에서는 '주(羣)'로 표기되어 '유(由)'와 혁(革)으로 구성되었는데, '유(由)'가 '고(古)'에 가까운 모습으로 되었다. 송본(宋本) 『옥편·혁(革)부수』에는 "주(羣)는 제(除)와 류(霤)의 반절로 읽힌다. 지금은 주(冑)로 쓴다."라고 했으며, 당초본(唐抄本) 『명의(名義)·혁(革)부수』에서는 "주(羣)는 제(除)와 류(霤)의 반절로 읽힌다. 주(冑)자이다."라고 설명하고 있다.

전국 시기 중후기의 곽점(郭店) 초나라 무덤에서 출토된 죽간 「성지문지(成之聞之)」 제28호에 사용된 '유(由)'는 𢀗로 기록되어 있으며, 「치의(緇衣)」편의 '아불적성(我弗迪聖)'에서는 '적(迪)'이 '유(由)'로 사용되었는데, 간독문자에서는 '착(辵)'이 의미부이고 '유(由)'가 소리부인 구조인데, 소리부인 '유(由)'는 𠙹에 가깝게 표현되었다. 또 상해박물관에서 소장하고 있는 『전국초죽서(戰國楚竹書)』 제1책 「치의(緇衣)」 제15호 「여형(呂型)」에서의 '형지유(型之由)'의 '유(由)'도 𠙹로 표기되어 '적(迪)'으로 사용되었다. 이러한 양방향으로의 통용은 서로 비교 검증이 가능하다. 한편, 『전국초죽서(戰國楚竹書)·치의(緇衣)』의 관련 자형에서는 '주(冑)'가 '유(由)'로 사용되었으며, '주(冑)'의 윗부분에 있는 '유(由)' 또한 '고(古)'의 형태에 가깝게 기록되어 있다.

# 제4장

# 화(龡)계열 문자와

# 음악적 조화

# 제4장 '화(龢)' 계열 문자의 음악적 조화

　　본 장에서는 상주(商周)시기 금문(金文)에 기록된 '화(龢)'의 구조를 분석하여, '화(龢)'가 악기(樂器)로서 갖는 형태[體]와 용도[用]의 관계를 규명하고, 이를 바탕으로 악기의 분류 및 관련 음악 구조를 논의한다. 특히 '화(龢)'의 이치가 지닌 '감각 기관의 상호 감응'에 대해 집중적으로 고찰한다. 이를 통해 신물(神物)과 금수(禽獸)를 감응시키는 기능적 원리와 유구하게 이어지는 그 여운과 계승을 탐구함으로써, 음악 세계에서 '화도(和道)'가 구현하는 심오한 조화(調和)로서의 의미를 밝히고자 한다. 즉, 음악을 매개로 여러 사물과 조화를 달성하고, 새로운 요소를 도입함으로써 인간과 신(神) 또는 사람들 간의 관계를 조절하며, 음악의 감화력이 증가하는 원리가 그것이다.

## 제1절 '화(龢)'의 형태[體]와 용도[用]

### (1) 상(商)·주(周) 금문 속의 '화(龢)'

상주시기 금문 데이터베이스 검색에 따르면, '화(和)'의 사용 예는 총 155건이 확인된다. 이 빈도는 상주시기 '화(和)'가 예악(禮樂) 체계에서 주요 악기로 중요한 위치를 차지했음을 명확하게 보여준다. 여기에는 '섭화(燮和)'라는 단어로 '화(龢)'가 10여 곳에 사용되었다. 출토 고문자 중에서 대표적인 '화(龢)'의 구조와 발전 관계는 다음과 같다.

갑골문

금문

전국 시기 초나라 죽간

갑골문과 금문에 기록된 '화(龢)'는 약(龠)이 의미부이고 화(禾)가 소리부인 형성 구조이다. 전국 시기 초나라 죽간에 이르러서는 이미 구(口)가 의미부이고 화(禾)가 소리부인 구조를 사용했다.[1] 『설문약(龠)부수』에서는 "화(龢)는 조화라는 뜻이다. 약(龠)이 의미부이고 화(禾)가 소리부이다. 화(和)와 같이 읽는다. (龢, 調也. 从龠禾聲. 讀與和同.)"라고 했다. '화(龢)'는 본래 음악의 음조가 조화로운 상태를 가리켰는데, 이후에 유추의 작용을 통해 점차 다양한 영역의 조화 메커니즘과 조화로운 경지를 광범위하게 뜻하게 되었다.

## (2) '화(龢)'의 형태[體]와 용도[用]

'화(龢)'의 소리부는 '화(禾)'로, '화(盉)'나 '화(和)' 등의 구조와 동일하다. 이에 대한 분석은 이미 제1장 '화(禾)'의 인지구조 분석에서 살펴보았다. 한편, '화(龢)'의 의미부인 '약(龠)'은 독립적으로 사용될 때 악기와 관련된 의미를 지닌다. 위에서 말한 구조에서 '약(龠)'은 특정 악기 하나만을 가리키는 것이 아니라, 여러 종류의 악기 전반의 조화와 관련된 상징적 의미를 지닌다고도 말한다.

'약(龠)'의 시기별 고문자 형태는 다음과 같다.

---

[1] 지금은 '화(龢)'를 '화(和)'의 이체자로 여기는데, 인명에 사용될 때 '화(龢)'는 여전히 규범자로 인정된다.

갑골문

금문

전국 시기 초나라 죽간          설문소전

갑골문에서 '약(龠)'은 대부분 독체상형(獨體象形)의 구조로, 대나무 관을 엮어 만든 악기, 즉 중앙에 구멍이 있는 관악기의 모습을 본뜬 것이다. 금문에서는 '집(亼)'이 추가된 구조를 사용하는데, '집(亼)'은 바로 '집(集)'의 고문(古文)으로, 많은 것이 합쳐짐을 의미한다. 『설문약(龠)부수』의 분석은 실제에 매우 부합한 설명이다.

악기의 대나무 관에 세 개의 구멍이 있어, 여러 소리를 조화롭게 한다.(樂之竹管, 三孔, 以和衆聲也.)2)

여기서 말하는 '화중성(和衆聲)'은 음악의 조화에는 반드시 '다양한 소리'가 존재해야 하며 '단일한 음(변화나 대비가 없는 단조로움도 포함)'만으로는 불가능함을 의미한다. 고대 정치가 안자(晏子)는 '화(和)'라는 메커니즘 속에서 음악이 서로 보완하며 조화를 이루는 것이 앞서 언급한 '맛의 조화'와 본질적으로 일치한다고 여겼다.[3]

---

2) '사죽(絲竹)'이 합성어가 되면서 '음악'을 대표하게 되었으며, '약(龠)'은 대나무로 만든 악기를 가리킨다. 『옥편(玉篇)』에서는 "약(龠)은 여(余)와 작(酌)의 반절로 읽힌다. 음악에 사용되는 관악기로, 세 개의 구멍이 있어 여러 소리를 조화롭게 한다. 『시경』에서는 '왼손으로 약(龠)을 잡는다.'라고 했다. 지금은 '약(籥)'으로 적는다.(龠, 余酌切. 樂之所管, 三孔, 以和衆聲也. 『詩』云: 左手執龠. 今作籥.)"라고 했다. 이처럼 후대의 인지구조에서는 특히 '죽(竹)' 부수가 추가되었다. 즉, '약(龠)'의 형태[體]는 음악으로서의 용도[用]가 있는 것이다.

3) 『좌전정의(左傳正義)·소공(昭公)』20년에는 '화(和)'와 '동(同)'의 차이에 대해 묻는 제(齊)나라 경공(景公)의 질문에 안자(晏子)가 답한 내용이 수록되어 있다.

## 제2절 '화(龢)'의 분류

### (1) 취주(吹奏)부 – 화(龢)와 취주 관악기

『설문약(龠)부수』에 수록된 여러 글자는 첫째로 해당 부류(部類)의 체제가 대나무로 만든 관악기에 속하며, 둘째로 음악의 기능이 조화(調和)에 있음을 밝히고 있다.

1. 취(龡): 음률(音律)을 조절하는 관악기[管]와 훈(塤)의 음악이다. 약(龠)이 의미부이고, 취(炊)가 소리부이다.(龡, 音律管塤之樂也. 從龠炊聲.)

2. 지(龤): 관악기이다. 약(龠)이 의미부이고, 시(虒)가 소리부이다. 지(篪)는 지(龤)의 혹체로 죽(竹)으로 구성되었다.(龤, 管樂也. 從龠虒聲. 篪, 龤或從竹.)

3. 화(龢): 조율(調律)을 의미한다. 약(龠)이 의미부이고, 화(禾)가 소리부이다. 화(和)와 같이 읽는다.(龢, 調也. 從龠禾聲. 讀與和同.)

4. 해(龤): 음악의 조화(龤)를 나타낸다. 약(龠)이 의미부이고, 개(皆)가 소리부이다. 「우서(虞書)」에서는 "팔음(八音)이 조화를 이룬다."라고 했다.(龤, 樂和龤也. 從龠皆聲. 『虞書』曰: '八音克龤.')

이러한 '약(龠)' 계열의 글자들은 각각 취주(吹奏) 종류, 관악기 종류, 조화의 작용, 화음의 효과 등을 나타낸다. 이 중 하나는 '취(炊)'가 소리부인데, 여기서 '취(炊)'와 '취(吹)'는 서로 통용된다. '취(吹)'의 출토 고문자 중 갑골문과 금문의 형태는 다음과 같다.

갑골문                         금문

이는 사람의 입 부위의 움직임 상태, 즉 입을 크게 벌린 모습을 본뜬 것이다. 게다가 입을 통해 기류가 움직이는 행위를 가리킨다는 점을 강조하기 위해, '흠(欠)' 부수가 놓이는 위치에 '입[口]'의 형상을 더하여 결합시켰다. 그러나 예서(隸書)와 해서(楷書)로 변화하는 과정을 거치면서 원래의 '기(旡)'의 형태는 완전히 파괴되어, 일반적인 추상적 기호인 '흠(欠)'으로 변했다.

간독문              석각문           송본(宋本)『설문·구(口)
                                    부수』소전체[4]

상대적으로 볼 때, 앞서 말한 '취(炊)'는 '취(吹)'에 비해 출현 시기가 늦다. '취(炊)'가 소리부인 구조는 당시 '취주(吹奏)악기' 중에서 '가로로 부는 피리[橫

---

4) 𣓤는 당사본(唐寫本)『설문·목(木)부수』의 소전체이고, 𣚸는 송본(宋本)『설문·목(木)부수』의 소전체이다. 이를 통해 '흠(欠)' 부수가 잘 못 변한 과정을 알 수 있는데, 송본(宋本)에서 그 변화가 특히 심하다.

笛]'와 같은 관악기만을 지칭하는 구조였을 가능성이 있다. 이후 '취주(吹奏)'와 관련된 기능이 전문적으로 분화되면서 '취(龡)'라는 독립된 문자로 발전했다.[5]

한편, 『설문·화(火)부수』에 따르면, '취(炊)'는 "불을 피워 밥을 짓거나 익힌 밥"을 의미한다. 이는 '취(吹)'와 마찬가지로 '모두 입에서 바람을 내뿜는 동작'이라는 공통점이 있으므로 서로 통용되었다. 『설문·화(火)부수』에서는 '취(炊)'의 구조를 화(火)가 의미부이고 취(吹)의 생략형이 소리부라고 해석했다.

두 번째는 관악기(管樂器)를 포함하는데, 이 부류의 악기는 『설문』과 『옥편(玉篇)』 등의 자서(字書)에 기록되어 있다. 특히, 「죽(竹)부수」에서 '적(笛)', '생(笙)', '소(簫)', '관(管)' 등의 글자들이 수록되어 있다.

> 적(笛): 7개의 구멍이 있는 통을 말한다. 죽(竹)이 의미부이고 유(由)가 소리부이다. 강적(羌笛)은 3개의 구멍이 나 있다.(笛, 七孔筩也. 從竹由聲. 羌笛三孔.)[6]

피리[笛子]는 대나무로 만든 관악기의 일종으로, 왼쪽 첫 번째 구멍은 취구(吹口)로 사용되고, 다음 구멍에는 대나무막[竹膜]을 덧붙이며, 오른쪽 여섯 개의 구멍은 모두 위쪽으로 뚫려 있다. 달리 '횡취(橫吹)'라고도 부른다.

---

5) 취(龡)에 대해, 『집운(集韻)』에서는 "취(吹)는 취(龡)와 같다. 주(姝)와 위(爲)의 반절로 읽힌다. 『주례(周禮)』에서는 취(龡)로 썼다.(吹龡, 姝爲切. 『周禮』作龡.)"라고 했다.

6) '적(笛)'은 유(由)를 소리부로 삼았는데, 마치 '적(迪)'이 유(由)를 소리부로 삼은 것과 같다. '척(滌)'은 조(條)를 소리부로 삼았는데, '조(條)' 또한 유(攸)를 소리부로 삼았다. '갑주(甲冑)'의 주(冑)는 유(由)를 소리부로 삼았는데, 이는 성훈(聲訓)으로 '두무(兜鍪)'라 읽으니, 이는 '주(冑)'를 천천히 읽은 것이다.

생(笙): 13개의 리드[簧]를 가진 악기를 말한다. 봉황의 몸을 본떴다. 생(笙)은
　　정월(正月)의 소리[音]에 해당하여, 만물이 생장하므로 '생(笙)'이라 불렀다.
　　큰 것은 소(巢), 작은 것은 화(和)라 부른다. 죽(竹)이 의미부이고 생(生)이
　　소리부이다. 고대에 수(隨)가 생(笙)을 제작했다.(笙, 十三簧. 象鳳之身也. 笙,
　　正月之音. 物生, 故謂之笙. 大者謂之巢, 小者謂之和. 從竹生聲. 古者隨作.)

　이 관악기는 황편(簧片)·생관(笙管)·두자(斗子)의 세 부분으로 구성되며, 원형
과 방형 등 다양한 형태가 존재한다. 생관은 13-19개까지 다양하고, 연주할 때
는 손가락으로 지공(指孔)을 누르며 호흡으로 황편을 진동시켜 화음(和音)을 낼
수 있어 민간 합주(合奏)의 핵심 악기로 기능한다.7)

금문　　　　　『설문』소전　　　　무위서한간문
　　　　　　　　　　　　　　　　　(武威西漢簡文)

　소(簫): 길고 짧은 관(管)이 조합된 관악기로, 봉황(鳳凰)의 날개를 본뜬 형태
　　이며, 죽(竹)이 의미부이고 숙(肅)이 소리부이다.(簫, 參差管樂. 象鳳之翼.
　　從竹肅聲.)

---

7) '생(笙)'은 관악기로서 '생(生)'에서 그 명칭을 얻었으며, 합주에서 '화음(和音)'을 연주하
　는 역할을 한다. 이러한 연관성은 '화도(和道)'의 생명적 메커니즘을 이해하는 데 도움
　이 된다.

이와 같이 대나무로 만든 관악기는 고대에는 여러 개의 대나무 관을 엮어 만들었으며, 밑부분이 막혀 있어 '배소(排簫)'라 불렀다. 후대에는 한 개의 대나무 관만을 사용하고 밑부분을 막지 않은 채 위에서 바로 불어 소리를 내는 구조로 바뀌어 '동소(洞簫)'라 불렀다. 한어의 상용어로 '소적(簫笛)', '동소(洞簫)', '배소(排簫)' 등이 있다.

| 한(漢)나라 도장 | 석각 전서체 | 『설문』소전 | 『설문』고문 | 장가산(張家山) 서한 죽간 |

1. 관(管): 지(篪)와 유사하며, 여섯 개의 구멍이 있다. 12월의 음(音)을 상징한다. 만물이 땅에서 싹트는 모습을 나타내므로 '관(管)'이라 불렀다. 죽(竹)이 의미부이고 관(官)이 소리부이다. 관(琯), 옛날에는 옥(玉)으로 만든 관(琯)이 있었다. 순(舜) 임금 때, 서왕모(西王母)가 흰 옥관을 바쳤다. 그 전에 영릉(零陵)의 해(奚)씨 성을 가진 학자가, 영도(伶道)의 순(舜) 사당 아래에서 옥으로 만든 생(笙)의 관(管)을 발견하였다. 옥으로 소리를 내면, 신(神)과 사람이 화합하고, 봉황(鳳皇)이 춤추며 나타난다고 한다. 옥(玉)이 의미부이고 관(官)이 소리부이다.(管, 如篪, 六孔. 十二月之音. 物開地牙, 故謂之管. 從竹官聲. 琯, 古者玉琯以玉. 舜之時, 西王母來獻其白管. 前零陵文學姓奚, 于伶道舜祠下得笙玉管. 夫以玉作音, 故神人以和, 鳳皇來儀也. 從玉官聲.)

(전국 시기 초나라 죽간)        (고대 도장문자)

2. 우(竽): 리드가 36개인 관악기를 말한다. 죽(竹)이 의미부이고 우(亐)가 소
   리부이다.(竽, 管三十六簧也, 從竹亐聲.)

3. 황(簧): 우(竽)와 생(笙) 중의 리드(簧)를 말한다. 죽(竹)이 의미부이고 황
   (黃)이 소리부이다. 옛날 여와가 황(簧)을 만들었다.(竽笙中簧也. 從竹黃聲.
   古者女媧作簧.)

4. 시(箟): 황(簧)과 같은 것에 속한다. 죽(竹)이 의미부이고 시(是)가 소리부
   이다.(箟, 簧屬. 從竹是聲.)

5. 쇼(簫): 길이가 들쭉날쭉한 관악기이다. 봉황의 날개를 닮았다. 『설문·죽(竹)
   부수』에서는 '쇼(箾)'로 적었으며, "우순(虞舜) 임금 때의 음악을 쇼(箾)라고
   한다"라고 했다.(簫, 參差管樂, 象鳳之翼. 『說文·竹部』作箾: "虞舜樂曰箾.")

쇼(蕭)와 삭(削)은 서로 소리부로 교체되어 사용되며, 그 결과 이체자가 형성되었다.

1. 동(筒): 통소를 말한다.(筒, 通簫也.)

2. 뢰(籟): 구멍이 세 개로 된 다관 피리를 말한다. 큰 것을 생(笙)이라 하고
   중간 것을 뢰(籟)라 하며 작은 것을 약(籥)이라 한다.(籟, 三孔龠也. 大者謂
   之笙, 其中謂之籟, 小者謂之籥.)[8]

3. 묘(篎): 작은 피리를 묘(篎)라고 한다.(篎, 小管謂之篎.)

4. 축(筑): 대나무를 굽혀서 5개의 현으로 만든 악기를 말한다.(筑, 以竹曲五
   弦之樂也.)[9]

---

8) 『집운(集韻)·약(藥)부수』에 다음과 같이 기록되어 있다. "약(籥)은 을(乙)과 각(却)의 반
   절로 읽힌다. 작은 약(龠)을 일컬어 약(籥)이라 한다. 약(籥)은 작은 뢰(籟)를 가리킨다."
   '뢰(籟)'로 구성된 합성어로 '천뢰(天籟)'가 있다. '약(籥)'은 합성어 '절약(節約)'에서 발
   견되며, '절약(節約)'이 더 이른 형태로 나타난다.

  5. 쟁(箏): 북 모양의 현과 몸체를 대나무로 만든 악기를 말한다.(箏, 鼓弦竹
    身樂也.)

  필자의 생각은 이렇다. '축(筑)'과 '쟁(箏)'의 구조는 「죽(竹)부수」에 귀속되었
지만, 현악기에 속한다. 몸체는 대나무[竹]로 되었지만, 실제로는 현악기의 기능
을 발휘하여, 사(絲)와 죽(竹)이 합일된 모습이다.

  1. 고(箛): 입으로 부는 채찍처럼 생긴 악기이다.(箛, 吹鞭也.)
  2. 추(籅): 입으로 부는 통처럼 생긴 악기이다.(籅, 吹筩也.)

  '관현(管弦)'이라는 병렬구조에서 관(管)은 또 '관악기'를 가리킨다. 이로써 위
에 열거한 '지(䶵)' 즉 지(篪)라는 악기의 형태를 엿볼 수 있다.
  필자의 생각은 이렇다. 생(笙), 황(簧), 소(簫), 관(管) 등의 악기들은 그 물상
의 근본이 '신성한 기원'에서 비롯된 것으로, 이에 대해서는 아래의 '화능격물
(龢能格物)' 부분에서 다시 논할 것이다. '화해(龢龤)'라는 단어는 '화도(和道)'의
음악적 기능을 표현하기 위해 전문적으로 만들어졌다.[10]

---

9) 『사기·자객열전(刺客列傳)』의 '이수송별(易水送別)' 장면에서 고점리(高漸離)가 축(筑)을
   연주한 음악적 효과에 대해, 『사기회주고증』에서는 『율려본고(律呂本考)』를 인용하여
   7음계의 조화 관계를 다음과 같이 설명했다. "오성(五聲) 중 궁(宮)과 상(商), 상(商)과
   각(角), 치(徵)와 우(羽)는 각각 1률(律)씩 떨어져 있다. 그러나 각(角)과 치(徵), 우(羽)와
   궁(宮) 사이는 2률이 떨어져 있다. 1률 차이는 음절이 조화로우며, 2률 차이는 음절이
   멀게 느껴진다. 따라서 각(角)과 치(徵) 사이에는 치(徵)에 가깝되 약간 낮은 음을 추가
   하여 '변치(變徵)'라 부르고, 우(羽)와 궁(宮) 사이에는 궁(宮)에 가깝되 약간 높은 음을
   추가하여 '변궁(變宮)'이라 부른다."
10) '화해(龢龤)'는 바로 '화해(和諧)'의 비교적 이른 시기의 필사법이다.

## (2) 성(聲)과 경(磬)·고(鼓)—타악기

### ① 성(聲)

갑골문

『설문이(耳)부수』에 다음과 같이 기술되어 있다.

> 성(聲)은 소리이다. 이(耳)가 의미부이고, 성(殸)이 소리부이다. 성(殸)은 경
> (磬)의 주문(籀文)이다.(聲, 音也. 從耳殸聲. 殸, 籀文磬.)

　'성(聲)'은 '이(耳)'가 의미부이고 '성(殸)'도 의미부인데, '성(殸)'은 소리부도 겸한다. 갑골문에서는 '성(殸)'이 의미부이고 '청(耴)'도 의미부인 구조로, '성(殸)'은 소리부도 겸한다. '성(殸)'은 '경(磬)'의 초기 문자이고, '청(耴)'은 '청(聽)'의 초기 문자이다. 이는 "매달린 경쇠를 두드려 소리를 내고, 이를 듣는 모습"을 본뜬 것이다.[11]

---

11) '성(殸)'은 현대 한어에서 'qìng'으로 읽히며, '청(耴)'은 현대 한어에서 'tīng'으로 발음된다. '청(耴)'은 '청(聽)'의 초기 형태에 해당한다. 현대 간체자로 사용되는 '청(听)'은 원래 '흔(欣)'자와 동일한 기능을 가졌었다.

전국 시기의 간독(簡牘)과 백서(帛書)에서는 '성(聖)'을 '성(聲)'의 통용자로 사용하였다. 간체자 '성(声)'은 번체자 '성(聲)'의 특징적인 부분(殸의 생략형)을 취하여 단순화한 것으로, 북제(北齊) 시기 석각 문자에서 이미 사용된 기록이 발견된다.

② 경(磬): 음의 균형을 맞추는 타악기

고문자의 기록에 의하면, '경(磬)'은 타악기의 일종인데, 그 구조는 '성(聲)'자 계열과 마찬가지로 '성(殸)'이 소리부이다.

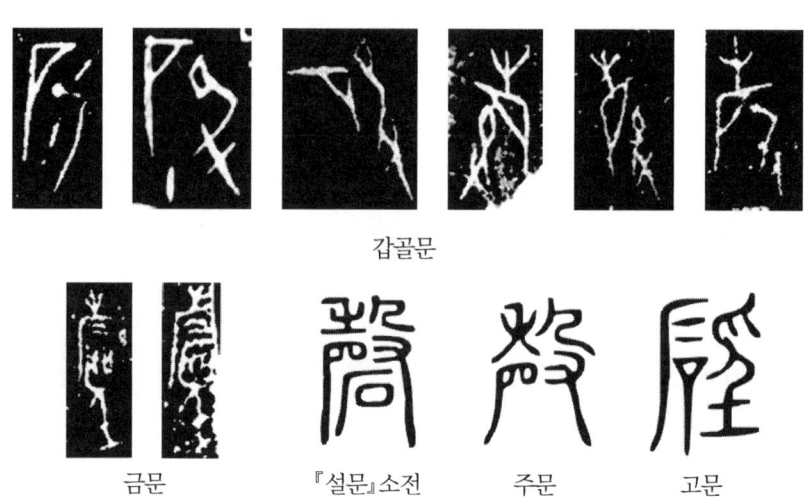

갑골문

금문      『설문』소전      주문      고문

『설문 석(石)부수』에 다음과 같이 기술되어 있다.

경(𥐗): 음악을 연주하는 돌[樂石]이다. 석(石)과 성(殸)이 의미부이다. 이는 경쇠를 걸어둔 현거(縣虡: 악기 걸이)의 형태를 본뜬 것이다. 수(殳)는 두

드리는 행위를 상징한다. 옛날 모구씨(母句氏)가 경쇠를 만들었다. 경(磬)
은 주문(籒文)체인데 생략된 모습이다. 경(殸)은 고문(古文)체인데 경(巠)
이 의미부이다.(磬, 樂石也. 從石·殸. 象縣虡之形. 殳, 擊之也. 古者母句氏作
磬. 殸, 籒文省. 殸, 古文從巠.)

　'경(磬)'은 형성(形聲) 겸 회의(會意)의 구조로, 석(石)이 의미부이고 성(殸)이 소
리부인데, 성(殸)은 의미를 나타내는 기능도 있다. 갑골문에서는 왼쪽 윗부분이
매달린 석경(石磬)의 모습이고, 오른쪽 아랫부분은 수(殳)로, 손에 도구를 잡고
두드리는 모습을 본떴다. 이때 매달린 물체는 소리를 내는 옥석(玉石)으로 만든
기물이다. 이로써 '경(磬)'의 초기 구조가 형성되었다. 일부 문자학자들은 이 매
달린 옥석으로 만든 기물의 윗부분을 '생(生)'의 생략형으로 분석하기도 한다. 만
약 이 해석이 타당하다면, '경(磬)'도 형성 구조를 내포한다고 볼 수 있다.[12]

　'경(磬)'은 고대의 음악사를 연구하는 학자들에게 '고대 악단(樂壇)의 왕'으로
칭송받아 왔다. 최근 하남(河南)성과 산서(山西)성의 하(夏)나라 시기와 같은 고
대 유적지에서 석경이 출토되었다. 산서성 하현(夏縣) 동하풍(東下馮) 유적지에
서 출토된 석경은 타제(打製) 방식으로 제작되어 원시적 풍모를 유지하고 있으
며, 연대는 약 4,100년 전으로 추정된다. 하남성 언사(偃師) 이리두(二里頭) 유

---

12) '경(磬)'은 형성 구조로, 석(石)이 의미부이고 경(巠)이 소리부이다. '경(巠)'은 현대음으
　　로 'jīng'으로 발음된다. '경(磬)'은 원래 '경(磬: 경쇠)'의 이체자였으며, 『설문』에서는
　　'경(磬)'을 '경(磬)'의 고문(古文)체로 기록했다. '경(磬)'은 음악을 내는 돌[樂石]을 뜻하
　　지만, '경(磬)'의 본래 의미는 '돌을 두드리는 소리'였으며, 현대음에서 'kēng'으로 읽
　　히며 의성어로 사용된다. 한편, '경(殸)'이 소리부인 한자로는 '경죽난서(罄竹難書)'라
　　는 성어에 쓰이는 '경(罄)'이 있다. '경(罄)'은 '부(缶: 장군)'를 의미부로 삼았는데, 이
　　에 대한 자세한 내용은 제5장 제3절 '화도(和道)와 시가(詩歌)'를 참조하면 된다.

적지에서 발견된 석경은 마제(磨製) 방식으로 제작되었고 형태가 비교적 투박한데, 연대는 약 3,800년 전의 유물로 평가된다.

위에서 언급한 각종 악기의 연주는 조화로운 운율을 이루기 위해 조정되는 과정, 즉 단일 악기의 제작 또한 다양한 조화와 반복적 적응을 거치는 과정이라 할 수 있다. 타악기의 하나인 '경(磬)'을 예로 들면, 이는 지속적인 연마와 조정을 통해 완성된 결과물이다.

예학, 훈고학, 고증학의 학자들은 동한(東漢)의 정현(鄭玄)이 주석한 『고공기(考工記)』 제6편 '악기류(樂器類)'에 기술된 경(磬)의 체제(體制) 비례에 대한 조정 내용을 분석하여, 경(磬)의 제작자들이 악기의 '옆면[旁]'과 '끝부분[端]'을 다듬으며 균형과 조화를 추구한 과정을 거쳤음을 규명하였다.[13]

첫째, 규격과 크기를 통일하는 과정에서 재료의 차이로 인한 음고(音高)의 편차를 보정하기 위해 끝부분[端]을 갈아내는 방식을 사용하였다. 재료인 돌의 성질, 구조면의 성질과 조합 방식이 서로 다르면, 그에 따라 음파의 속도, 진폭, 감쇠[衰減] 등에 직접적인 영향을 미친다. 따라서 끝을 갈아내면 돌의 경도가 낮거나 입자가 거친 재질로 인해 음고가 낮게 나는 경우를 보완할 수 있다.

둘째, 제작 과정에서 발생한 오류를 보정하거나 보완할 수 있다.

셋째, '경(磬)'의 넓적한 부분[股]과 두드리는 부위의 균형을 유지하는 것을

---

13) [역주] 『예기·악기(樂記)』에서 "금석의 소리[金石之聲]는 조화의 근본"이라 기술한 바와 같이, 악기 제작은 일반적인 공예의 의미와 함께 음양(陰陽)의 조화를 구현하는 과정으로 인식되었다. 특히 경쇠의 경우 두께('旁')와 길이('端')의 비율이 3:2(옥채비율)로 규정되었다. 정현(鄭玄)의 주석본에는 "경씨(磬氏)가 방(旁)을 삼분(三分)하고 단(端)을 이분(二分)하여 조율(調律)하였다."는 기록이 존재하는데, 이는 현대 음향학적으로 볼 때 경쇠의 기본진동수(fundamental frequency)와 배음(倍音)을 조절하는 물리적 조작에 해당한다고 볼 수 있다.

조정한다.[14] 편경(編磬)을 매달 때, 크기와 형태가 불규칙한 경편(磬片)들의 타격 부위를 일정한 수평선상에 위치시키는 것은 연주를 원활하게 하기 위한 필수 조건이다. 따라서 '경(磬)'을 제작할 때는 각 경쇠[磬]의 몸체[股]와 타격부[鼓]가 상대적인 균형을 이뤄, 매달았을 때 지면과 일정 각도를 형성하도록 해야 한다. 복원된 경쇠 중 일부는 구멍의 위치가 정확하지 않아 매달렸을 때 한쪽 끝이 과도하게 들려, 연주할 때 경쇠채의 빠른 움직임에 지장을 주는 사례가 확인되었다. 이로부터 상주(商周)시기 일부 경쇠에 병렬된 두 개의 구멍이 나타나는 현상은 고대인들이 매달았을 때의 균형을 유지하기 위해 의도적으로 뚫은 흔적임이 분명하다.

　구멍의 오차가 클 경우 새 구멍을 추가하였고, 오차가 작을 경우 기존의 구멍을 한쪽으로 약간 확장하여 보정했다. 그러나 오차 정도가 중간일 경우는 오히려 조정이 쉽지 않았는데, 이 경우 먼저 끝부분[端]을 갈아내어 소리를 조정한 다음, 다시 옆면을 다듬어 끝을 갈아낸 결과로 높아진 음정을 상쇄시키는 방식을 취했다.[15]

---

14) [역주] '고(股)'는 경쇠의 상부 두꺼운 부분으로, 현거(縣虡: 걸이대)에 매달리는 주된 지지점을 말하는데, 이는 무게 중심을 담당하여 경쇠가 안정적으로 매달릴 수 있도록 한다. 『고공기(考工記)』에는 "고(股)의 두께는 고(鼓)의 1.5배"라 규정되어 음향적 균형을 조절하는 역할을 강조했다. 이에 반해 '고(鼓)'는 경쇠의 하부 얇은 부분으로, 실제로 채(槌)로 타격되어 소리가 발생하는 공명부를 말하는데, 이는 두께가 얇아 고주파 진동을 생성하며, 『예기(禮記)』「악기(樂記)」에서는 "고(鼓)의 소리는 맑다[淸]하다."고 묘사했다. 이는 타격 위치에 따라 음색이 달라지므로 정밀한 각도 조절이 필수적이었다.

15) 汪少華, 『「考工記」名物匯証』(上海: 上海教育出版社, 2019), 519-520쪽. 馮光生·徐雪仙, 「戰國曾侯乙墓編磬的复原及相關問題的研究」, 『文物』, 1984年 第5期 참조.

③ 고(鼓): 타악기이자 계절과 시령(時令)의 조화 장치

'고(鼓)'의 특수 기능은 바로 이것으로 모든 타악기 연주 동작을 기록하는 데 있다. 예컨대, '고금(鼓琴)'이나 '고슬(鼓瑟)'과 같은 표현은 현악기(絃樂器)의 연주를 지칭한다. '고취(鼓吹)'는 고대의 기악 합주곡인 '고취악(鼓吹樂)'을 가리키거나 『악부시집(樂府詩集)』에 수록된 특정 '고취곡(鼓吹曲)'을 말한다. 이는 '고(鼓: 북)', '정(鉦: 징)', '소(簫: 통소)', '가(笳: 피리)' 등의 악기가 함께 연주되는 합주곡을 의미한다.

『설문고(鼓)부수』에서는 다음과 같이 설명했다.

> 고(鼓): 곽(郭)을 말한다. 춘분(春分)의 소리로, 만물이 껍질[皮甲]을 벗고 나오므로 '고(鼓)'라 한다. 주(壴)가 의미부인데, 복(攴)은 손으로 치는 모양을 형상했다. 『주례』에는 여섯 종류의 북이 기록되어 있다. 뇌고(雷鼓)는 8면이고, 영고(靈鼓)는 6면이고, 노고(路鼓)는 4면이고, 분고(鼖鼓)·고고(皋鼓)·진고(晉鼓)는 모두 2면이다.(鼓, 郭也. 春分之音, 萬物郭皮甲而出, 故謂之鼓. 從壴, 攴象其手擊之也. 『周禮』六鼓: 雷鼓八面, 靈鼓六面, 路鼓四面, 鼖鼓, 皋鼓, 晉鼓皆兩面.)

또 "고(鼓)는 북을 치다[擊鼓]는 뜻이다. 복(攴)이 의미부이고 주(壴)도 의미부인데, 주(壴)는 소리부도 겸한다.(鼓, 擊鼓也. 從攴從壴, 壴亦聲.)"라고 했다.

## (3) 음(音)과 음악의 구조

① '음(音)'은 재질과 음률의 조화를 반영한다.

악기의 재질에 따라, 고대에는 '팔음(八音)' 즉 금(金), 석(石), 사(絲), 죽(竹),

포(匏), 토(土), 혁(革), 목(木) 등 8가지 재질의 악기가 있어서, 이로써 모든 음악을 가리킬 수 있었다.[16)]

　'성음(聲音)'이라는 합성어 구조에서 '음(音)'은 『예기·악기(樂記)』에서 말했듯, 오음계가 서로 조절하고 화합하는 음악을 전문적으로 가리킨다. 『예기·악기(樂記)』에서 "무릇 음(音)이라는 것은 사람의 마음에서 생겨난다.(凡音之起, 由人心生也.)"라고 했는데, 정현은 "궁(宮), 상(商), 각(角), 치(徵), 우(羽)를 함께 모은 것을 음(音)이라 한다.(宮, 商, 角, 徵, 羽雜比曰音.)"라고 주석했다.

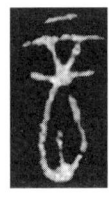

금문

　금문의 '음(音)' 계열 글자에서는 지시부호인 가로획[一]을 첨가하여, 음률이 존재함을 보여주며, 이로써 '음(音)'의 형상적 구조를 이루었다.

---

16) 『상서·순전(舜典)』에서 "팔음(八音)이 조화를 이루어 서로 그 질서를 빼앗지 않는다(八音克諧, 無相奪倫.)"라고 했고, 『주례·춘관·대사(大師)』에서 "(모든 음악은) 팔음으로 연주한다. 즉, 금(金)·석(石)·토(土)·혁(革)·사(絲)·목(木)·포(匏)·죽(竹)이다."라고 했다. 정현(鄭玄)의 주석에서 "금(金)은 종(鐘)과 박(鎛)이고, 석(石)은 경(磬)이며, 토(土)는 훈(塤)이고, 혁(革)은 고(鼓)와 도(鼗)이며, 사(絲)는 금(琴)과 슬(瑟)이고, 목(木)은 축(柷)과 어(敔)이며, 포(匏)는 생(笙)이고, 죽(竹)은 관(管)과 소(簫)이다."라고 했다. 오색(五色)은 서로 어울려 돋보일 수 있지만, 팔음(八音)의 조화와 막힘없는 흐름은 오음(五音)이 각각 사물에 알맞게 적용되는 데에 있다.

『설문 음(音)부수』에서는 다음과 같이 설명했다.

> 음(音): 소리[聲]를 말한다. 마음에서 생겨나서, 바깥에서 절도를 이루는 것
> 을 음(音)이라 한다. 궁(宮)·상(商)·각(角)·치(徵)·우(羽)를 성(聲)이라 하고, 현
> 악기[絲]·대로 만든 악기[竹]·쇠로 만든 악기[金]·돌로 만든 악기[石]·바가
> 지로 만든 악기[匏]·질그릇으로 만든 악기[土]·가죽으로 만든 악기[革]·나
> 무로 만든 악기[木]에서 나는 소리를 음(音)이라 한다. 언(言)에 가로획
> [一]이 물린 모습을 그렸다.(音, 聲也. 生於心, 有節於外, 謂之音. 宮商角徵
> 羽, 聲; 絲竹金石匏土革木, 音也. 從言含一.)

② 장(章), 경(竟), 소(韶), 운(韻)과 음악 단위의 구조

한(漢)나라 문자학자들의 분석에 따르면, 이러한 글자들은 모두 「음(音)부수」
에 속하고, '음악'과 관련되어 있다.

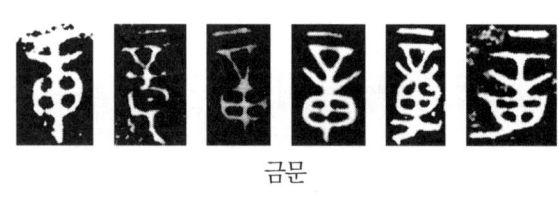

금문

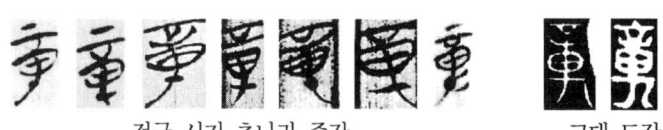

전국 시기 초나라 죽간　　　　　　　고대 도장문자

『설문 음(音)부수』에서는 다음과 같이 설명했다.

장(章): 음악의 한 장이 다 끝나는 것을 일장(一章)이라 한다. 음(音)이 의미
부이고 십(十)도 의미부이다. 십(十)은 숫자의 종결점을 뜻한다.(章, 樂竟
爲一章. 從音從十. 十, 數之終也.)


　소전체의 회의자 구조를 분석하면, 음(音)이 의미부이고 십(十)도 의미부이며,
이는 음악 단위의 표지로 이해된다. 그러나 금문에서 전국 시기 초나라 죽간의
자형 구조를 살펴보면, 신(辛)과 일(日)이 상하로 조합된 것이지, 음(音)과 십(十)
이 병렬된 형태가 아니다. 한자 발전사에서 이런 조합 방식은 수당 시기까지 지
속되었다. 예컨대, '章'은 수(隋)나라 「전광산 처 묘지(田光山妻墓志)」에서, '童'
은 당(唐)나라 「최양 묘지(崔楊墓志)」에서 보인다. 당나라 때의 자양학 책인 『간
록자서(干祿字書)』에서는 "장(章, 章)은 위가 통용자이고, 아래는 정자이다.(章
章, 並上通下正.)"라고 했다.[17] '장(章)'에서 분화해 나온 관련 구조로는 '창(彰)'
과 '장(璋)' 등이 있다. 일부 학자는 금문의 자형은 상형자로서, 둥근 옥기에 칼
같은 도구로 무늬를 새기는 형상을 본뜬 것이며, '신(辛)'이 바로 그 도구라고
보았다.
　'장(章)'은 애초에 '십(十)'으로 구성되지 않았다. '십(十)'은 두 자리 수의 시작
이고, '구(九)'는 기수의 끝이다(구(究), 종구(終究)·구경(究竟)). 『황제내경·소문(素

---

17) 고문자에는 교차적 결합 구조 유형이 존재한다. 예컨대, '탁(橐)'(속(束)자가 삽입되고
　　'탁(圉)'이 소리부로 중간에 위치한다. '탁(圉)'은 '탁(橐)'의 초기 문자로, '위(囗)'가
　　의미부이고 '석(石)'이 소리부이다. 전국 시기 초간(楚簡)인 곽점초묘(郭店楚墓) 간독
　　(簡牘)에서도 '탁(乇)'을 소리부로 사용한 초기 문자 구조가 발견된다)과 『설문』소전
　　의 '동(東)'의 구조 등이 대표적이다.

問)』에서는 "천지의 궁극적인 수는 일(一)에서 시작하여 구(九)에서 끝난다.(天地之至數, 始於一, 終於九焉.)"라고 했고,『상서·고요모(皐陶謨)』에서는 "소소(簫韶)를 아홉 번 연주하니, 봉황이 와서 춤을 추었다.(簫韶九成, 鳳皇來儀.)"18)라고 했다. 돈황본(敦煌本) '백(伯)3605'의『공전(孔傳)』에서는 "소(韶)는 순(舜)의 음악 이름이다.(韶, 舜樂名.)"라고 해석했다.『서고문훈(書古文訓)』에서는 '소(韶)'를 '소(聲)'로 썼는데, 두 글자는 모두 '소(召)'에서 독음을 얻었으며, 음(音)이 의미부이고 성(殸)도 의미부인데, '음악(樂)'을 가리킨다.

'소(簫)'는『설문·죽(竹)부수』에서 '소(箾)'로 표기되었으며, "우순(虞舜)의 음악을 소(箾)라 한다.(虞舜樂曰箾.)"라고 했는데,『서고문훈(書古文訓)』에서도 이와 같이 적었다.

'구성(九成)'에 대해 정현(鄭玄)은『전(箋)』에서 "성(成)은 마침(終)과 같다. 한 곡(曲)이 끝날 때마다 반드시 악절을 바꾸어 다시 연주한다. 만약 음악이 아홉 번 변주(變奏)되면, 인귀(人鬼)도 예로 받들 수 있다.(成, 猶終也. 每曲一終, 必變更奏. 若樂九變, 人鬼可得而禮.)"라고 했다. 이처럼, '구(九)'야말로 기수의 끝이 된다.

고대의 원시적 사고에서는 숫자가 많아도 '삼(三)'에 불과했는데, 삼(三)을 세 번 겹친 것이 '구(九)'가 되니, 구(九)는 수학적 기수(基數) 계열의 궁극적 수(數)가 될 자격이 있다. 즉, "구(九)가 수의 끝(究)이다."인 것이다.

앞서 열거한 금문(金文)의 자형 구조를 참고하면, 모두 '신(辛)'이 구성 성분으로 들어가 있음을 알 수 있다. 이를 바탕으로『설문』에서 '악장(樂章)'을 '장(章)'

---

18) [역주] 소소(簫韶)는 순(舜) 임금 시대의 고대 악곡 이름인데, '소(簫)'는 악기(피리)를, '소(韶)'는 아름다운 음악을 뜻한다. 구성(九成)은 '아홉 번 연주하다'는 뜻인데 '성(成)' 은 악장(樂章)의 단위로, 한 차례 완주함을 뜻한다. '봉황래의(鳳皇來儀)'에서 '의(儀)' 는 의례적인 춤이나 조화로운 모습을 의미한다.

의 본의(本義)로 삼은 것은 어쩌면 한(漢)나라 사람들의 인지 관념을 반영한 것일
수도 있다.

'장(章)'이 '신(辛)'으로 구성된 것은, '신(辛)'이 일종의 표식 도구로서 사물에
선명한 표지를 남길 수 있다는 의미를 전달하기 위함이었을 것이다. '신(辛)'으로
구성된 문자 부호들에는 연관성이 있다. 앞서 말했듯이, '장(章)'에 든 '신(辛)'은
표식을 새기는 도구를 상징한다. 그리고 일련의 글자들에서 '신(辛)'이 나타날 경
우, 흔히 무늬를 새긴다는 의미-즉 '장(章)'(곧 '彰', 드러내다)의 뜻-를 내포하
며, 이는 표지로 사용될 수 있음을 나타낸다. 한어에서 '변장(辨章)'이라는 단어도
바로 이러한 의미를 포함하고 있다.

'음(音)'자와 밀접하게 연관된 글자로 '식(識)'이 있다. 합성어로는 '표식(標識)'
이 있는데, 이는 '표시를 나타내는 기호'를 의미한다. 금문에서는 '𢦏'으로, 전국
시기 초나라 죽간에서는 '𢦏'으로 썼다.

'과(戈)'와 도구를 뜻하는 '신(辛)'이 결합되고, 여기에 '언(言)' 또는 '음(音)'이
더해졌는데, 그 합쳐진 의미는 '과(戈)로 새긴 관지(款識)' 즉, 언어적 표시를 의
미하게 된다. 이후 다시 '언(言)'이 중복 추가되어 '식(識)'이 되었는데, 언어적
표식의 기능이 더욱 강조되었다.

여기에 '깃발을 나타내는 표지[旗巾]'가 추가되면, '깃발[旗幟]'의 역할을 전
달하게 되는데, 그 근원을 따져보면 서로 통하는 바가 있다.

'문장(文章)'에서 '장(章)'의 본의(本義)에 대한 인지 분석 과정을 바탕으로 대략
다음과 같은 흐름을 정리할 수 있다. 즉, '문장(文章)'의 '장(章)'의 본의(本義)는
'드러내다[彰]'이며, '장(章)'은 바로 '창(彰)'의 초기 문자 형태이다. 종합적으로 볼
때, '장(章)'의 인지구조는 내적인 의미를 외부로 드러내어 조화와 통일을 이루게

하는 기능을 가지고 있다.[19)]

『설문·음(音)부수』에서는 '경(竟)'에 대해 다음과 같이 설명했다.


　　경(竟): 악곡(樂曲)이 끝나는 것을 '경(竟)'이라 한다. 음(音)이 의미부이고 인

　　(人)도 의미부이다.(竟, 樂曲盡爲竟. 從音從人.)

---

19) '상품(商品)'의 '상(商)'자의 고문(古文)체 구조 역시 '신(辛)'자로 구성되었다. 『유편(類
篇)·훼(商)부수』에서 '상(商)'을 '새기다(刻)' 등으로 해석한 표지기록이 존재한다. 즉
"상(商)을 『설문』에서는 외부로부터 속을 아는 것을 말한다(從外知內也)라고 했다. 일
설에는 '새기다는 뜻이다(一曰刻也)'라고 했고, 또 '설이 분봉 받은 땅이름이다(一曰契
所封地名)'라고도 했다. 또 일설에는 '성이다(亦姓)'라고 했고, '[오음 중] 치음이 생겨
나는 곳이다(一曰徵音之所生)'라고도 했다. 고문체에서는 㒼㕯㒼㒼㒼㒼 등으로 적
었다."라고 설명했다.
　필자의 생각에는 이렇다. '계(契)' 또한 '신(辛)'으로 새긴 것이며, 이후에 '굳이 버리지
않다(鍥而不舍)'나 '새기다(鍥刻)'라고 할 때의 '계(鍥)'로 쓰이게 되었다. 두 의미는 정
확히 일치한다. 청대 학자들은 다음과 같이 고증했다. "『주례(周禮)』에서 '누하삼상(漏
下三商)'은 해질녘을 이르나, 속세에서 '삼상(三商)'을 '삼적(三滴: 세 방울)'으로 읽는 것
은 잘못이다. 『정자통(正字通)』에 따르면 '상(商)'은 누전(漏箭)에 눈금을 새긴 곳으로,
옛날에는 새김을 '상(商)'이라 했다. 이른바 '상금(商金)', '상은(商銀)'이 이를 말한다. 누
각(漏刻)은 물의 흐름을 검증하기 위해 그 흔적을 새긴 것이다."(杭世駿, 『訂訛類編』3
卷, '字訛類' '三商'條.(上海: 上海書店, 『嘉業堂叢書』影印, 1986)).
　또한 '동(童)', '첩(妾)', '재(宰)' 등 일련의 문자 부호들 역시 '신(辛)'이라는 조합 요소를
지니고 있다. 즉, 이들은 모두 자신의 신분을 나타내는 표식이 새겨진 것이다. 곽말약
(郭沫若)은 일찍이 '신(辛)'을 '문신(黥墨)'이나 글자를 새기는 도구로 고증한 바 있다.
노복(奴僕)들의 이마에 문양을 새긴 행위 역시 사실상 일종의 표식을 남긴 것이다.
　현대한어에서 '도장(圖章)', '휘장(徽章)', '교장(校章)', '영장(領章)', '훈장(勳章)', '장장
(獎章)', '규장(規章)', '장정(章程)', '증장(證章)', '인장(印章)' 등의 합성어 속의 '장(章)'
은 여전히 '드러내다(著明)'는 기본 의미를 보존하고 있다. 이는 앞서 논의한 '문장
(文章)'의 '장(章)'에 대한 고찰과 서로 부합한다.(臧克和, 『漢字單位觀念史考述』(上海:
學林出版社, 1998)(修訂版), 1-4쪽의 '문(文)' 계열 문자 해석 참조.)

'경(竟)'은 악곡이 끝나 완결되는 경계(境界)를 나타내며, 음악적 단위의 하나로 볼 수 있다. 이와 관련된 합성어로는 '필경(畢竟: 마침내)', '구경(究竟: 결국)', '경성(竟成)' 등이 있다.

『주례·춘관악사(樂師)』에 "무릇 음악이 완성되면 준비되었음을 고한다.(凡樂成則告備.)"라는 기록이 있는데, 한나라 때의 정현(鄭玄)은 이에 대해 "성(成)이란 한 곡의 연주가 끝남을 말한다.(成, 謂所奏一竟.)"라고 주석했다.

'성균(成均)'은 고대의 교육기관으로, 대사악(大司樂)이 이를 관장하였다. 『주례·춘관대사악(大司樂)』에서는 "대사악은 성균의 법을 맡아 나라의 교육 정무를 다스리고, 국자(國子)들을 모아 교육하였다.(大司樂掌成均之法, 以治建國之學政, 而合國之子弟焉.)"라고 했다.

『설문·음(音)부수』에서는 '소(韶)'에 관해 다음과 같이 설명했다.

　　소(韶): 우순(虞舜)의 음악이다. 『서경(書經)』에서는 "소소 아홉 곡을 연주하
　　　　니 봉황이 내려와 춤을 추며 예를 갖추었다."라고 했다.(韶, 虞舜樂也. 『書
　　　　』曰: 簫韶九成, 鳳皇來儀.)

돈황본(敦煌本) '백(伯)3605'에 대해, 공안국(孔安國)은 "소(韶)는 순(舜)임금의 음악 이름이다."라고 주석했다. 『서고문훈(書古文訓)』에서는 '소(韶)'를 '소(磬)'라고 적었는데, 두 글자 모두 '소(召)'에서 독음을 취했으며, 음(音)이 의미부이고 성(殸)도 의미부인 구조로, 음악을 가리킨다.

'운(韻)'자의 구조와 출토 실물 기록은 상대적으로 후대에 나타난다.

북위 화추인묘지
(北魏和醜仁墓志)

북위 원빈묘지
(北魏元斌墓志)

북위 토곡혼기묘지
(北魏吐穀渾璣墓志)

북위 원문묘지
(北魏元文墓志)

동위 왕령원묘지
(東魏王令媛墓志)

북제 법근탑명
(北齊法勤塔銘)

북제 고육묘지
(北齊高淯墓志)

당 가통묘지
(唐賈統墓志)

분명히 '운(韻)'은 음악의 조화로운 효과를 기록하기 위해 만들어진 전문적인 글자이다. 한대(漢代)의 『설문 음(音)부수』에는 기록되지 않았지만, 송대(宋代) 사람들의 「신부(新附)」에서는 다음과 같은 기록이 있다.

> 운(韻): 화합을 말한다. 음(音)이 의미부이고 원(員)이 소리부이다. 배광원(裴光遠)은 "옛날에는 균(均)과 같았다. 자세한 경위는 알 수 없다."라고 했다.(韻, 和也. 從音員聲. 裴光遠云: 古與均同. 未知其審.)

'운(韻)'자에서 소리부인 '원(員)'은 출토된 왕조의 의례용 청동기나 악기에서 유래한 것으로 보인다.

<table>
갑골문 | 금문
</table>

후대에 이르러 '운(韵)'이 간화자로 사용되면서 『옥편·음(音)부수』에는 다음과 같은 기록이 있다.

> 운(韵): 위(爲)와 진(鎭)의 반절로 읽힌다. 성음이 화합하는 것을 '운(韵)'이라
> 한다.(聲音和曰韵.)

이 글자의 구조유형은 음(音)이 의미부이고 균(勻)이 소리부이다. 지금 규범자로 삼고 있는 '운(韵)'은 이미 당대(唐代) 각석에서 사용된 예가 확인된다.

중국 예술사의 관점에서, '운(韵)'은 '조화로운 소리' 혹은 '소리의 응화(應和)'를 뜻하는 개념으로, 음악, 시부(詩賦), 문장, 회화(繪畵), 서예 및 인물 평가의 과정에서 이미 오래전부터 광범위하게 사용되었다. 물론 시기상 선후가 존재하며, 이에 대한 구체적인 내용은 제5장 제3절의 "화도(和道)와 시가(詩歌) (4) 운(韻)의 조화"에서 다시 살펴볼 것이다.

출토 실물자료에 기록된 자형 구조의 사용 연대를 대조해 보'면, 비교적 이른 시기에는 '균(均)'자가 사용되었을 가능성이 높다. '균(均)'은 「토(土)부수」에 속하는데, 토(土)는 팔음(八音)의 하나로, 그 기물의 형태는 '부(缶: 장군)'류가 대표적이다. 악기로서의 '균(均)'은 고대에 음률을 교정하는 도구였기 때문에, 자연스레 운(韻)을 조절하는 기능을 가지고 있었다.[20]

금문

전국 시기 초나라 죽간

20) 『국어·주어(周語)』(하편)에서 말하길, "왕(王)께서 무예(無射: 고대 12율(律) 중 하나로,
주로 음악 이론과 종(鐘) 등의 악기 조율에서 사용된 음률(音律) 체계의 명칭)의 종
(鍾)을 주조하고자, 율(律)에 대해 영주구(伶州鳩)에게 물으니, '율(律)은 이에 의해 균
(均)을 세우고 도(度)를 냅니다.'라고 대답했다." 이에 대해 위소(韋昭)의 『주(注)』에서
는 "균(均)이란 균종목(均鍾木)으로, 길이가 7척이며, 현(弦)을 매어 종(鍾)의 크기와
가볍고 무거운 소리를 조절한다."라고 했다.

청대(淸代) 주량공(周亮工)의 『인수옥서영(因樹屋書影)』 10권에서는 "균(均)은 길이가
8척이며, 현(弦)을 설치하여 오성(五聲)을 조율(調律)한다."라고 했다.

『초사석세(惜誓)』에서는 "두 사람이 슬(瑟)을 안고 균(均)을 조율하니, 나는 이에 청
상(淸商)을 칭찬하였다."라고 했는데, 왕일(王逸)은 『장구(章句)』에서 "균(均)은 조율
(調律)함을 말한다."라고 했다

『옥편·토(土)부수』에서는 다음과 같이 기록되어 있다. "균(均)은 거(居)와 둔(迍)의 반절
로 읽는다. 평평함[平]이며, 고름[等]이며, 고루 미침[遍]을 말한다. 『주례』에서 '그 소
식(稍食)을 균등하게 하라.'고 했는데, 『주(注)』에서 '균(均)은 정도를 조절함(調度)과 같
다.'라고 했다. 동중서(董仲舒)는 '오제(五帝)의 학교를 성균(成均)이라 했다.'라고 했다.
또 연(燕)과 제(齊)의 북쪽에서는 부세(賦稅)를 고르게 거두는 것을 균(均)이라 하였다."

고대 도장문자                    『설문』소전

 '균(均)'자의 구성 방식은 회의(會意) 겸 형성(形聲)에 속하는데, '토(土)'가 의미부이고 '균(勻)'도 의미부인데, '균(勻)'은 소리부도 겸한다. 이 구조를 이해하려면, '의회(意會)'의 과정을 거칠 필요가 있다. 금문에서는 대부분 '균(勻)'이 '토(土)'를 감싸는 구조를 취하며, 일부 '균(勻)'의 안에는 'ㅇ' 형태가 추가되어 있다. 이 'ㅇ'은 '원(員)'의 소리부로, 앞서 언급한 '운(韻)'의 소리부와 같다. 전국시기 초간(楚簡)에서는 상하 구조로 전환되었고[21], 고대 도장문자[古璽文]에서는 절반만 감싸고 있는 구조이거나 좌우 구조로 고정되었다. 이 과정에서 '토(土)'가 '립(立)'으로, '균(勻)'이 '순(旬)'으로 바뀌는 경우도 보인다.

 이상의 비교와 논의를 바탕으로 대체로 다음과 같이 추론할 수 있다. 예술사에서 '운(韻)'을 사용하여 기록한 문헌들은 기껏해야 남북조시기를 넘지 않으며, 더 이른 시기의 기록에는 '균(均)'의 구조가 사용되었을 가능성이 높다. 이에 대한 상세한 내용은 제5장 제3절의 "화도(和道)와 시가(詩歌) (4) 운(韻)의 조화"를 참조하면 된다.

---

21) 원(員)의 형태는 정(鼎)의 입구 부분인 원(圓)을 취한 것으로, 위에서 아래를 투시한 형태이다. 본문에 열거된 갑골문과 금문의 구조를 참조하면 된다.

## 제3절 '화(龢)': 감각의 상호 조응

청각과 미각의 감각적 교류에 대한 가장 이른 기록은 『좌전·소공(昭公)』20년에서 안자(晏子)가 제(齊)나라 경공(景公)에게 답한 내용에서 확인된다.

> 소리[聲] 또한 맛과 같습니다. 일기(一氣), 이체(二體), 삼류(三類), 사물(四物), 오성(五聲), 육률(六律), 칠음(七音), 팔풍(八風), 구가(九歌)로써 서로 이루어지게 해야 합니다. 청탁(淸濁: 맑음과 흐림), 대소(大小: 큼과 작음), 장단[短長: 짧음과 김], 질서(疾徐: 빠름과 느림), 애락(哀樂: 슬픔과 즐거움), 강유(剛柔: 강함과 유연함), 지속(遲速: 더딤과 빠름), 고하(高下: 높음과 낮음), 출입(出入: 나감과 들어옴), 주소(周疏: 빽빽함과 느슨함)로써 서로를 구제해야 합니다.(聲亦如味, 一氣, 二體, 三類, 四物, 五聲, 六律, 七音, 八風, 九歌以相成也. 淸濁, 大小, 短長, 疾徐, 哀樂, 剛柔, 遲速, 高下, 出入周疏以相濟也.)

앞서 '화(盉)' 계열에서 논의한 '맛의 세계에 깃든 화도(和道)'와 연결지어 보면, 『논어·술이(述而)』에서 "공자께서 제나라에서 「소(韶)」를 듣고 석 달 동안 고기 맛을 느끼지 못하시며 말씀하셨다. '음악이 이와 같은 경지에 이를 줄은 몰랐다.'(子在齊聞『韶』, 三月不知肉味, 曰: 不圖爲樂之至於斯也.)"라고 한 내용을 상기할 수 있다.

문화예술사적인 관점에서 볼 때, 음악의 기능에 따라 상고 시기 음악의 발생 경로는 크게 두 가지 유형으로 구분된다. 즉 하나는 노동을 조율하기 위한 음악이고, 다른 하나는 인간과 신령의 교감을 위한 음악이다. 이러한 음악은 제사를 통해 하늘과 인간을 잇는 매개체로 작용하였다. 감각의 층위에서 보면, 기본적으로 시각과 청각 두 가지 경로를 통해 구현되었는데, 이는 각각 연기(煙火)와 음악의 두 가지로 대표된다.

## (1) 음악이 부여한 형상

예술사를 연구하는 사람이라면 『상서·순전(舜典)』에 나오는 음악 교육의 근본 원리 즉, 조화로운 음률을 통한 인격 수양에 관한 아래의 유명한 구절을 잘 알고 있을 것이다.

> 순제께서 말씀하였다. "기(夔)여! 그대에게 명하노니, 음악을 주관하여 귀족의 자제들에게 가르치라. 곧으면서도 온화하게, 너그러우면서도 위엄 있게, 강직하되 포악하지 않게, 간략하되 오만하지 않게 하라. 시는 뜻을 말하고, 노래는 그 뜻을 길게 읊으며, 소리는 그 노래에 의지하고, 율은 그 소리를 조화시킨다. 팔음이 조화를 이루어 서로의 질서를 해치지 않으면, 신과 사람이 화합할 것이다."(帝曰: 夔! 命汝典樂, 敎胄子, 直而溫, 寬而栗, 剛而无虐, 簡而无傲. 詩言志, 歌永言, 聲依永, 律和聲. 八音克諧, 无相奪倫, 神人以和.)

이 구절에서 언급된 '전악(典樂)'은 당시의 관직명이다. '전(典)'은 동사로 '주관하다', '장악하다'는 뜻인데, 여기서는 조정의 음악을 주관하는 것을 가리킨다.

"곧으면서도 온화하게, 너그러우면서도 위엄 있게, 강직하되 포악하지 않게, 간략하되 오만하지 않게"라는 구절은 음악 효과의 특징을 드러낸다. "곧으면서도 온화하게"는 아시카가본[足利本]22) 『전(傳)』에서는 "정직하게 가르치되 온

---

22) [역주] '足利(あしかが, Ashikaga)'는 일본 무로마치(室町) 막부를 연 아시카가 가문의 이름이다. 일본에는 중세 이후로 중국 경전, 특히 『논어(論語)』, 『상서(尙書)』, 『맹자

화하게 한다.(教之正直而溫和.)"라고 풀이했다. "너그러우면서도 위엄 있게"에서 '위엄[栗]'은 전율함을 뜻하며, 우치노(內野)본 『전(傳)』에서는 "너그럽되 위엄을 갖출 수 있다.(寬弘而能庄栗也.)"라고 해석했다. 이 네 구절은 모두 음악의 미적 효과를 묘사한 것으로, 『좌전·양공(襄公)』29년에서 계찰(季札)이 음악을 논한 "「대아(大雅)」를 노래하니, 곡조가 있으면서도 그 속은 곧다.(爲之歌『大雅』, 曰: 曲而有直體.)"라고 한 말과 유사하다.

음악의 효과에 대한 가장 생동적인 묘사는 『예기·악기(樂器)』에 나온다.

> 그러므로 노래하는 자는 그 소리가 위로는 들리는 듯 높고, 아래로는 모여드는 듯하며, 멈출 때는 마른 나무 같고, 몸가짐은 법도에 맞으며, 음절의 구절은 갈고리처럼 굽고, 주렁주렁 구슬이 꿰어진 듯 연결된다.(故歌者, 上如抗, 下如隊, 止如槁木, 倨中矩, 句中鉤, 累累乎端如貫珠).

이에 대해 공영달(孔穎達)은 『정의(正義)』에서 "소리가 사람을 감동시키면 듣는 이로 하여금 그 형상을 마음 속에 그리게 된다.(聲音感動於人, 令人心想其形狀如此.)"라고 구체적으로 풀이하였다. 이는 원시적인 청각적 음악에 시각적 형상을 부여한 것이다. 이와 같은 감각 간의 전이와 상호작용 즉 감각의 공유는 고대인들이 음악을 '화(和)'의 표현으로 인식한 중요한 근거였을 수 있다.[23] 이에 대한 자세한 논의는 제6장 제3절의 "악상(樂象): 소리는 음악의 형상이다"의 각주를 참조하면 된다.

---

(孟子)』 등의 주석본이 전해졌고, 그중 일부가 아시카가 학교(足利學校)에 소장되어 '아시카가본(足利本)'으로 부른다.

23) 錢鍾書, 『七綴集·通感』(上海: 上海古籍出版社, 1994), 66쪽.

여기에서 이 점을 부수적으로 분석하는 이유는 상이한 감각 사이에도 조절과 상호 보완의 관계가 존재한다는 사실을 보여주기 위함이다. 이와 관련된 내용은 제6장 제3절의 "『악서(樂書)』와 '화(和)'가 만물을 낳는다"와 "악상(樂象): 소리는 음악의 형상이다" 부분을 참조하면 된다.

또한, 통사론적 구조의 관점에서 보면, 각 구절 중간에 놓인 '이(而)'는 대조와 제어의 접속사로, 고대 문헌에서 자주 보이는 '원망하되 화내지 않는다[怨而不怒]', '즐기되 음란하지 않다[樂而不淫]', '슬퍼하되 상심하지 않는다[哀而不傷]' 등과 같은 형식이다. 이는 모두 '중화(中和)' 상태로 귀결되도록 하는 표현 방식으로, 「요전(堯典)」이 현존하는 문헌에서 이러한 관계를 최초로 서술했을 가능성이 있다. 이에 대해서는 제6장 제4절의 "화도(和道) 메커니즘에서의 언어 구조 유형"을 참조하면 된다.

그밖에 '의영(依永)'은 음악의 고저·억양이 노래의 흐름에 따라 변화함을 뜻하고, '화성(和聲)'은 음의 높낮이와 음색을 조화시킴을 뜻하며, '극해(克諧)'는 서로 잘 어우러진다는 뜻이다.

## (2) 신과 인간의 화합

음악은 감각을 소통시키는 차원을 넘어 신(神)과 인간[人]을 조화롭게 연결하는 기능을 지닌다. '신인이화(神人以和)'에서 '이화(以和)'는 구조적으로 "그것으로써 조화를 이룬다(以(之)諧和)"라고 해석할 수 있다. 이는 신과 인간 사이에서 음악을 매개체로 조화로운 소통 즉 감응과 공명이 이루어짐을 의미한다. 이에 대해서는 다음 절(제4절)인 "사람과 자연: '화(龢)'가 사물에 감응하는 힘"을 참조하면 된다.

## 제4절 사람과 자연: '화(龢)'가 사물에 감응하는 힘

　'화도(和道)'는 생명의 법칙이라 할 만하다. 앞서 논의한 생(笙), 황(簧), 소(簫), 관(管) 등의 악기들은 그 재료와 형상 자체가 본래 신성한 속성을 지니고 있었다. 이에 따라, 상고 시기의 음악과 악기는 외부 사물을 감동시키고 불러 모으는 특별한 힘을 지닌 존재였다. '격물(格物)'은 바로 외부 사물이 감응하여 스스로 오게 하는 작용을 말한다. '격(格)'자는『상서(尚書)』에서 수십 차례 사용된 고빈도 어휘로 기록되어 있다.[24]

　"석경(石磬)을 치니 온갖 짐승이 따라 춤을 추었다.(擊石拊石, 百獸率舞.)"라는 말이 있다. 『석문(釋文)』 돈황본에는 '솔무(率舞)'가 '솔무(衛㸚)'로 표기되어 있으며, '무(舞)의 고자'라고 주석했다.

　음악과 그에 상응하는 악기 소리가 뭇 짐승들을 감동시켜 춤추게 한 것은 음악의 감화 효과를 상징적으로 묘사한 것이다.[25] '경(磬)'의 구조가 석(石)이 의미부이고 성(殸)이 소리부라는 사실은 이미 앞서 논의한 바 있다.

---

24) 臧克和,『「尚書」文字校詁』第三部分"釋格'", 685-705쪽.
25)『열자·황제(黃帝)』에서는 다음과 같이 기술하고 있다. "요(堯)가 기(夔)에게 악을 주관하게 하여 석경(石磬)을 치니 온갖 짐승이 춤을 추었으며,『소소(簫韶)』가 아홉 번 연주되자 봉황이 와서 의식을 갖추었다[鳳凰來儀]. 이는 소리를 통해 금수를 불러온 사례이다."

## (1) 봉황래의(鳳凰來儀): 봉황이 내려와 의식을 갖추었다

『상서·고요모(皋陶謨)』에서는 음악의 조화가 지닌 신성한 작용을 다음과 같이 기록했다.

> 기(夔)가 말했다. "알격(戛擊), 명구(鳴球), 박부(搏拊), 금슬(琴瑟)로 노래하라." 선조의 영혼이 강림하고, 우순(虞舜)의 손님들이 자리에 앉으며, 제후들이 덕으로 양보했다. 아래서는 도고(鼗鼓)를 연주하고, 축어(柷敔)로 시작과 끝을 맞추며, 생용(笙鏞)이 그 사이를 이룬다. 새와 짐승이 절도에 맞춰 움직이고, 『소소(簫韶)』가 아홉 번 완성되자 봉황이 내려와 춤을 추며 예를 갖추었다. 기(夔)가 또 말했다. "아! 내가 석경을 치니 온갖 짐승이 춤을 추며, 모든 관원이 진정으로 조화를 이루었구나."(夔曰: "戛擊, 鳴球, 搏拊, 琴瑟, 以詠." 祖考來格, 虞賓在位, 群后德讓. 下管鼗鼓, 合止柷敔, 笙鏞以間, 鳥獸蹌蹌. 『簫韶』九成, 鳳皇來儀. 夔曰: "於! 予擊石拊石, 百獸率舞, 庶尹允諧.")

이중 주목할 만한 핵심 요소를 다음과 같이 분석할 수 있다.

① 조고래격(祖考來格): 조상신의 강림

이는 조상신(祖先神)의 강림을 뜻한다. 고대인들은 음악이 신명(神明)과 소통하는 수단이며, 악기가 신성한 의기(儀器)로서 신을 강림하게 하고 사물을 불러오는 기능을 지닌다고 믿었다. 우치노본(內野本, うちのぼん) 공안국(孔安國)의 『전(傳)』에는 "이는 순(舜)의 종묘 음악으로, 백성이 그 교화를 기뻐하고 신이 그 제사를 흠향하며, 예(禮)가 갖추어지고 악(樂)이 조화를 이룬 까닭에 조상이 강림함으로 이를 밝힌 것이다."라고 했다.

② 조수창창(鳥獸蹌蹌): 새와 짐승이 감응하여 춤추다

돈황본 '백(伯)3605'의 『공전(孔傳)』에서 "새와 짐승이 덕에 감화되어 서로 따라 춤추니 창창(蹌蹌)하다."라고 했다. '창창(蹌蹌)'은 동적인 움직임을 형용한 것이다. 금수(禽獸)가 음악에 감응하여 움직인 것으로, 음악이 생물계까지 감동시킬 수 있음을 보여준다.

③『소소(簫韶)』구성(九成):『소소(簫韶)』의 음악이 아홉 번 연주되다

『설문·음(音)부수』에서는 "소(韶)는 우순(虞舜)의 음악이다. 『서경』에서는 '소소의 음악이 아홉 번 연주되니 봉황이 와서 춤을 추며 예를 갖추었다.(韶, 虞舜樂也.『書』曰: 簫韶九成, 鳳皇來儀.)"라고 했다. 돈황본 '백(伯)3605'의『공전(孔傳)』에서 "소(韶)는 순(舜)의 음악 이름이다.(韶, 舜樂名.)"라고 했다. 『서고문훈(書古文訓)』에서는 '소(韶)'를 '소(聲)'로 기록하였는데, 두 글자 모두 '소(召)'에서 소리부를 얻었고, '음(音)'이 의미부이고 '성(殸)'도 의미부인데, 음악을 가리킨다.

'소(簫)'는『설문·죽(竹)부수』에서는 '소(箾)'로 쓰고, "우순의 음악을 소(箾)라 한다.(虞舜樂曰箾.)"라고 했다. 『서고문훈(書古文訓)』도 이와 같다.

'구성(九成)'에 대해 정현(鄭玄)은 "성(成)은 마침(終)과 같다. 한 곡(曲)이 끝날 때마다 반드시 악절을 바꾸어 다시 연주한다. 만약 음악이 아홉 번 변주(變奏)되면, 인귀(人鬼)도 예로 받들 수 있다.(成, 猶終也. 每曲一終, 必變更奏. 若樂九變, 人鬼可得而礼.)"라고 주석했다.

④ 봉황래의(鳳皇來儀): 봉황이 내려와 춤을 추며 예를 갖추다

'내의(來儀)'는 봉황이 내려와 춤추며 위의(威儀)를 갖춘다는 뜻으로, 고대인들은 이를 상서로움의 응화(應和)로 간주했다. 『정의(正義)』에서는 "『소소(簫韶)』의 음악을 아홉 번 연주하니 봉황이 내려와 예를 갖추었다."라고 했다. 돈황본 '백(伯)3605'의『공전(孔傳)』에서는 "수컷은 봉(鳳), 암컷은 황(皇)이라 하는데, 영묘한 신조(神鳥)이다. '의(儀)'는 '위의를 갖춤'을 의미한다. 아홉 번의 완성된 연주로 봉황을 불러올 수 있었으니, 다른 금수(禽獸)들은 아홉 번을 기다리지 않고도 모두 춤추었다."라고 했다. 따라서 봉황의 강림은 고대인들이 믿던 음악의 조화가 만물과 신을 감응시켜 불러들이는 궁극의

상징이라 할 수 있다.26)

⑤ 여격석부석(予擊石拊石), 백수솔무(百獸率舞): 석경을 치니 온갖 짐승이 따라 춤추다

정현(鄭玄)은 "경(磬)에는 크고 작은 것이 있으니, 나는 큰 석경을 치고, 작은 석경을 두드린다.(磬有大小, 予擊大石磬, 拊小石磬.)"라고 주석했다. 『이아·석악(釋樂)』에서는 "큰 경(磬)을 효(騫)라 부른다.(大磬謂之騫.)"라고 했다.

## (2) 음악의 조화

음악을 매개로 상호 간의 소통과 조화로운 융합을 이루며, 새로운 요소를 도입함으로써 신(神)과 인간 또는 인간 간의 관계를 조정하고 공명(共鳴)을 극대화하여 음악의 효과를 배가시킨다.

고대 문헌에는 이러한 "신과 인간이 (음악으로) 조화를 이룬다.(人神以(之)和.)"는 관념이 다수 기록되어 있다. 문학과 예술 작품에서도 음악과 무용을 묘사할 때는 종종 새나 짐승같은 생명체가 감응하여 참여하는 장면이 등장한다. 예컨대, 『주례·춘관·대종백(大宗伯)』에서는 "음악으로써……모든 사물을 불러

---

26) 『시경』시기의 풍아송(風雅頌)의 분류에서 '송(頌)'은 본래 의례적 무용을 묘사한 것으로, 의표(儀表)를 형용했다. 후대에 들어 '내의(來儀)'는 일반 동사로 확장되어 사동 용법으로 주로 사용되었다. 예컨대, 수(隋) 개황(開皇) 9년 「봉조업 처 최장휘 묘지(封祖業妻崔長暉墓誌)」에서 "지실강제(地實姜齊), 래의희진(來儀姬晉)."이라 했는데, 여기서 '내의(來儀)'는 '~를 오게 하다'의 사동 의미로 쓰여, 최장휘가 귀족 가문에 시집온 것을 상징적으로 표현했다. 또 수(隋) 대업(大業) 10년 「왕광 묘지(王光墓誌)」에서 "생용숙미(生容淑美), 장성유현(長性維賢). 래의귀실(來儀貴室), 봉천기연(奉薦機莚)."이라 했는데, 이 경우 '내의'의 대상이 인물로 확대되었음을 보여준다. 본문에서 인용한 『상서』 관련 해석은 臧克和, 『「尚書」文字校詁』(上海: 上海教育出版社, 1999), '堯典' '皐陶謨', 59쪽, 69-72쪽, 94-97쪽을 참조했다.

온다.(以樂……, 以致百物.)"라고 했고, 「대사악(大司樂)」에서는 "여섯 가지 음악에서 한 곡이 변주될 때마다 날짐승과 강과 못의 신령들이 감응해온다.(凡六樂者, 一變而致羽物及川澤之示…….)"라고 했다. 또 『여씨춘추·고악(古樂)』에서는 "요(堯)임금이 즉위하자 질(質)에게 음악을 만들게 하여……돌을 두드려 상제(上帝)의 옥경(玉磬) 소리를 본떴으며, 이에 온갖 짐승이 춤추게 되었다.(帝堯立, 乃命質爲樂……乃拊石擊石, 以象上帝玉磬之音, 以致舞百獸.)"라고 했다.

역대의 문학 작품에서 음악의 효과를 묘사할 때, '신과 인간의 조화' 현상은 하늘을 나는 새뿐만 아니라 깊은 물속의 물고기까지도 포함되었다. 이러한 표현은 크게 두 가지 유형으로 나눌 수 있다.

하나는 신과 인간의 조화라는 이 두 가지의 에너지가 전달되어, 음악이 직접 새나 짐승의 움직임을 유발하는 경우이고, 다른 하나는 새나 짐승의 울음소리를 음악의 울림에 비유하는 경우이다. 이 중 예술사에서 더 빈번하게 나타나는 것은 전자로, 다음과 같은 대표적인 사례들이 있다.

① 조무어약(鳥舞魚躍): 새가 춤추고 물고기가 뛰어오르다
『열자·탕문(湯問)』에서는 "호파(瓠巴)가 거문고를 타니, 새들은 춤추고 물고기는 뛰어올랐다.(瓠巴鼓琴, 而鳥舞魚躍.)"라는 구절이 있다. '호파(瓠巴)'는 '호파(瓠芭)'로도 적는데, 전설 속의 춘추시기 초(楚)나라의 유명한 거문고 연주자이다.
② 훤추백조(喧啾百鳥): 새들의 합창
당(唐)나라 한창려(韓昌黎)의 『청영사탄금(聽穎師彈琴)』에서는 이런 구절이 있다. "은은한 어린아이의 속삭임 같다가, 갑자기 웅장해져 용사가 적진으로 달려가는 듯. 뜬구름과 버들 꽃은 뿌리 없이, 천지 넓게 날아오르네. 수많은 새의 울음소리 속, 홀로 봉황이 나타나더니, 좁은 길을 오르다 한 치

도 못 올라가고, 힘을 잃고 천 길 낭떠러지로 떨어지네.(昵昵兒女語, 恩怨相
爾汝. 劃然變軒昂, 勇士赴敵場. 浮雲柳絮無根蒂, 天地闊遠隨飛揚. 喧啾百鳥群, 忽
見孤鳳皇. 躋攀分寸不可上, 失勢一落千丈强.)"

③ 유동유정(有動有靜): 동적과 정적의 조화

당(唐)나라 이장길(李長吉)의 「이빙공후인(李憑箜篌引)」에서는 이렇게 노래했
다. "오(吳)의 실과 촉(蜀)의 오동으로 높은 가을을 당기니, 빈산엔 구름 엉
기어 흐르지 않네. 강아(江娥)는 대나무에 울고 소녀(素女)는 슬퍼하며, 이빙
(李憑)이 중국에서 공후를 탄다. 곤산(昆山)의 옥이 깨어지고 봉황이 우니,
부용(芙蓉)은 이슬에 울고 향란(香蘭)은 웃는다. 십이문(十二門) 앞에 찬 빛이
녹아들고, 이십삼(二十三) 실이 자황(紫皇)을 움직인다. 여와(女媧)가 돌을 녹
여 하늘을 메운 곳, 돌이 깨지고 하늘이 놀라 가을비를 뿌린다. 꿈에 신산
(神山)에 들어 신구(神嫗)를 가르치니, 늙은 물고기 물결 뛰고 마른 교룡(蛟
龍) 춤춘다. 오질(吳質)은 잠 못 들고 계수나무에 기대니, 이슬 발 비스듬히
날아 차가운 토끼를 적신다.(吳絲蜀桐張高秋, 空山凝雲頹不流. 江娥啼竹素女愁,
李憑中國彈箜篌. 崑山玉碎鳳凰叫, 芙蓉泣露香蘭笑. 十二門前融冷光, 二十三絲動
紫皇. 女媧煉石補天處, 石破天驚逗秋雨. 夢入神山教神嫗, 老魚跳波瘦蛟舞. 吳質
不眠倚桂樹, 露脚斜飛濕寒兎.)"

④ 교무인읍(蛟舞人泣): 교룡(蛟龍)이 춤추고 사람이 울다

송(宋)나라 소식(蘇軾)의 「전적벽부(前赤壁賦)」에서는 이렇게 노래했다. "객
중에 퉁소를 부는 자가 있어, 노래에 맞추어 화답하니. 그 소리 우우하여,
원망하듯 사모하듯, 울듯 하소연하듯 하여, 남은 소리 아련히 실오라기처
럼 끊어지지 않아, 그윽한 골짜기의 잠긴 교룡(蛟龍)을 춤추게 하고, 외로운
배의 과부를 울게 하였네.(客有吹洞簫者, 依歌而和之. 其聲嗚嗚然, 如怨如慕,
如泣如訴, 餘音裊裊, 不絶如縷, 舞幽壑之潛蛟, 泣孤舟之嫠婦.)"[27]

---

27) '오오(嗚嗚)'는 의성어로, 주로 낮고 침울한 소리를 형용한다. '여원여모(如怨如慕)'는
마치 그리워하듯 함을, '여읍여소(如泣如訴)'는 울듯 하소연하듯 함을 말하여, 애절하
고 처절한 소리를 비유한다. '여음(餘音)'은 끊이지 않는 소리, 감동이 깊이 미치는

⑤ 귀어정지(歸于靜止)-조작서식(鳥雀栖息): 고요함으로 돌아가다-새들이 깃들다

청(淸)나라 오경재(吳敬梓)의 「유림외사(儒林外史)」 제55회의 「네 손님을 더하여 지난날을 회상하고 앞날을 생각하며, 고산유수 한 곡을 타다.(添四客述往思來, 彈一曲高山流水.)」에서 이렇게 말했다. "노인 우씨가 형원(荊元)을 위해 거문고를 돌 석등 위에 놓아 주었네. 형원은 자리에 앉고, 노인 우씨도 곁에 앉았다. 형원은 천천히 현을 고르며 탄력을 하니, 쟁쟁하여 소리가 수풀을 진동시키니, 새들이 이를 듣고 모두 가지 사이에 깃들어 몰래 듣는다. 한참을 타더니, 갑자기 변징(變徵)의 음으로 바꾸니, 처량하고 완곡하더라. 노인 우씨가 깊고 미묘한 곳에 이르러, 처연함도 느끼지 못한 채 눈물만 흘렸네. (于老看替荊元把琴安放在石凳上. 荊元席地坐下, 于老者也坐在旁邊. 荊元慢慢的和了弦, 彈起來, 鏗鏗鏦鏦, 聲振林木, 那些鳥雀聞之, 都棲息枝間竊聽. 彈了一會, 忽作變徵之音, 淒淸宛轉. 于老者聽到深微之處, 不覺淒然淚下.)"

⑥ 작용동태(作用動態)-조아경비(鳥鴉惊飛): 작용의 역동성-까마귀가 놀라 날아오르다

청(淸)나라 조설근(曹雪芹)의 「홍루몽(紅樓夢)」 제27회 일부 판본에는 임대옥(林黛玉)의 「장화사(葬花詞)」가 지닌 감화력을 묘사한 대목이 실려 있는데,

소리를 말한다. '뇨뇨(嫋嫋)'는 유장하고 완곡함을, '부절여루(不絶如縷)'는 소리나 사유가 가냘프게 이어짐을 형용한다. '무(舞)'는 자동사의 사동법으로 활용되어, 잠복한 교룡(潛蛟)으로 하여금 춤추게 하다는 뜻이다. '읍(泣)'은 '무(舞)'와 용법이 같아, 과부로 하여금 울게 한다는 뜻이다. '유학(幽壑)'은 깊은 골짜기를 말하는데, 여기서는 장강(長江)의 심연을 가리킨다. '리부(嫠婦)'는 과부(寡婦)를 말한다.

음악을 노래한 부(賦)의 수사법은 배비(排比)와 비유(比喩)를 구사하였으며, 발전적 단계와 층위를 갖추었다. 이는 소식(蘇軾)의 비유가 풍부하고 상호 조화되는 특징 중 하나이다. 또 근경에서 원경으로, 실제 묘사에서 추상적인 묘사로, 음악적 형상에서 감화적 효과로 이동했다. 첫 번째 층위는 실체적 묘사로, "소리가 '우우'하다", 두 번째 층위는 음악에 청각적 형상을 부여하여 "그리움 같고 원망 같으며, 울음 같고 하소연 같아, 여운이 아련히 끊길 듯 이어지다"라고 했으며, 세 번째 층위는 음악의 감화 효과가 첨가되어, "잠룡을 춤추게 하고, 과부를 울게 하다"라고 했다.

그 서술은 여전히 이러한 간접적인 감응 효과의 표현 방식을 유지하고 있다. "원래 이 임대옥은 절대의 용모를 타고났고, 세상에 드문 뛰어난 아름다움을 갖추었으니, 예기치 않게 그녀가 울음소리를 내자, 근처 버들가지와 꽃 위에 쉬고 있던 새들과 까마귀들이 이 소리를 듣고는, 모두 날갯짓을 하며 멀리 날아가 피하고, 다시는 듣고 싶어 하지 않았다.(原來這林黛玉稟絶代姿容, 具希世俊美, 不期這一哭, 那附近柳枝花朵上的宿鳥棲鴉一聞此聲, 俱忒楞楞飛起遠避, 不忍再聽.)"28)

⑦ 비조수충(飛鳥水蟲): 새와 물고기

움직이거나, 정지해 있거나, 그 방향이 서로 반대여도, 모두 음악이 에너지의 상호작용을 전달하고 조화롭게 조절하는 매개체가 된다. 후대 작품에서 "물고기는 가라앉고 기러기는 내려앉는다.(沉魚落雁.)"라는 표현은 '정지'의 힘 한쪽만을 발전시킨 것에 불과하다.

당(唐)나라 온정균(溫庭筠)의 「경루자(更漏子: 물시계)·유사장(柳絲長: 버들은 실처럼 길고)」에서는 다음과 같은 구절이 있다. "버들은 실처럼 길고, 봄비는 가늘구나. 꽃 밖으로 물시계 소리 아득히 들리네. 변방의 기러기를 놀라게 하고, 성의 까마귀를 일으키며, 비단 병풍의 금빛 자고(鷓鴣)만은 가만히 있네.(柳絲長, 春雨細, 花外漏聲迢遞. 驚塞雁, 起城烏, 畫屛金鷓鴣.)"

소란스레 불안한 모습과 초연히 사태를 관망하는 모습이 조합되었는데, 이러한 조절 방식 역시 여전히 내적 긴장과 균형의 미학으로 가득하지만, 이제는 더 이상 음악 자체의 조화와는 직접적인 관련이 없다.

---

28) [淸] 曹雪芹著, [淸] 无名氏續, 『紅樓夢』(北京: 人民文學出版社, 2008), 360쪽.

# 제5장

# 화도(和道)와

# 예술관념

# 제5장 '화도(和道)'와 예술 관념

## 제1절 '화도(和道)'와 복색(服色)

### (1) 멱(糸) 계열 문자: 색채의 매개성

고대의 착색과 채색은 일반적으로 실 형태의 재질에 의존하여 이루어졌다. 『설문 멱(糸)부수』에 수록된 글자들을 참조해 보자.

079[1]　綺: 文繒也. 從糸奇聲. 祛彼切.

　기(綺), '무늬가 놓인 비단(文繒)'을 말한다. 멱(糸)이 의미부이고 기(奇)가 소리부이다. 독음은 거(祛)와 피(彼)의 반절이다.

080　縠: 細縛也. 從糸殼聲. 胡谷切.

　곡(縠), '주름진 새하얀 비단(細縛)'을 말한다. 멱(糸)이 의미부이고 각(殼)이 소리부이다. 독음은 호(胡)와 곡(谷)의 반절이다.

---

1) [역주] 일렬 번호는 하영삼, 『완역설문해자』(부산: 도서출판3, 2023)에서 부여한 번호를 말하며, 『설문』에서 수록된 표제자의 순서를 말한다. 이 부분의 번역과 역주도 『완역설문해자』를 인용했다.

081 縛:　白鮮色也. 從糸專聲. 持沇切.

전(縛), '새하얀 비단(白鮮色)'을 말한다. 멱(糸)이 의미부이고 전(專)이 소리부이다. 독음은 지(持)와 연(沇)의 반절이다.

082 縑:　幷絲繒也. 從糸兼聲. 古甛切.

겸(縑), '두 세 가닥 실을 합쳐서 짠 비단(幷絲繒)[합사 비단]'을 말한다. 멱(糸)이 의미부이고 겸(兼)이 소리부이다. 독음은 고(古)와 첨(甛)의 반절이다.

083 綈:　厚繒也. 從糸弟聲. 杜兮切.

제(綈), '올이 굵은 비단(厚繒)'을 말한다. 멱(糸)이 의미부이고 제(弟)가 소리부이다. 독음은 두(杜)와 혜(兮)의 반절이다.

084 練:　湅繒也. 從糸柬聲. 郎甸切.

련(練), '뜨거운 잿물에 비단을 불려 물에 빨다(湅繒)'라는 뜻이다. 멱(糸)이 의미부이고 간(柬)이 소리부이다. 독음은 랑(郎)과 전(甸)의 반절이다.

085 縞:　鮮色也. 從糸高聲. 古老切.

호(縞), '흰색 비단(鮮色)'을 말한다. 멱(糸)이 의미부이고 고(高)가 소리부이다. 독음은 고(古)와 로(老)의 반절이다.

086 纚:　粗緒也. 從糸璽聲. 式支切.

시(纚), '거칠게 짠 비단(粗緒)'을 말한다. 멱(糸)이 의미부이고 새(璽)가 소리부이다. 독음은 식(式)과 지(支)의 반절이다.

087 紬:　大絲繒也. 從糸由聲. 直由切.

주(紬), '굵은 실로 짠 비단(大絲繒)'을 말한다. 멱(糸)이 의미부이고 유(由)가 소리부이다. 독음은 직(直)과 유(由)의 반절이다.

088 綮:　致繒也. 一曰徽幟, 信也, 有齒. 從糸啟聲. 康禮切.

계(綮), '결이 고운 비단(致繒)'을 말한다. 일설에는 '표식(徽幟)'을 말하는

데, 믿음의 상징(信)으로 쓰이며, 윗부분이 톱날처럼 들쭉날쭉하게 되었다(齒). 멱(糸)이 의미부이고 계(戌)가 소리부이다. 독음은 강(康)과 례(禮)의 반절이다.

089 綾 : 東齊謂布帛之細曰綾. 從糸夌聲. 力膺切.

릉(綾), '동제(東齊) 지역에서는 가늘고 얇은 포백(布帛)을 릉(綾)이라 한다.' 멱(糸)이 의미부이고 릉(夌)이 소리부이다. 독음은 력(力)과 응(膺)의 반절이다.

090 縵 : 繒無文也. 從糸曼聲. 漢律曰: "賜衣者縵表白裏." 莫半切.

만(縵), '무늬가 들지 않은 비단(繒無文)'을 말한다. 멱(糸)이 의미부이고 만(曼)이 소리부이다. 한나라 때의 법률(漢律)에 "하사하는 옷의 겉감은 무늬가 들지 않은 비단으로 하고 안감은 흰색 비단으로 한다(賜衣者縵表白裏)"라고 했다. 독음은 막(莫)과 반(半)의 반절이다.

091 繡 : 五采備也. 從糸肅聲. 息救切.

수(繡: **繡繡** 簡牘文), '다섯 가지 색깔이 다 갖추어진 자수(五采備)'를 말한다. 멱(糸)이 의미부이고 숙(肅)이 소리부이다. 독음은 식(息)과 구(救)의 반절이다.

092 絢 : 『詩』云: "素以爲絢兮." 從糸旬聲. 許掾切.

현(絢), 『시』에서 "흰색 바탕이 무늬를 더욱 빛나게 하는구나(素以爲絢兮)"라고 노래했다.2) 멱(糸)이 의미부이고 순(旬)이 소리부이다. 독음은

---

2) [역주] 『단주』에서 이렇게 말했다. "이는 『일시(逸詩)』로, 『논어·팔일(八佾)』편에 보인다. 마융(馬融)에 의하면, 현(絢)은 문채가 나는 모양(文貌)을 말한다. 정현(鄭康成)의 『예기주』에서는 화려하게 무늬가 든 것(采成文)을 현(絢)이라 한다고 했다. 『논어』에 대한 주석에서도 글자들이 모여 문장을 이루는 것(文成章)을 현(絢)이라 한다고 했다. 허신이 현(絢)자를 수(繡)와 회(繪)자 사이에 배치한 것은 오색으로 무늬를 이루었기 때문이다. 그래서 정현이 말한 의미와 거의 같다. 정현은 '회사후소(繪事後素)'에 대해서도 그림을 그릴 때에는 먼저 여러 색깔을 분포시켜 놓고, 그런 다음에 흰색으로 그들 사

허(許)와 연(掾)의 반절이다.

093 繪 : 會五釆繡也.『虞書』曰: "山龍華蟲作繪."『論語』曰: "繪事後素." 從糸
會聲. 黃外切.

회(繪), '다섯 가지 색깔을 합쳐서 수를 놓다(會五釆繡)'라는 뜻이다.『서·
우서·고요모(皐陶謨)』에서 "[해와 달과] 산과 용과 꽃과 벌레로 무늬를
만든다(山龍華蟲作繪)"라고 했다.『논어·팔일(八佾)』에서도 "회사후소
(繪事後素: 그림은 흰색 바탕 위에다 채색을 더하는 법이다)"라고 했다.
멱(糸)이 의미부이고 회(會)가 소리부이다. 독음은 황(黃)과 외(外)의
반절이다.

094 綷 : 白文皃.『詩』曰: "綷兮斐兮, 成是貝錦." 從糸妻聲. 七稽切.

처(綷), '흰색 비단에 무늬를 놓은 모양(白文皃)'을 말한다.3)『시·소아·항백
(巷伯)』에서 "얼룩덜룩 아름답게, 조개무늬 비단이 짜였네.(綷兮斐兮, 成
是貝錦.)"라고 노래했다. 멱(糸)이 의미부이고 처(妻)가 소리부이다. 독음
은 칠(七)과 계(稽)의 반절이다.

095 緋 : 繡文如聚細米也. 從糸從米, 米亦聲. 莫禮切.

미(緋), '작은 쌀알을 모아 놓은 듯 세밀하게 놓은 수(繡文如聚細米)'를 말
한다. 멱(糸)이 의미부이고 미(米)도 의미부인데, 미(米)는 소리부도 겸
한다. 독음은 막(莫)과 례(禮)의 반절이다.

096 絅 : 繪如麥稍. 從糸冏聲. 吉掾切.

---

이를 구분하여, 무늬가 이루어지게 한다.(畫繪先布衆釆, 然後以素分其間, 以成其文.)라고
했다. 그러나 주자(朱子)는 후소(後素)를 흰색 바탕 다음에 채색을 한다(後於素)로 해석
했다. 즉 먼저 흰색으로 바탕을 삼고 그런 다음에 여러 색으로 채색을 한다(先以粉地爲
質, 而後施五釆)는 말이다. 허신이 순(絢)자를 수(繡)자와 회(繪)자 사이에 넣었는데, 수
(繡)와 회(繪)에 대해 모두 다섯 가지 채색(五釆)이라 풀이하였으니, 허신도 흰색 바탕에
다 여러 색을 한다는 뜻을 받아들인 것이 아니겠는가?(蓋許用白受釆之怡與?)"
3) [역주]『단주』에서는『운회』에 근거하여 백(白)을 백(帛)으로 고친다고 했다.

견(絹), '청보리 색을 띤 비단(繪如麥稍)'을 말한다. 멱(糸)이 의미부이고 연(肙)이 소리부이다. 독음은 길(吉)과 연(掾)의 반절이다.

097 綠: 帛靑黃色也. 從糸彔聲. 力玉切.

록(綠: **甲骨文** **簡牘文**), '청황색을 띤 비단(帛靑黃色)'을 말한다. 멱(糸)이 의미부이고 록(彔)이 소리부이다. 독음은 력(力)과 옥(玉)의 반절이다.

098 縹: 帛靑白色也. 從糸㷅聲. 敷沼切.

표(縹), '청백색을 띤 비단(帛靑白色)'을 말한다. 멱(糸)이 의미부이고 표(㷅)가 소리부이다. 독음은 부(敷)와 소(沼)의 반절이다.

099 綃: 帛靑經縹緯. 一曰育陽染也. 從糸育聲. 余六切.

육(綃), '청색의 날실[세로 방향의 실]과 청백색의 씨실[가로 방향의 실]로 짠 비단(帛靑經縹緯)'을 말한다. 일설에는 '육양(育陽) 지역에서 나는 염색한 베'를 말한다고도 한다.[4] 멱(糸)이 의미부이고 육(育)이 소리부이다. 독음은 여(余)와 륙(六)의 반절이다.

100 絑: 純赤也. 『虞書』"丹朱"如此. 從糸朱聲. 章俱切.

주(絑), '순수한 적색(純赤)'을 말한다. 『서·우서·고요모(皐陶謨)』에서 "[요 임금의 아들인] 단주(丹朱)"의 주(朱)자가 이와 같다고 했다. 멱(糸)이 의미부이고 주(朱)가 소리부이다. 독음은 장(章)과 구(俱)의 반절이다.

101 纁: 淺絳也. 從糸熏聲. 許云切.

훈(纁), '옅은 붉은색 즉 분홍색(淺絳)'을 말한다. 멱(糸)이 의미부이고 훈(熏)이 소리부이다. 독음은 허(許)와 운(云)의 반절이다.

---

4) [역주] 『단주』에서 이렇게 말했다. "육양(育陽)은 한나라 때 남군(南郡)에 속한 현(縣)으로, 육수(育水)의 북쪽에 있었다. 그래서 육양(育陽)이라 불렸다. 육(育)과 육(綃)은 첩운 관계에 있다. 육수(育水)를 수(水)부수에서는 육수(淯水)라 적었다." 지금은 육양(淯陽)으로 적으며, 지금의 하남성 남양시(南陽市) 완성구(宛城區) 와점진(瓦店鎭) 일대를 말한다.

102 絀: 絳也. 從糸出聲. 丑律切.

출(絀), '짙은 붉은색(絳)'을 말한다. 멱(糸)이 의미부이고 출(出)이 소리부이다. 독음은 축(丑)과 률(律)의 반절이다.

103 絳: 大赤也. 從糸夅聲. 古巷切.

강(絳), '매우 진한 붉은색(大赤)'을 말한다. 멱(糸)이 의미부이고 강(夅)이 소리부이다. 독음은 고(古)와 항(巷)의 반절이다.

104 綰: 惡也, 絳也. 從糸官聲. 一曰綃也. 讀若雞卵. 烏版切.

관(綰), '조잡한 붉은색(惡絳)'을 말한다.[5] 멱(糸)이 의미부이고 관(官)이 소리부이다. 일설에는 '생사(綃)'를 말한다고도 한다. 계란(雞卵)이라고 할 때의 란(卵)과 같이 읽는다. 독음은 오(烏)와 판(版)의 반절이다.

105 縉: 帛赤色也. 『春秋傳』"縉雲氏", 『禮』有"縉緣". 從糸晉聲. 卽刃切.

진(縉), '붉은색 비단(帛赤色)'을 말한다. 『춘추전』(『좌전』 문공 18년, B.C. 609)에 "[옛날의 제왕] 진운씨(縉雲氏)"[6]라고 했고, 『예(禮)』[7]에 "진연(縉緣)"이라는 말이 나온다. 멱(糸)이 의미부이고 진(晉)이 소리부이다. 독음은 즉(卽)과 인(刃)의 반절이다.

106 綪: 赤繒也. 以[8]茜染, 故謂之綪. 從糸青聲. 倉絢切.

---

5) [역주] 『단주』의 교정을 따라 "惡絳也"로 고친다. 그는 이렇게 말했다. "각 판본에서 악(惡)자 다음에 야(也)자가 더 들어갔는데, 지금 삭제한다. 이는 비(粊)자의 설명에서 악미(惡米: 질이 나쁜 쌀)를 말한다. 혹은 계(繫)자의 설명에서 악서(惡絮: 질이 떨어지는 솜)를 말한다고 한 것과 같다. 그래서 이는 조잡한 붉은색(絳色之惡者)을 말한다."

6) [역주] 진운씨(縉雲氏)는 황제(黃帝) 때의 관직 이름이라 하기도 하고, 혹자는 황제(黃帝)의 호라고 하기도 한다. '전설시대'의 씨족 혹은 부락으로서의 진운씨(縉雲氏)는 『좌전(左傳)』 문공(文公) 18년 조에 처음 보이는데, 진운씨(縉雲氏)는 "염제(炎帝)의 후손(苗裔)"으로, "황제(黃帝) 때 진운(縉雲)이라는 관직을 맡았었다."라고 했다.

7) [역주] 『단주』에서 이렇게 말했다. "허신이 말한 『예(禮)』는 『예경(禮經)』 즉 오늘날 말하는 『의례(儀禮)』를 말한다. 『의례』의 제17편에는 진연(縉緣)이라는 언급이 없다. 고증이 필요하다."

천(綪), '붉은색 비단(赤繒)'을 말한다. 꼭두서니 풀(茜: 천)로 색을 들였기 때문에 천(綪)이라 한다. 멱(糸)이 의미부이고 청(靑)이 소리부이다. 독음은 창(倉)과 현(絢)의 반절이다.

107 緹 : 帛丹黃色. 從糸是聲. 䊙, 緹或從氏. 他禮切.

제(緹), '주황색 비단(帛丹黃色)'을 말한다. 멱(糸)이 의미부이고 시(是)가 소리부이다. 제(䊙)는 제(緹)의 혹체자인데, 씨(氏)로 구성되었다. 독음은 타(他)와 례(禮)의 반절이다.

108 縓 : 帛赤黃色. 一染謂之縓, 再染謂之赬, 三染謂之纁. 從糸原聲. 七絹切.

전(縓), '적황색 비단(帛赤黃色)'을 말한다. 한 번 색을 들인 것을 전(縓)이라 하고, 두 번 들인 것을 정(赬)이라 하고, 세 번 들인 것을 훈(纁)이라 한다. 멱(糸)이 의미부이고 원(原)이 소리부이다. 독음은 칠(七)과 견(絹)의 반절이다.

109 紫 : 帛靑赤色. 從糸此聲. 將此切.

자(紫: 𦀖金文 𦂅𦅸簡牘文), '청적색 비단(帛靑赤色)'을 말한다. 멱(糸)이 의미부이고 차(此)가 소리부이다. 독음은 장(將)과 차(此)의 반절이다.

110 紅 : 帛赤白色. 從糸工聲. 戶公切.

홍(紅), '적백색 비단(帛赤白色)'을 말한다. 멱(糸)이 의미부이고 공(工)이 소리부이다. 독음은 호(戶)와 공(公)의 반절이다.

111 綟 : 帛靑色. 從糸蔥聲. 倉紅切.

총(繱), '청색 비단(帛靑色)'을 말한다. 멱(糸)이 의미부이고 총(蔥)이 소리부이다. 독음은 창(倉)과 홍(紅)의 반절이다.

112 紺 : 帛深靑揚赤色. 從糸甘聲. 古暗切.

감(紺), '깊은 청색을 띠면서 붉은색 빛이 나는 비단(帛深靑揚赤色)'을 말

---

8) [역주] 『단주』에서는 종(從)으로 되었다.

한다. 멱(糸)이 의미부이고 감(甘)이 소리부이다. 독음은 고(古)와 암(暗)
의 반절이다.

113 綥：　帛蒼艾色. 從糸畁聲. 『詩』: "縞衣綥巾." 未嫁女所服. 一曰不借綥.

蘴，綥或從其. 渠之切.

기(綥), '쑥색의 푸른 비단(帛蒼艾色)'을 말한다. 멱(糸)이 의미부이고 비
(畁)가 소리부이다. 『시·위풍·출기동문(出其東門)』에서 "흰옷에 푸른 수
건 쓴 처자(縞衣綥巾)"라고 노래했는데, 시집가지 않은 여자가 입는 옷
을 말한다. 일설에는 '불차기(不借綥)'를 말한다고도 한다.9) 기(蘴)는 기
(綥)의 혹체자인데, 기(其)로 구성되었다. 독음은 거(渠)와 지(之)의 반절
이다.

114 繰：　帛如紺色. 或曰: 深繒. 從糸喿聲. 讀若喿. 親小切.

조(繰), '감색 비단(帛如紺色)'을 말한다. 혹자는 '진한 감색 비단(深繒)'을
말한다고도 한다. 멱(糸)이 의미부이고 소(喿)가 소리부이다. 소(喿)와
같이 읽는다. 독음은 친(親)과 소(小)의 반절이다.

115 緇：　帛黑色. 從糸甾聲. 側持切.

치(緇), '검은색 비단(帛黑色)'을 말한다. 멱(糸)이 의미부이고 치(甾)가 소
리부이다. 독음은 측(側)과 지(持)의 반절이다.

116 纔：　帛雀頭色. 一曰微黑色, 如紺. 纔, 淺也. 讀若讒. 從糸毚聲. 七咸切.

---

9) [역주] 불차기(不借綥)는 초혜반(艸鞵襻), 즉 '짚신의 끈'을 말한다. 옛날 초혜(草鞋) 중 비
단으로 만든 것을 리(履), 베로 만든 것을 불차(不借)라고 했다. 황생(黃生)의 『자고(字詁)
』에 의하면, 불차(不借)를 『제민요술(齊民要術)』에서는 불석(不惜)으로 적었는데, 극히 보
잘 것 없는 존재라 진흙땅에 더럽혀져도 '아깝지 않다는 뜻을 담았으며, 불석(不惜)이
불차(不借)로 잘못 전해진 것이라고 했다. 그러나 『단주』에서는 『급취편(急就篇)』에서 이
미 불차(不借)라 적었고, 『이아·석명(釋名)』에서 박석(搏腊)이라 적었다고 했다. 불차(不
借)에 대해 혹자는 너무나 일상적인 것이어서 '빌릴 수 없는 것'이라는 의미를 담았다고
하기도 한다.

　재(緇), '참새 머리색을 띤 비단(帛雀頭色)'을 말한다. 일설에는 '연한 검은색
(微黑色)'이라고도 한다. 감색(紺)과 비슷하나, 재(緇)는 더 연한 색이다(淺).
참(讒)과 같이 읽는다. 멱(糸)이 의미부이고 참(雧)이 소리부이다. 독음은
칠(七)과 함(咸)의 반절이다.

117 緅 :　帛騅色也. 從糸剡聲. 『詩』曰: "毳衣如緅." 土敢切.

　담(緅), '오추마, 즉 검푸른 털에 흰색 털이 섞인 말 색깔의 비단(帛騅色)'
을 말한다. 멱(糸)이 의미부이고 섬(剡)이 소리부이다. 『시·왕풍·대거(大
車)』에서 "부드럽고 오추마 색 비단 옷 입었도다(毳衣如緅)"라고 노래
했다. 독음은 토(土)와 감(敢)의 반절이다.

118 綟 :　帛戾艸染色. 從糸戾聲. 郎計切.

　려(綟), '강아지 풀(戾)로 물들인 색이 나는 비단(帛戾艸染色)'을 말한다.[10]
멱(糸)이 의미부이고 려(戾)가 소리부이다. 독음은 랑(郎)과 계(計)의 반
절이다.

119 紑 :　白鮮衣皃. 從糸不聲. 『詩』曰: "素衣其紑." 匹丘切.

　부(紑), '깨끗하고 선명한 흰옷의 모습(白鮮衣皃)'을 말한다. 멱(糸)이 의미
부이고 불(不)이 소리부이다. 『시·주송·사의(絲衣)』에서 "제복은 정결하
고(素衣其紑)"라고 노래했다.[11] 독음은 필(匹)과 구(丘)의 반절이다.

120 綅 :　白鮮衣皃. 從糸炎聲. 謂衣采色鮮也. 充三切.

　담(綅), '깨끗하고 선명한 흰옷의 모습(白鮮衣皃)'을 말한다. 멱(糸)이 의미
부이고 염(炎)이 소리부이다. 이는 의복의 색깔이 선명함을 말한 것이
다. 독음은 충(充)과 삼(三)의 반절이다.

121 繻 :　繒采色. 從糸需聲. 讀若『易』"繻有衣". 相兪切.

---

10) [역주] 여초(戾草)는 달리 낭미초(狼尾草)라 하는데, 강아지풀을 말한다.
11) [역주] 소의(素衣)는 금본 『시경』에서는 사의(絲衣)로 되었는데, 제사 때 입는 옷을
　　말한다.

수(繻), '채색 비단(繪采色)'을 말한다. 멱(糸)이 의미부이고 수(需)가 소리
부이다. 『역·기제(旣濟)』(六四爻)에서 말한 "수유의(繻有衣)"12)라고 할 때
의 수(繻)와 같이 읽는다. 독음은 상(相)과 유(愈)의 반절이다.

122 **繻**: 繁采色也. 從糸辱聲. 而蜀切.

욕(縟), '번잡한 오색 무늬(繁采色)'를 말한다. 멱(糸)이 의미부이고 욕(辱)
이 소리부이다. 독음은 이(而)와 촉(蜀)의 반절이다.

　이러한 색채를 나타내는 한자들의 인지구조는 상당 부분 본래부터 복합색을
나타낸다. 즉, 여러 색채 사이에는 조화로운 과도기적 중간과정이 존재한다는
것이다. 이러한 연관성은 물리적 광학(光學)의 관점에서 보면 지극히 자연스러
운 현상이다. 왜냐하면, 자연계의 빛의 스펙트럼은 파장의 길이에 따라 구분되
지만, 그 사이에는 언제나 빛을 받아들이는 매체를 통해 형성되는 다층적인 전
이(轉移)와 조화가 존재하기 때문이다. 또한, 일부 색채를 나타내는 물체들은
'욕(縟: 화려함)'이나 '회(繪: 그림)' 등과 같이 직접적으로 서로 다른 재질의 조
화를 통해 이루어진다.13)

　고대 중국에서 색채를 나타내는 문자 체계는 대부분 '멱(糸)'자를 의미부로
사용했다. 『설문 멱(糸)부수』에서는 "멱(糸)은 가는 비단 실을 말한다. 실을 묶

---

12) [역주] 『역·기제(旣濟)』(六四爻)에서 "수유의(繻有衣) 즉 '물이 새는데 천을 가지고', 종
일계(終日戒) 즉 '종일토록 경계함이니라."라고 했다.

13) '물색(物色)'은 『예기·월령(月令)』에서 희생(犧牲)으로 사용될 가축의 털 색깔을 가리
키는 것으로 기록되어 있다. 즉 "(맹추의 달) 이에 재축(宰祝)에게 명하여 희생을 둘
러보게 하고, 희생의 완전한 상태를 살피며, 꼴과 사료를 검토하고, 살찐 정도와 여
윈 정도를 관찰하며, 물색(物色)을 살핀다.(孟秋之月)乃命宰祝, 循行犧牲, 視全具, 案芻
豢, 瞻肥瘠, 察物色.)"라고 했다. 실제로 고대인들은 사물의 색깔을 관찰하여 분류하
였으므로, '물색(物色)'은 '물색하다'는 뜻의 동사로도 사용되었다.

은 실타래를 본뜬 것이다.(糸, 細絲也, 象束絲之形.)"라고 했다. '사(絲)'는 복식의 재료로서, 고대인들은 이것으로 색채를 상징했다. 그것은 이들이 바로 착색하고 채색을 입히는 주요 대상이었기 때문이며, '사물을 관찰하여 형상을 취하는' 것은 지극히 자연스러운 일이었다. 그러나 여기에서 한 가지 의문이 생긴다. 색채를 나타낼 수 있는 사물이 매우 많은데, 고대 중국인들은 왜 하필이면 색채와 직접적인 연관성이 그리 크지 않은 '멱(糸: 묶인 실타래)'이라는 물체를 골라서 색채를 상징하는 대표로 선택했을까? 이에 대해, 위에 열거했던 문자들을 육예(六藝)와 여러 경전에 보이는 뜻풀이와 함께 비교해 보면, 이러한 명물 원칙이 유가(儒家)의 체계 속에 내재된 복색 제도와 복식의 예법, 그리고 그것이 지닌 규범화된 절차의 질서와 깊은 내적 연관성을 지니고 있음을 알 수 있다.

『상서』에는 '당우상형(唐虞象刑)'이 기록되어 있다. 오늘날 우리가 보는 『십삼경주소(十三經注疏)』판본에는 이 부분이 '상이전형(象以典刑)'으로 표기되어 있으나, 당(唐)나라 우세남(虞世南)의 『북당서초(北堂書鈔)』에서는 '당우상형(唐虞象刑)'으로 인용되어 있으며, 또한 교감에 대해 다음과 같이 말했다. "지금 살펴보니 진공보(陳恭甫)의 소증본(疏證本) 1권에 보이며, 유본(俞本) 『주소(注疏)』에서는 대순(大舜)이 '상이전형(象以典刑)은 크게 잘못된 것이다.'라고 했다." 『북당서초』의 집록(輯錄)에 따르면, 당나라 필사본 『상서』에는 여전히 아래와 같이 '상형(象刑)'에 대한 구체적인 내용이 열거되어 있다. "묵형(墨刑)을 범한 자는 비단 수건으로 머리를 가린다.(犯墨者, 蒙帛巾.)" "비형(劓刑)을 범한 자는 그 옷을 적색[赭]으로 물들인다.(犯劓者, 赭其衣.)" "빈형(臏刑)을 범한 자는 그 정강이[臏]를 먹[墨]으로 흐리게 한다.(犯臏者, 以墨朦其臏.)" "대벽(大辟)을 범한 자는 깃 없는 베옷을 입힌다.(犯大辟者, 布衣無領.)" ……이들은 모두 복식의 색채와 관련되어 있다.

『상서·익직(益稷)』에는 다음과 같이 기록하고 있다.

> 황제께서 말했다.……내가 옛사람들의 상징을 살펴보고자 한다. 일(日), 월(月), 성(星), 산(山), 용(龍), 화(華), 충(蟲)으로 회(會)를 만들고, 종이(宗彛), 조(藻), 화(火), 분(粉), 미(米), 보(黼), 불(黻), 치(絺)는 수(繡)를 놓는다. 다섯 가지의 채색으로 다섯 가지 색(色)에다 드러나게 하여 의복을 지었다.(帝曰 ……予欲觀古人之象: 日·月·星·山·龍·華·蟲, 作會, 宗彛·藻·火·粉·米·黼·黻·絺, 繡, 以五采彰施於五色, 作服.)

이에 대해 『전(傳)』에서 이렇게 주석했다.

> 상(象)의 의복제도를 본받아 드러내고자 한다. 태양, 달, 별은 삼진(三辰)이다. 화(華)는 초목의 꽃을 그렸으며, 충(蟲)은 꿩[雉]을 말한다. 삼진(三辰), 산, 용, 꿩을 의복과 깃발에다 그린다. 회(會)는 다섯 가지 채색을 말한다. 다섯 가지 채색으로써 이 그림을 완성한다는 말이다. 종묘(宗廟)에서 쓰는 제기[彛尊]도 산, 용, 꽃, 꿩으로 장식한다. 회(會)의 독음은 호(胡)와 대(對)의 반절로써, 마융과 정현은 회(繪)로 적었다. 이(彛)의 독음은 이(夷)인데, 마융의 의견도 같다. 정현은 종이(宗彛)에는 호랑이를 그린다고 했다. 조(藻)는 수초 중에서 무늬가 있는 것을 말한다. 화(火)는 화(火)자를 말하며, 분(粉)은 속빙(粟冰) 같은 것이고, 미(米)는 취미(聚米) 같은 것이며, 보(黼)는 도끼 모양의 수를 말하며, 불(黻)은 이기(爾己)가 서로 등진 모양의 수를 말한다. 칡의 섬유로 짠 고운 베를 치(絺)라 하며, 다섯 가지 색이 다 갖추어진 것을 수(繡)라 한다. 조(藻)의 독음은 조(早)인데, 본래 조(薻)로도 적었다. 분미(粉米)를 『설문』에서는 분미(黺黺)로 적었는데, 서(徐)씨[14]에서는 미(米)를 미(粊)로 적었다……흰색과 검은색으로 된 수를 보(黼)라 하고……검은색과

청색으로 된 수를 불(黻)이라 한다. 천자의 복식에는 일월(日月)이 새겨지고
제후(下諸侯)는 용곤(龍袞)에서부터 보불(黼黻)에까지 이른다. 선비[士]는 조
화(藻火)를 입으며, 대부(大夫)에게는 분미(粉米)가 더해진다. 윗사람은 아랫
사람의 것을 겸해서 입어도 되지만 아랫사람은 윗사람의 것을 침범해서는
안 된다. 다섯 가지 채색을 분명하게 다섯 가지 색상에다 시행함으로써, 존
비(尊卑)를 나타내는 복식을 만들었다.(欲觀示法象之服制. 日月星爲三辰; 華象
草華; 蟲, 雉也. 畫三辰山龍華蟲於衣服旌旗. 會, 五采也, 以五采成此畫焉. 宗廟彝
尊亦以山龍華蟲爲飾. 會, 胡對反, 馬鄭作繪. 彝音夷, 馬同. 鄭云: 宗彝, 虎也. 藻,
水草有文者, 火爲火字, 粉若粟冰, 米若聚米, 黼若斧形, 黻爲爾已相背, 葛之精者曰
絺, 五色備曰繡. 藻音早, 本又作藻; 粉米, 說文作𪐗黺, 徐米作絑……白與黑謂之
黼……黑與靑謂之黻. 天子服日月而下諸侯, 自龍袞而下至黼黻, 士服藻火, 大夫加
粉米. 上得兼下, 下不得僭上. 以五采明施於五色, 作尊卑之服.)

게다가 복식에는 "덕을 보좌하고 공을 드러내며(副其德, 彰其功)", "인자함을
나타내고 능력을 빛내는(顯其仁, 光其能)" 기능이 있다. 『설문』에 수록된 「불
(市)부수」와 「치(黹)부수」에 수록된 글자들만 열거해 보아도 "색채는 복식에 의
존하며, 또한 관련된 사안이 중대하다"는 것을 바로 알 수 있다.

1. 불(市): 폐슬[韠]을 말한다. 상고시대 때에는 옷을 입을 때 폐슬로 앞을
   가렸는데, 슬갑으로 형상했다. 천자는 붉은 슬갑을, 제후는 진한 붉은색
   의 슬갑을, 대부는 비취색의 옥형을 사용했다. 건(巾)이 의미부인데, 기
   다란 띠 모양을 그렸다. 불(韍)은 불(市)의 전서체인데, 위(韋)도 의미부이
   고 발(犮)도 의미부이다.(市: 韠也. 上古衣蔽前而已, 市以象之. 天子朱市, 諸
   侯赤市, 大夫葱衡. 從巾, 象連帶之形. 韍, 篆文市, 從韋從犮.)

---

14) 대서본(大徐本)을 뜻한다.

2. 갑(韐): 선비의 폐슬에는 앞치마는 없이 가죽바지만 있다. 모양은 술통 같은데, 사각을 깎아내 팔각처럼 되었다. 작변을 쓰고 예복을 입는데 색깔은 모두 적황색이다. 그것은 신분이 천하기 때문에 치마와 같은 색깔로 할 수 없기 때문이다. 불(市)이 의미부이고 합(合)이 소리부이다.(韐: 士無市有韐. 制如榼, 缺四角. 爵弁服, 其色韎. 賤不得與裳同. 從市合聲.)

단옥재는 경전과 고주(古注)를 인용하여 이들 계열 문자의 구조를 해설하는 과정에서 종종 해당 명물(名物)의 근원도 드러내주고 있다. 예컨대, '불(市)'자의 주석에서 "정현(鄭玄)이 말하길, 필(韠)은 '가리다[蔽]'는 말이다."라고 했는데, 그 이체자들의 형태적 연관성은 '불(市)'의 형상과 재질을 반영한다. 단옥재는 '불(市)'은 고문(古文)체로, '불(市)'에서 '불(紱)'로의 변화는 '가죽[皮韋]'에서 '견직물[絲織]'로의 발전을 명확하게 보여준다고 여겼다.

또한 '갑(韐)'이 '합(合)'에서 명칭을 얻은 것에 대해, 단옥재는 주석에서 "정현은 합(合)이 가죽을 합하여 만든 것이라고 말했다. 따라서 형성(形聲)과 회의(會意)를 겸한다."라고 설명했다. 앞에서 언급한 「멱(糸)부수」 계열의 문자들 역시 이러한 명물의 근원을 추적하는 특징을 보여주고 있다. 예를 들면 다음과 같다.

1. 회(繪): '다섯 가지 색깔을 합쳐서 수를 놓다'라는 뜻이다.……멱(糸)이 의미부이고 회(會)가 소리부이다.(繪: 會五采繡也.……從糸會聲.)
2. 미(絑): 작은 쌀알을 모아 놓은 듯 세밀하게 놓은 수를 말한다. 멱(糸)이 의미부이고 미(米)도 의미부인데, 미(米)는 소리부도 겸한다.(絑: 繡文如聚細米也. 從糸從米, 米亦聲.)
3. 견(絹): 청보리 색을 띤 비단을 말한다. 멱(糸)이 의미부이고 연(肙)이 소리부이다.(絹: 繪如麥稍. 從糸肙聲.)

4. 육(綹): 일설에는 육양(育陽) 지역에서 나는 염색한 베를 말한다고도 한다. 멱(糸)이 의미부이고 육(育)이 소리부이다.(綹: 一曰育陽染也. 從糸育聲.)

5. 주(絑): 『우서(虞書)』에서 단주(丹朱)의 주(朱)자가 이와 같다고 했다. 멱(糸)이 의미부이고 주(朱)가 소리부이다.(絑: 『虞書』"丹朱"如此. 從糸朱聲.)

이런 예들은 모두가 직·간접적으로 명물의 연원을 추적하려는 경학자들의 노력을 반영했다. 또 「치(黹)부수」는 복식의 색채와 가장 긴밀하게 연결되어 있어, 이를 통해 복식의 특별한 기능도 엿볼 수 있다.

1. 치(黹): 바늘과 실로 바느질한 옷을 말한다. 폐(㡀)가 의미부이고, 착(丵)의 생략된 부분이 소리부이다. 자수를 한 무늬의 모습이다. 단옥재의 주석에 따르면, "『운회(韻會)』에는 '상자문야(象刺文也)'라는 이 4글자가 더 있다. 착(丵)은 무성히 자란 풀을 말하는데, 바늘과 실을 많이 닮았다." (黹: 箴縷所紩衣. 從㡀, 丵省. 象刺文也. 按段氏注: "『韻會』有此四字. 丵者, 叢生艸也. 鍼縷之多象之.")

2, 초(黼): 온갖 화려한 색깔을 다 모은 색깔을 말한다. 치(黹)가 의미부이고, 차(盧)가 소리부이다. 『시경』에서는 "옷이나 깨끗이 입으려 하니(衣裳黼黼)"라고 노래했다.(黼: 會五彩鮮色, 從黹盧聲. 『詩』曰: 衣裳黼黼.)[15]

단옥재의 주석과 '초(黼)'자의 본의(本義)에 따르면, 평소 복식에 대해 "옷차림이 단정하다(衣冠楚楚)"는 표현의 본자(本字)는 바로 이 '초(黼)'자가 되어야한다. 『시경·조풍(曹風)·부유(蜉蝣)』에서는 "의상초초(衣裳楚楚)"라고 했다. 『전

---

15) [역주] 서개(徐鍇)의 『설문계전』에 의하면, "오늘날의 『시경』에서는 초(黼)를 초(楚)로 적었는데 가차자이다.(臣鍇曰: "今『詩』作'楚', 假借也.)"라고 했다.

(傳)』에서는 '초초(楚楚)'는 '선명한 모습'을 말한다고 했는데, 허신이 근거했던 판본에서는 '초(黼)'가 정자이고, '초(楚)'가 가차자이다.

'초(黼)'는 '차(虘)'가 소리부이며, '차(虘)'는 또 '차(且)'가 소리부이다. '차(且)'의 고대음은 청모(清母) 어부(魚部)에 속하고, '초(楚)'는 '쇼(疋)'가 소리부로 고대음이 초모(初母) 어부(魚部)에 속한다. 그래서 이 두 글자의 독음이 비슷하므로 '통가자'로 쓰일 수 있었다.

1. 불(黻): 검은색과 청색이 서로 순서를 이루는 무늬를 말한다. 단옥재는 "이는『고공기(考工記)』에 있는 문장이다."라고 주석했다.

2. 최(黼): 온갖 색깔을 다 모은 비단을 말한다. 치(黹)가 의미부이고 졸(卒)이 소리부이다. 주준성(朱駿聲)은 주석에서 이렇게 말했다. "온갖 색깔을 다 모은 비단의 색깔을 말한다. 치(黹)가 의미부이고 최(綷)의 생략된 부분이 소리부이다. 내 생각에, 졸(卒)을 소리부로 삼은 글자는 달리 최(綷)로 쓰기도 한다.『방언(方言)』권3에서는 '최(綷)는 같다는 뜻으로, 송(宋)과 위(衛)의 사이 지역에서는 최(綷)라고 말한다.'라고 했다.「대인부(大人賦)」에서는 '최운개여(綷云蓋如)'라고 하였는데, '합한다는 뜻이다'라고 주석했다." 이에 '최(黼)'자의 글자 구조 역시 명물(名物)의 근원을 드러내고 있다.

3. 분(黺): 곤룡포(袞龍袍)의 산(山), 용(龍), 화충(華蟲)의 문양을 말한다. 분(黺)은 그림을 그리고 색을 칠한다는 뜻이다. 치(黹)가 의미부이고 분(分)이 소리부이다. 단옥재는 주석에서 "「고요모(皐陶謨)」에서는 '일(日), 월(月), 성(星), 신(辰), 산룡(山龍), 화충(華蟲)은 그려 넣고, 종이(宗彝), 조화(藻火), 분미(粉米), 보불(黼黻) 등은 수놓아 넣는다."라고 했다. 정현(鄭玄)은 주석에서 "그린 것을 회(繪)라 하고, 수놓은 것을 수(繡)라 한다. 회(繪)와 수(繡)에는 각각 여섯 가지가 있다."라고 했다.

　　청나라 때의 훈고학자 뉴옥수(鈕玉樹)는『단씨설문주정서(段氏說文注訂序)』에
서 명확하게 "허신의『설문해자』 판본 중 대도본(大都本)이 모든 것에서 가장
앞선다."라고 명시했다.『설문』에서 관련 부류로 구축된 '복식의 색깔'에 대한
'의미장(意味場, semantic field)'은 육예(六藝)와 여러 경전의 뜻풀이에서 서로
입증된다. 명물(名物)의 근원을 추적함에 있어, 고대 중국 사회에서 복식의 색채
는 신분의 존비(尊卑)를 밝히고, 귀천(貴賤)을 구별하며, 계급을 나누고 신분을
표시하는 예의(禮儀)적 기능을 가졌음을 반영하고 있다. 이러한 복합적인 함축
은 고대 중국인들이 의복의 색채에 대해 민감하고 중시하는 태도에 결정적인
영향을 미쳤다. 그리고 이러한 민감성과 중시는 반대로 복색의 종류에 대한 인
식과 그 기능의 확장을 촉진시켰다. 이와 같이 하여 고대인들은 색채와 복식이
항상 특별히 긴밀한 연관성을 지닌다는 인식을 점차 축적하게 되었다. 이러한
관념 의식이 '심층 구조(deep structure)'로서 문자 체계에 투사되고 응집된 결
과, 형성(形聲) 방식으로 구성된 수많은 색채 관련 글자들이 복식 재료를 대표
하는 '멱(糸)'을 의미 부호로 삼게 된 것이다. 이러한 사실을 종합적으로 살펴보
면, 색채의 조화를 중시하는 점이 역대 문헌의 기록보다도 특히 순수하고 선명
하게 나타남을 발견할 수 있다.[16]

## (2) 심리(心理)와 물리(物理) ― 이질적 동일 구조[異質司構]

　　『설문 멱(糸)부수』에 수록된 인지구조에는 또 다른 작용이 존재한다. '사서(思
緒)', '수심과 한(恨)이 실타래처럼 이어짐(愁絲恨縷)', '규결(糾結)', '괘결(絓結)',

---

16) 臧克和,『漢字單位觀念史考述』(修訂版)第一部分第三節(上海: 學林出版社, 1998), 20-23쪽.

'정서(情緒)' 등과 같이, 고대의 문인들은 시름이나 근심을 표현할 때마다 구불 구불하고 얽힌 실타래 같은 형상을 빌려 "난간의 열두 굽이(欄杆十二曲)", "강물 이 굽이치는 모습이 아홉 번 굽은 창자 같다.(江流曲似九回腸.)", "마음이 얽혀 풀리지 않는다.(心絓結而不釋.)"는 식으로 표현했다. 또한, 눈짓으로 마음을 전 하고 정을 나누며, "푸른 실 한 오라기(靑絲一縷)"로 의탁하거나 "봄바람이 무한 한 한(恨)을 풀어준다.(解釋春風無限恨.)"는 표현을 빌리기도 했다.

　이를 통해 '사유(思惟)'의 활동이 현대 한어에서 대부분 '사유(思維)'로 기록되 지만, 실상은 '실타래 모양(絲狀)'의 물체로 형상을 부여할 필요가 있음을 발견 할 수 있다.

　앞서 말한 '이질동구(異質同構)'는 또 하나의 유형이라 할 수 있다. 물리와 심 리 사이에는 '화도(和道)'의 영향이 존재한다. '태(紿)'자의 인지구조도 이러한 유 추적 방식으로 연결된 것이다. 즉 실 같은 물체의 '느슨함(松緩)'으로 인체의 '힘 들고 피로함'을 비유한 것이다.[17]

---

17) 『송본(宋本) 옥편·멱(糸)부수』에서 "태(紿)는 도(徒)와 개(愷)의 반절로 읽힌다. 의심스 럽다[疑], 속이다[欺]는 뜻이다.(紿, 徒愷切. 疑也, 欺也.)"라고 했고, 『설문』에서는 "태 (紿), 실이 닳으면 곧 태(紿)가 된다. 멱(糸)이 의미부이고 태(台)가 소리부이다.(紿, 絲 勞卽紿. 從糸台聲.)"라고 했으며, 『전례만상명의(篆隷萬象名義)·멱(糸)부수』에서는 "대 (紿), 도(徒)와 개(愷)의 반절로 읽힌다. 의심스럽다[疑], 느슨하다[緩]는 뜻이다.(紿, 徒 愷反. 疑也. 緩也.)"라고 했다.
　『송본』에서 말한 의항 '속이다[欺]'는 실제로 '이(詒)'자를 해석한 것이며, 『명의』에서 는 '느슨하다[緩]'는 의항을 설정하고 '속이다[欺]'는 의항을 설정하지 않은 것은 남북 조 시대 때의 문자사용 실정에 부합한다. 『송본』과 『명의』가 모두 『설문』의 의항을 채택하지 않은 것은 『설문』의 해석이 지나치게 난해했기 때문일 것이다. '로(勞)'자는 인간사에 주로 쓰이며 일반 물체에는 잘 적용되지 않는다. '사로(絲勞: 실이 닳다)'에 서 '로(勞)'는 노손(勞損)의 노(勞)와 같으니, 현대어로 말하자면 "실로 짠 물건(絲物) 이 낡아 해어짐"을 의미한다.

『명의』의 의항 '느슨하다[緩]'는 바로 '현지의 풍광'으로, 멀리 찾을 필요가 없다. 즉 "로(勞)는 역(力)과 고(高)의 반절로 읽힌다. 피곤한 일[疲事], 병이 심함[疾劇], 게으름 [懶], 도움[助]을 말한다." "헐거워지고 피곤해진 상태(鬆散疲軟)"는 인간을 묘사하거 나 물건을 비유적으로 표현하는 데 차이가 없다. 사실 '노민상재(勞民傷財: 백성을 피로하게 하고 재물을 소모하다)'와 같은 구조에서 '노상(勞傷)'은 모두 손상과 닳아 빠짐의 의미를 지닌다. 제(齊) 지역의 방언에서 물건이 낡아 견고하지 않은 상태를 속어로 '서태(絮絁)'(독음을 기록한 것임)라 하며, 게으르고 형태를 이루지 못하는 것 을 '매태(埋紿)'(독음을 기록한 것임)라 한다. 본자(本字)는 모두 '태(紿)'로 삼아야 한 다. '태(紿)'와 '태(怠)'는 동원어(同源詞)를 기록한 것이며, 또한 심리적·물리적 현상의 비유라는 측면에서 볼 때 이치가 서로 통한다.

## 제2절 '화도(和道)'와 문장(文章)

### (1) 인문(人文): 형식과 내용의 조화

'인문(人文)'이란, 간단히 말해 형식과 내용의 조화를 말한다.

『설문·문(文)부수』에서 "문(✕)은 획을 교차시키다는 뜻이다. 교차된 무늬를 형상했다.(✕, 錯畫也, 象交文.)"라고 했는데, 초기 출토 문자의 형태는 다음과 같다.

갑골문

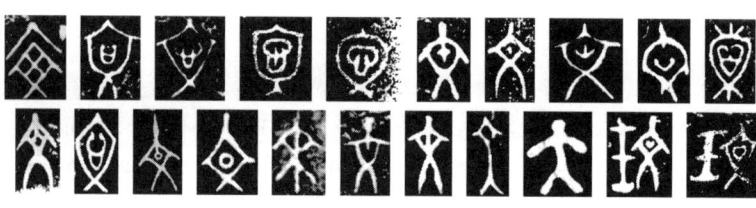

금문

전국 시기 초나라 죽간

고대 도장문자　　　　　　　　　고대 도기문자

고대 화폐문자　　　　　　　　후마맹서 석각문자

이들을 대비해서 살펴보면, '인(人)', '대(大)', '천(天)' 등 독체상형(獨體象形)으로 인체의 주요 구조 유형을 표기한 문자들은 어떤 대칭성을 나타내고 있다 해도, 형태 자체의 교차라는 특징에 의지하여 지사(指事)나 의회(意會)의 의미를 나타내지는 않는다.

따라서 여기서는 특히 갑골문이 인체의 대칭적 교차를 본뜬 자형, 즉 가슴 부위에 교차된 무늬를 표현한 점에 주목할 필요가 있다. 금문에서는 이러한 교차 무늬의 중앙 부분을 '심(心)'자의 형태로 나타내어 글을 쓸 때 마음을 써야 함을 표시했다. 또한, 금문 중에는 '왕(王)'을 추가하여 '문왕(文王)'의 '문(文)'이라는 전용자를 이룬 경우도 있다. 전국 시기 초간(楚簡)에는 내부에 있던 '심(心)'의 형태를 오른쪽 윗부분으로 이동시킨 구조가 나타나는데, 이는 후대에 예서(隸書)와 해서(楷書)에서 '민(忞)'자 형태로 정착된 구조이다. 『설문』의 소전(小篆)에서는 교차 문장이 생략되었으며, 예서(隸書)와 해서(楷書)의 변화를 거쳐 '문(文)'자로 정형화되었다.

다시 말해, 인체의 대칭적 교차로 형성된 구조 자체가 '의미를 함축한' 형식이다.

## (2) '화도(和道)': '문(文)', '언(言)', '심(心)' 부호 사이에서

단독으로 쓰인 '문(文)'자는 내재적 내용과 외재적 형식 사이의 관계를 포괄하고 조화시키는 기능을 지닌다.

상해박물관에서 소장하고 있는 『전국초죽서(戰國楚竹書)』 제1책 「공자시론(孔子詩論)」 제1간(簡)의 내용에는 '문(文)'과 '심(心)'으로 구성된 좌우 구조가 존재하는데, 이 책의 편집자가 현대 글자로 확정한 위가 구(口)이고 아래가 문(文)인 상하 구조와는 차이를 보인다. 필자는 이 형태가 전국 시기 '오(吳)'자의 일부 서체들과 유사함에 주목했다. 실제로 고문(古文)체로 된 '오(吳)'자에서 구(口)자는 왼쪽과 오른쪽에 모두 출현한 사례가 확인된다. 예컨대, 「사유궤(師酉簋)」, 「면궤(免簋)」, 「오반(吳盤)」, 「중산왕정(中山王鼎)」, 「오왕부차모(吳王夫差矛)」, 「후마맹서(侯馬盟書)」 등 출토 고문자 자료와 「설문」의 '오(吳)'자 조에 수록된 고문(古文)체 등이 그렇다. 우리는 이를 현대 글자로 '민(忞)'자로 해독한 바 있으며, 이 간독(簡牘)에서 해당 형태의 용법은 '문(文)'자와 일치한다. 여기서 '문(文)'자의 사용은 주로 '언(言)'과의 관계에 상응한다.

'문(文)'이 '언(言)'을 나타내는 인지구조의 규정에서, 문장(紋章) 부호와 언어 부호는 상호 보완적이며 심지어 호환 가능한 관계에 있다. 유학(儒學)의 시교(詩敎)에서 강조하는 "말은 마음의 소리다.(言爲心聲.)"라는 명제는 이러한 구체적 연관 과정에서 '문(文)'을 규정하고 설명하는 것이다. 따라서 '문(文)'이 나타내는 문채(文彩)의 형식은 '마음의 소리[心聲]'로서의 '말[言]'을 표현함과 동시에 그에 의해 제약받는다.

일부 고문자는 구성 과정에서 '언(言)' 부호와 '구(口)' 부호가 서로 교체될 수 있었다. 예컨대, 전국 시기 '고대 도장문자[古璽文]'에서 '심(心)' 부호와 '구(口)' 부호는 형태상 유사하며, 또한 「후마맹서(侯馬盟書)」에 나타난 일부 '심(心)' 부호 역시 '구(口)' 부호와 비슷한 형태를 보인다. '문(文)' 부수에 '심(心)' 부호를 더한 자형은 '문(文)'과 '언(言)'의 관계를 보다 직접적으로 드러낸 구조이다.

　서주 시기의 여러 금문에서 '문(文)'자 형태 내부에 '심(心)' 부호가 포함된 자형이 적지 않게 발견되는데, 「능도존(能匋尊)」, 「증백문정(曾伯文鼎)」, 「기정(旗鼎)」, 「군부궤(君夫簋)」, 「문궤(文簋)」, 「사희정(史喜鼎)」, 「백가보궤(伯家父簋)」, 「사해궤(師害簋)」, 「개수(改盨)」, 「하준(何尊)」 등의 기명(器銘)에 등장하는 관련 자형에서 이러한 연관성을 확인할 수 있다. 다만 그 구조가 내포식[包孕式], 상하식(上下式), 좌우식(左右式) 등 여러 가지 방식으로 나뉜다.

　일부 고문자 구조에서는 '구(口)' 부호를 더한 구조와 '심(心)' 부호를 더한 구조가 서로 교체될 수 있었다. 예컨대, '철(哲)'자는 '철(悊)'자 등으로 대체될 수 있었는데, 이는 『설문·구(口)부수』의 '철(哲)'조에 수록된 고문(古文)을 참조할 수 있다.[18]

---

18) 臧克和, 『簡帛與學術』 "「楚簡」 及 『詩』"(鄭州: 大象出版社, 2008), 76쪽. 후대에 들어 남조(南朝)의 유협(劉勰)이 저술한 구성이 정연하고 사유가 정밀한 문예론서인 『문심조룡(文心雕龍)』의 서명(書名) 역시 이러한 '화도(和道)'적 관계를 계승한 것이다. 즉, 문장(文章)을 지음에 마음을 다하는 것과 용을 조각하듯 정교하게 형식을 다듬는 것이 하나의 통일된 체계 안에서 함께 작용함을 뜻한다.

## 제3절 '화도(和道)'와 시가(詩歌)

### (1) '부(缶)': 지역적 리듬의 조화를 위한 악기

① '부(缶)'와 '요(謠)'

상고 시기의 악기로서, '국풍(國風)'의 조화에 관한 것은 '풍요(風謠)'라는 단어의 구조를 살펴보면 알 수 있다.

 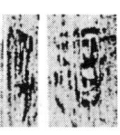  

전국 시기 간백문자　　　　『설문』소전　　　　동한 선우황비(東漢鮮于璜碑)

진벽옹송(晉辟雍頌)　　　　북위원숙묘지
　　　　　　　　　　　　　(北魏元䤵墓志)

이는 언(言)이 의미부이고, 요(䍃)가 소리부인 구조인데, '요(䍃)' 부호는 다시 '육(肉)'이 의미부이고 '부(缶)'가 소리부인 구조를 하고 있다. 『설문』소전에서는 '요(䚻)'로 표기되어 있으며, 언(言)과 육(肉)으로 구성된 회의자이다.

'요(䚻)'와 '요(謠)'는 고금자(古今字) 관계에 있으며, 전국 시기 간독(簡牘) 자료에서는 언(言)이 의미부이고, 목(木)과 육(肉)으로 구성된 소리부를 사용한다.

1. 『설문·언(言)부수』: "요(謠)는 반주 없이 부르는 노래를 말한다. 언(言)과 육(肉)이 의미부이다.(謠, 徒歌. 從言, 肉.)"
2. 『옥편(玉篇)·언(言)부수』: "요(謠)는 여(与)와 초(招)의 반절이다. 혼자 부르는 노래를 말한다. 반주 없이 부르는 노래를 요(謠)라 한다.(謠, 与招切. 獨歌也. 徒歌曰謠.)"
3. 『유편(類篇)·언(言)부수』: "요(謠)와 요(謠)는 여(余)와 초(招)의 반절이다. 『설문』에 따르면 반주 없이 부르는 노래를 말하는데, 요(謠)로 쓰기도 한다. 요(謠)는 또 이(夷)와 주(周)의 반절로도 읽는다. 요(脂)로 쓰기도 한다.(謠謠, 余招切. 『說文』: 徒歌, 或作謠. 謠, 又夷周切. 或書作脂.)"

즉, 악기의 반주 없이 입으로만 부르는 노래로, 민간에서 유행한 노래를 가리킨다. 『시경·위풍·원유도(園有桃)』에 "마음이 근심스러워, 나는 악기의 반주에 맞춰 노래하고 또 없이도 노래하네.(心之憂矣, 我歌且謠.)"라는 구절이 있는데, 『모전(毛傳)』은 "악기의 반주가 있으면 '가(歌)'라 하고, 홀로 부르면 '요(謠)'라 한다.(曲合樂曰歌, 徒歌曰謠.)"라고 해석했다.

'풍(風)'의 시는 지방의 민요이며, '풍요(風謠)'라는 말은 예부터 두 글자가 함께 쓰여 하나의 어휘로 굳어졌다. '요(謠)'자의 구조를 분석하면, '풍요(風謠)'가 지닌 음악적 성격에 대한 인식의 실마리를 찾을 수 있다.[19]

'요(謠)'는 『집운(集韵)·소(宵)부수』에서 "요(謠), 요(謠), 유(猶)는 여(餘)와 초(招)의 반절이다. 『설문』에서는 반주 없이 부르는 노래를 말한다. 혹은 요유(謠

---

猶)로 표기하기도 한다."라고 했다. '요(䚻)'와『설문·언(言)부수』에 수록된 고문 (古文)체 '요(䚻)'는 동일한 구조로, '월(月=육(肉))'이 의미부이고 '언(言)'이 의미 부인 구조로 되어 있다.

'육(肉)'을 취한 것은 노래가 순전히 입술과 목구멍에서 발현됨을 가리킨다. 이 는 최초의 민간 가요가 악기와 육성이 어우러진 그런 노래가 아니라, 감정에 움 직여 입술에서 터져 나오는 그런 자연스런 노래이므로, '천뢰(天籟)'라고 부를 수 있다. 당대(唐代) 사람들은 여전히 '무반주 노래[徒歌]'를 '육성(肉聲)'이라 불렀으 며,『정자통(正字通)』에서는 "당나라 사람들은 무반주 노래를 육성(肉聲)이라 불 렀다.(唐人謂徒歌曰肉聲.)"라고 했다.[20]

「유웅비(劉熊碑)」에 이르러 '요(䚻)'는 이미 '요(謠)'로 표기되었고,『설문』이 후의 자서(字書)인『한간(汗簡)』,『고문사성운(古文四聲韵)』,『진한위진전예(秦 漢魏晉篆隸)』,『반마자류(班馬字類)』 등을 고찰해 보면, 모두 이와 같이 파생되 었음을 알 수 있다. 즉, '요(䚻)'의 형태를 기반으로 '부(缶)' 부호가 추가된 '요 (嗂)'나 '요(謠)' 등의 이체자가 생겨났다. 단옥재는『설문』에서 '요(䚻)'자에 대해 "요(䚻)와 요(謠)는 고금자(古今字)이다.(䚻, 謠古今字也.)"라고 주석했다. 이로 미 루어 보아, '풍요(風謠)'가 이러한 역사적 배경에 이르러서는 이미 악기 반주가 가미된 성분으로 발전했으며, 더 이상 소박하고 꾸밈없는 '무반주 노래[徒歌]'가 아니라 악기와 육성이 조화를 이루는 정취를 갖추었음을 알 수 있다. 이는 문자 표층의 인지구조에서 '타악기' 성분이 부각되었음을 반영한다.

'요(謠)'자는 상형(象形)적인 구성에 '부(缶)'의 성분이 추가됨으로써, '요(謠)'

---

20) [淸] 厲荃輯·關槐增纂, 吳瀟恒·張靑龍點校,『事物異名錄』(長沙: 岳麓書院出版社, 1991), 175쪽 참조.

에 이미 음악적 요소가 가미되었음을 드러낸다. 이러한 의미 관념이 발생한 배경은 아래의 기본적인 한자 구성 요소-문자 부호의 치환 현상을 통해 설명할 수 있다.

여기서 『이아(爾雅)』 등의 자서(字書)에서 '요(謠)'(즉 '요(䚻)'에 '부(缶)' 부호가 추가된 경우)의 의미적 배경을 아직 개괄적으로 반영하지 못한 언어 현상을 지적할 수 있다. 『석악(釋樂)』에서는 "무반주 노래를 요(謠)라 한다.(徒歌謂之謠.)"라고 했고, 『옥편(玉篇)·언(言)부수』에서는 "요(謠)는 혼자 부르는 노래를 말한다.(謠, 独歌也.)"라고 했다. 이들은 여전히 전통적인 해석을 그대로 따르고 있어, '요(謠)'자의 새로운 음악적 의미 확장에는 미처 대응하지 못하고 있다. 이와 같은 현상을 통해, 문자 구성의 부호와 언어적 부호는 동일한 층위에 있는 것이 아니며, 일대일의 대응 관계가 아님을 알 수 있다.

'요(謠)'자에서 '부(缶)'를 취한 것은 '음악'적 기능을 나타내기 위함이다. '부(缶)'의 형태가 있으면 '악기'의 기능이 있는 것이다. 이러한 연관성은 '요(謠)'자를 구성하는 부호의 대체를 통해 발견될 수 있다. 예컨대, '요(喌)'는 『설문·구(口)부수』에서는 "기뻐하다[喜]라는 뜻이다. 구(口)가 의미부이고, 요(䚻)가 소리부이다."라고 했으며, 『광운(廣韻)·소(宵)운』에서는 "요(喌)는 즐거움[樂]을 말한다."라고 했다. '부(缶)'에는 악기의 기능이 있기에, 이체자로 '요(䁮)'라고 적었는데, 이는 음(音)으로 구성되었다. 『개병사성편해(改拼四聲篇海)·구(口)부수』에서는 『용감수감(龍龕手鑑)』을 인용하여 "요(䁮)는 기쁨과 즐거움[喜樂]이다."라고 했고, 『정자통(正字通)·구(口)부수』에서는 "요(䁮)는 속자(俗字)로 요(喌)처럼 적는다."라고 했다. 또 '요(瑤)'는 이체자로 '요(䁮)'처럼 적을 수도 있다. 『용감수감(龍龕手鑑)·옥(玉)부수』에서는 "요(璕)는 속자이며, 요(瑤)는 정자(正字)이다."라고 했는데,

이를 증거로 삼을 수 있을 것이다.

'부(缶)'자의 기원은 유구하며, 갑골문에서는 '오(午)'와 '감(凵)'(kǎn)으로 구성되었다. '오(午)'는 공이[杵]로, 공이는 그릇을 빚는 데 사용될 수 있으며, '감(凵)'은 그릇 형태를 본뜬 것이다. 청동기 명문(銘文)에는 금속 성분이 추가된 형태도 보인다. '부(缶)'는 '질그릇[瓦器]'으로, 둥근 배와 작은 아가리를 가진 형태이며, 생활 용구로서는 술이나 음료를 담을 수 있는 용기이고, 악기로서는 타악기의 일종에 속한다. 후대에는 주로 용량 단위로 사용되었으며, '한 부[一缶]'는 '16말(斗)'에 해당했다. 각종 출토 문자와 『설문』소전의 역대 변천을 배열하면 다음과 같다.

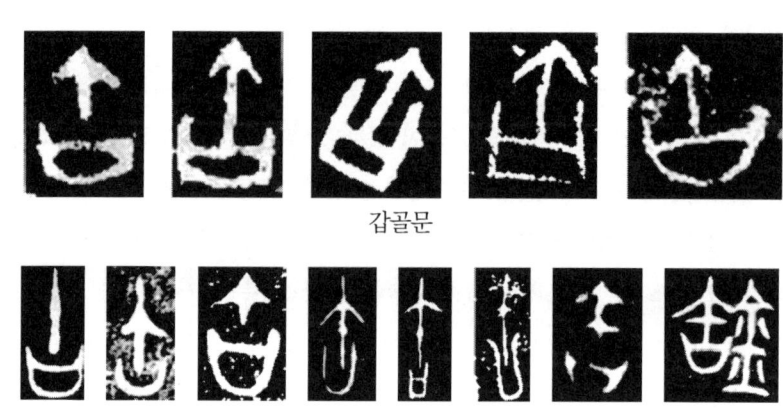

갑골문

금문

전국 시기 간백문자

고대 도기문자　　　　　한인(漢印)　　『설문』소전

서한 마왕퇴묘 간백서
(西漢馬王堆墓簡帛書)

동위 왕령원묘지
(東魏王令媛墓志)

북제 왕령처묘지
(北齊王怜妻墓志)

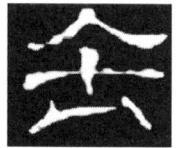

수 후조묘지
(隋侯肇墓志)

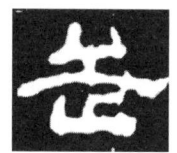

당 임성교정기
(唐任城橋亭記)

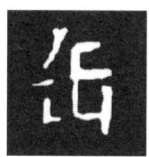

당 유여장묘지
(唐劉如璋墓志)

당 석경주역
(唐石經周易)

당 간록자서
(唐干祿字書)

당 장구묘지
(唐張矩墓志)

‘부(缶)’ 계열 글자들은 음악을 조절하는 기능을 지닌다. 즉 ‘부(缶)’가 악기로서 자체적으로 음악적 리듬에 조응하는 역할을 했음을 말한다.

1. 『주역·리괘(離卦)』: “북을 치지 않고 부(缶)로 노래한다.”
2. 『시경·진풍(陳風)·완구(宛丘)』: “완구의 길에서 부(缶)를 두드리네.” 공영달(孔穎達)은 『소(疏)』에서 “부(缶)는 질그릇(瓦器)으로써 음악의 절주(節奏)를 맞출 수 있다.”라고 했다.
3. 『사기·염파인상여열전(廉頗藺相如列傳)』: “조(趙)나라 왕이 진(秦)나라 왕이 진(秦)의 음악을 잘 한다는 말을 듣고, 분부(盆缻: ‘부(缶)’와 동자)를 바쳐 함께 즐기자고 청하였다.” 인상여가 진(秦)나라 왕에게 부(缶)를 치자고 한 것은 편의상이 아니라 “그 옛것을 잊지 않음”이며, ‘부(缶)의 연주’는 본래 진(秦) 지방의 고유한 풍경으로서 진(秦) 지방 음악의 리듬적 특성을 조율했음을 보여준다. 『설문·부(缶)부수』에서는 ‘부(缶)’자에 대해 “질그릇(瓦器)으로, 술을 담는 그릇이다. 진(秦) 사람들이 노래의 절주를 맞추기 위해 두드렸다.”라고 설명되어 있다. ‘부(缶)’라는 기구가 참여한다는 것은 곧 음악 반주 효과가 있음을 의미하며, 이에 따라 각지 민간 음악의 리듬을 조정할 수 있었다.

이상의 자료에서 쉽게 알 수 있듯이, ‘부(缶)’ 계열의 글자들은 ‘풍요(風謠)’에서 각지의 음악을 조율하는 기능을 지니고 있음이 확실하다. ‘풍요(風謠)’로서 ‘부(缶)’는 당연히 한 지역에 국한되지 않는다. 물론 이러한 인지적 요점은 아직 충분치 않다. 그러나 『설문』의 ‘유사한 글자(類符)’들의 조합적 인지구조에서 작용하는 방식을 따라, ‘요(謠)’가 문자부호로서 ‘부(缶)’로 구성된 것은 이 ‘부(缶)’

가 일종의 범주를 지시함을 의미한다. 즉 개념의 외연으로서 전체 '와기(瓦器)'
와 관련되며, '와기(瓦器)'는 『설문·와(瓦)부수』에서 "불에 구운 토기의 총칭"이
라 정의된다. 이는 '부(缶)'와 '와(瓦)'가 '동일한 범주'로 인지되었음을 시사한다.
'부(缶)'로 구성된 것과 '와(瓦)'로 구성된 것은 차이가 없으며, 양자는 서로 호환
되어 '다른 구조[異構]'를 형성할 수 있는데, 이는 한자 인지 표층 구조 간의 전
환 원칙이다.[21]

　'부(缶)'와 '와(瓦)'가 "불에 구운 토기(土器)의 총칭"으로서, 단순히 음악의 기
능적 측면에서 보면 중국 고대 음악의 '팔음(八音)' 개념[22]과 연관되어 있음을

---

21) '부(缶)'는 다른 형태의 구조로 '부(缻)'라고도 쓰는데, 『집운(集韻)·유(有)부수』에 다음
과 같이 기술되어 있다. "부(缶), 부(缻)는 부(俯)와 구(九)의 반절로 읽힌다. 『설문』에
따르면 와기(瓦器)로 술을 담는 용도이다. 진(秦)나라 사람들이 노래의 리듬을 맞추
기 위해 두드렸다. 상형자이며, 혹체에서는 와(瓦)로 구성된다."
　'항(項)'은 '항(缸)'으로도 표기되는데, 『설문·와(瓦)부수』에서 "항(項)은 와(瓦)가 의미부이
고 공(工)이 소리부이다."라고 했고, 『집운』에는 "호(胡)와 강(江)의 반절"과 "고(古)와 쌍
(雙)의 반절" 두 가지 독음이 수록되어 있으며, 왕균(王筠)의 『설문구두(說文句讀)』에서
는 "이 글자는 『설문·부(缶)부수』의 항(缸)과 동일하다."라고 했다.
　'자(甆)'는 또 '자(瓷)'로도 표기되는데, 『집운·자(脂)부수』에서 확인된다. '병(缾)' 역시 '병(瓶)'
으로도 표기되는데, 『설문·부(缶)부수』의 '병(缾)'자에 수록된 혹체(或體)에서 볼 수 있다.
　'유사한 글자(類符)'들의 인지구조적 의의는 언어와 문자의 '의미 부류(義類)' 간의 경
계를 허무는 데에 있다. 이러한 관점에서 볼 때, 『시경·위풍(衛風)』의 '고반(考槃)', 『
장자(莊子)』의 '고분(鼓盆)', 『사기』에 기록된 진왕(秦王)의 '격부(擊缶)' 등은 모두 '반
주가 없는 노래[徒歌]'에 음악적 반주를 더하는 미적 효과를 지닌 것으로, '요(謠)'가
문자 구성 부호로서 '부(缶)'에서 의미를 취한 의미 발생의 배경으로 이해될 수 있다.
또한, '경(磬)'과 '경(罄)'은 소리부가 동일하나, 석(石)으로 구성된 것은 타악기로, 제4
장 '화(龢)' 계열 문자의 음악적 조화와 제2절 '화(龢)'의 분류 2) '타악기'에서 논의된
바 있다. 이에 반해 '부(缶)'로 구성된 것은 와기(瓦器)의 가운데가 비어 있는 구조로
'소리를 수용할 수 있는 공간성'을 지녔기 때문이다.
22) 즉, 토(土)·금(金)·석(石)·혁(革)·사(絲)·목(木)·포(匏)·죽(竹)을 말한다.

보여준다. 『국어(國語)·주어(周語)』(하)에서 "금석(金石)으로 움직이고, 사죽(絲竹)으로 진행하며, 시(詩)로 도통하고, 노래로 읊으며, 포(匏)로 선양하고, 와(瓦)로 보조하며, 혁목(革木)으로 절주를 맞춘다."라고 했다. 전해지는 바에 따르면 여기의 '와(瓦)'는 '훈(塤)'의 별칭이다. 『설문토(土)부수』에서 "훈(塤)은 악기 이름이다. 흙으로 만들며 여섯 개의 구멍이 있다. 토(土)가 의미부이고 훈(熏)이 소리부이다.(塤, 樂器也. 以土爲之, 六孔. 从土, 熏聲.)"라고 했다. 이에 대해서는 상술한 제3장 제2절 '화(龢)'의 분류를 참조하면 된다.

  '부(缶)'의 '풍요(風謠)' 속에서의 음악적 리듬 기능은 『시경』의 '15국풍(國風)' 즉, 각 지역의 음악적 특색을 조율하였다.[23]

---

23) 『한서·지리지(地理志)』 제8(하)에서 "무릇 백성은 오상(五常)의 성품을 품고 있으나, 그 강유(剛柔)와 완급(緩急) 및 음성(音聲)이 다른 것은 수토(水土)의 풍기(風氣)에 연유하므로 이를 풍(風)이라 이른다. 호오(好惡)와 취사(取舍), 동정(動靜)의 무상(無常)함은 군상(君上)의 정욕(情欲)을 따르므로 이를 속(俗)이라 한다."(1640쪽)라고 했다.
  제(齊) 땅—임치(臨淄)는 영구(營丘)라 불리었으므로, 『제시(齊詩)』에서는 "그대의 영구(營)여, 나를 오(嶩) 사이에서 만났도다."라고 했다. 또한 "저(著)에서 나를 기다리라"라고도 했다. 이는 또한 그 완만하고 느긋한 체질을 보여준다. 오찰(吳箚)이 제(齊)의 노래를 듣고 말하기를 "넓고 큰 것이여, 대풍(大風)이로다! 이는 태공(太公)의 영향이 아니겠는가? 나라의 장래를 헤아릴 수 없겠다."(1659쪽)라고 했다.
  중국 역사에서는 일찍이 각 지방의 어조(語調)와 음성(音聲)의 청탁(淸濁) 및 완급(緩急)에 주목하였다. 예를 들어, '제기(齊氣)'의 느긋함, 양주(揚州)의 맑고 가벼운 격양(激揚), 오(吳) 지방 어조의 부드러움, 연(燕) 지방 어조의 강직함 등이 그러하다. 이와 같이 각 지방에서 채택된 악기도 필연적으로 이와 조화를 이루어 각각 특색을 나타내었으니, 이는 자연스러운 이치이다.
  왕사탁(汪士鐸)의 『왕매촌선생집(汪梅村先生集)』 제5권 「기성사(記聲詞)」 제2편에서는 다음과 같이 기술하고 있다. "『악기(樂記)』의……정(鄭), 위(衛), 송(宋), 제(齊)의 음악과 『논어』의 '정성(鄭聲)'은 모두 가락으로, 오늘날의 속악(俗樂)인 매산(脄山), 고평(高平), 익양(弋陽) 등 여러 가락과 유사하다. 곤산(昆山)조는 느리고 길게 늘어지므로 음탕하고, 고평조는 높고 강직하므로 비장(悲壯)하며, 익양조는 유랑하고 경박하

'부(缶)' 계열 악기가 지닌 음악적 리듬과 조화의 기능은 소박하고 꾸밈없는 상고 시기에만 국한된 것이 아니었다. 적어도 당대(唐代)의 궁정 음악이 크게 성행하던 시기에도 '부(缶)' 계열은 매우 두드러진 구성 요소였으며 상당한 규모를 갖추고 있었다. 앞서 언급한 『시경·진풍(陳風)·완구(宛丘)』에 묘사된 음악과 춤의 장면에 대해 당대(唐代)의 공영달(孔穎達)은 『소(疏)』에서 "부(缶)는 악기이니, 음악의 리듬을 맞출 수 있다. 지금 당대(唐代)의 '구(甌)'를 두드리는 것과 같다."라고 해석했다. 당(唐)나라 단안절(段安節)의 『악부잡록(樂府雜錄)·격오(擊甌)』에서는 다음과 같이 기술했다.

> 무종(武宗) 때에 곽도원(郭道源)이 후에 봉상부(鳳翔府) 천흥(天興)의 현승(縣丞)으로 있으면서 태상시(太常寺)의 조음율관(調音律官)을 겸하였는데, 구(甌)를 잘 두드렸다. 일반적으로 형주(邢州)와 월주(越州)의 구(甌)는 총 12개를 사용하며 그 안에 물을 가감하여 젓가락으로 치면 그 음향이 방향(方響: 당대 궁정음악에서 사용된 금속제 타악기)보다도 훌륭했다.(武宗朝, 郭道源後爲鳳翔府天興縣丞, 充太常寺調音律官, 善擊甌. 率以邢甌越甌共十二支, 旋加減水於其中, 以筯擊之, 其音妙於方響也.)

② 금슬(琴瑟)의 중화(中和)

『시경』 삼백 편을 읽어보면 알 수 있듯이, 상고 시기에 음악의 리듬을 조화롭게 만드는 데는 자연스럽게 다른 악기들도 함께했는데, 아래에서는 '금슬(琴瑟)'의 역할을 관찰해보자. 첫 편을 압권 하는 것이 바로 15국풍 중 '주남(周南)'

---

므로 원망을 품는다. 그 소리를 들으면 가사는 들리지 않으나 사람을 감동시키는 힘이 이와 같으니, 이는 그 가사의 과오가 아니다."(臧克和, 『「說文」認知分析』(武漢: 湖北人民出版社, 2019), 234쪽. 第三章第五節, 科技意象之"音樂" 참조.)

부분의 「관저(關雎)」이다.

> 끼룩끼룩 울어대는 저구새가 강의 모래톱에 있구나. 아름답고 어진 숙녀는 군자의 좋은 짝이로다. 들쑥날쑥한 마름풀을 좌우로 흘려 따는구나. 아름답고 어진 숙녀를 잠들고 깨어서도 구하는구나. 구해도 얻지 못하니, 잠들고 깨어서도 그리워하네. 아득하고 아득하여, 뒤척이며 잠 못 이루네. 들쑥날쑥한 마름풀을 좌우로 따는구나. 아름답고 어진 숙녀와 금슬(琴瑟)로 벗하리라. 들쑥날쑥한 마름풀을 좌우로 골라 따는구나. 아름답고 어진 숙녀와 종고(鍾鼓)로 즐기리라.(關關雎鳩, 在河之洲. 窈窕淑女, 君子好逑. 參差荇菜, 左右流之. 窈窕淑女, 寤寐求之. 求之不得, 寤寐思服. 悠哉悠哉, 輾轉反側. 參差荇菜, 左右采之. 窈窕淑女, 琴瑟友之. 參差荇菜, 左右芼之. 窈窕淑女, 鍾鼓樂之.)

「관저(關雎)」 전편 3장은 '군자'가 '숙녀'를 사모하는 연정을 묘사하니, 짝사랑에 가까운 '고련(苦戀)'이다. "깨어서도 자면서도 그리워함(寤寐思服)"에서 "이리저리 뒤척이며 잠을 이루지 못함(輾轉反側)"에 이르기까지, 거의 감정을 주체하기 어려울 지경이다. 이때 『시(詩)』 중에 즉, 금(琴)·슬(瑟)·종(鐘)·고(鼓) 등과 같은 악기의 이미지가 나타나서, 그 고조된 감정을 완화하고 풀어주며 절제하게 하는 역할을 한다. 이로부터 시 전체가 "즐겁되 음탕하지 않음(樂而不淫)"이라는 정서적 흐름의 기조를 형성하게 된다. 이러한 '낙이불음(樂而不淫)'의 서정적 특색은 인간이 자신의 정서를 스스로 다스려 희(喜)·노(怒)·애(哀)·락(樂)이 모두 절도와 조화를 이룬 상태, 즉 중화(中和)의 미학에 도달하게 하는 것이니, 이는 감정을 거칠게 터뜨리거나 즉흥적으로 토로하는 태도와는 전혀 다르다. 『논어·팔일(八佾)』의 "즐겁되 음탕하지 않고, 슬프되 상심하지 않는다.(樂而不淫, 哀

而不傷.)", 『예기·경해(經解)』의 "온화하고 부드러우며 두터운 덕이 있다.(溫柔敦厚)", 『사기·굴원가생열전(屈原賈生列傳)』의 "원망하고 비방하되 노하지 않는다. (怨誹而怒)" 등 고대인들이 시를 말한 인식과 완전히 부합하는 것 같다. 이러한 의미에서 보면, 『시경』 삼백 편이 「관저(關雎)」를 맨 앞에 두고 전체를 압도하게 한 것 또한 편찬자가 임의적으로 편집한 것이 아닌, 감정의 '조율과 절제', 곧 '중화(中和)'의 시학적 원칙을 보여주기 위함이다.

'금슬(琴瑟)'과 '종고(鐘鼓)'의 작용에 대해 살펴보자. '금(琴)'자의 출토 문헌과 『설문』에 기록된 자형은 다음과 같다.

전국 시기 초나라 죽간　　　　석각 전서체　　　『설문』소전

　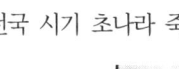　　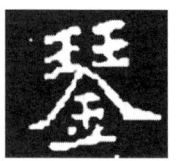

『설문』고문　　　한 진류간지　　　남조 양라부산명　　　북위 석완묘지
　　　　　　　　（漢晉流簡紙）　　　（南朝梁羅浮山銘）　　　（北魏石婉墓志）

북위 토곡혼기묘지　　북위 왕익묘지　　수 후조묘지　　수 임현급처묘지
（北魏吐谷渾璣墓志）　（北魏王翊墓志）　（隋侯肇墓志）　（隋任顯及妻墓志）

 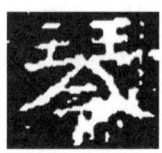  

| 수 장검급처묘지 | 수 장성묘지 | 수 정령비묘지 | 당 단승종묘지 |
|---|---|---|---|
| (隋張儉及妻墓志) | (隋張盛墓志) | (隋鄭令妃墓志) | (唐段承宗墓志) |

   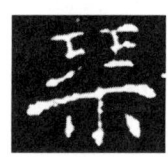

| 당 유자묘지 | 당 손당묘지 | 당 왕진묘지 | 당 예금명 |
|---|---|---|---|
| (唐劉子墓志) | (唐孫讜墓志) | (唐王震墓志) | (唐瘞琴銘) |

전국 시기 초간(楚簡)은 '금(金)'을 소리부로 취하고, 아래에 나오는 『설문』의 분석에서는 '금(今)'이 소리부라고 했는데, 사실 '금(金)'자도 '금(今)'을 소리부로 하는 글자이다.[24) 출토 문자 중에는 '목(木)'부호가 함께한 합성자도 있는데, 금

---

24) '금(琴)'은 '금하다[禁]'는 뜻을 나타낸다. 이는 소리로 뜻을 나타내는 성훈(聲訓)에 속한다. 『백호통(白虎通)』에서는 "금(琴)은 금하다는 뜻이다. 음란하고 사악함을 금지하고 사람의 마음을 바르게 하는 것이다.(琴, 禁也. 以禁止淫邪, 正人心也.)"라고 했다. '금(琴)'자는 '금(今)'을 소리부로 취하고 있어, 그 속에 '금(今)'의 뜻을 가지고 있다. '금(今)'자는 원래 '닫다[關閉]'·'포함하다[包含]'는 의미를 지니며, 『설문』에도 이에 관한 정보가 남아 있다. 「함(马)부수」에서는 "함(马)은 초목의 꽃이 아직 피지 않고 오므린 모습을 말한다. 상형이다. 함(含)과 같이 읽는다.(马, 艸木之華未發函然, 象形. 讀若含.)"라고 했다. 오늘날 우리가 쓰는 '신함(信函)'·'포함(包函)'의 함(函)이 바로 이 함(马)으로 구성된 글자이다. 「함(马)부수」에서 "함(函)은 혀를 말한다. 상형이다. 신체의 혀는 꽃봉오리처럼 피지 않은 존재이다. 함(马)이 의미부인데, 함(马)은 소리부도 겸한다. 함(肣)은 함(函)의 속체로 육(肉)과 금(今)으로 구성되었다.(函, 舌也. 象形, 舌體马马. 從马, 马亦聲. 肣, 俗函從肉, 今.)"라고 했다. 함(含)과 함(肣)은 모두 '금(今)'에

(琴)을 제작할 때 오동과 같은 목재가 사용되었기 때문에 그 영향을 받은 것으로 보인다. 『설문』의 소전체는 상형자로 '고금(古琴)'의 형상을 본뜬 것이다. 고문체는 형성자로, 윗부분은 금(琴)의 형상을 본떴는데, 이는 또 '슬(瑟)'의 고문체이며, 아래는 '금(金)'으로 소리부이다. 『설문』의 소전체가 예변을 거치면서 '금(琹)'이 되었고, 후대에 또 '금(琴)'으로 변했는데, 이는 모두 '금(今)'에서 소리를 얻은 구조이다. 이체자인 '금(栞)'은 '금(琴)'의 속자이다. 『설문』에서는 다음과 같이 설명했다.

> 금(琹)은 '금(禁)'과 같아 [사악한 마음을] 금하게 하다'라는 뜻이다. 신농(神農)이 만들었다. 아래 판에 소리가 나오는 구멍이 있다(洞越).[25] 붉은색의 삶은 비단으로 5가닥의 현을 만드는데, 주나라 때 2개의 현이 더해졌다. 상형이다. 금(珡)은 금(琹)의 고문체인데, 금(金)으로 구성되었다.(琹, 禁也. 神農所作. 洞越. 練朱五絃. 周加二絃. 象形. 珡, 古文琹從金.)[26]

---

서 소리를 취해, '함(肣)'이 바로 '포함(包函)'의 '함(函)'자이다. 또한, 성어 '금약한선(噤若寒蟬: 추운 날의 매미처럼 입을 다물다)'의 '금(噤)'의 본자(本字)는 '음(吟)'이 되어야 한다. '음(吟)'도 '금(今)'에서 소리를 취했다. 『설문』에 수록된 '금(琹)'의 고문체는 '금(金)'으로 구성된 '금(珡)'인데, '금(金)'도 실제로는 '금(今)'에서 소리를 취한 것이다. 『설문·금(金)부수』에서는 "금(金)이 토(土)로 구성되었고, 왼쪽과 오른쪽에 있는 두 필획은 금(金)이 흙 속에 있는 모습을 형상한 것이다. 금(今)이 소리부이다.(金, 從土左右注, 象金在土中形. 今聲.)"라고 했다. 혹자는 '금(今)'의 고문이 위치에 따라 의미를 나타내는 유형에 속한다고 보았다. 왈(曰)이 입을 열어 위로 향해 기운을 내뿜는 형상이라면, 금(今)은 입을 열고 아래로 향해 닫는 형상이라는 것이다.(裘錫圭, 『文字學槪要』(北京: 商務印書館, 1988), 141쪽 참조.)

25) [역주]『단주』에서 이렇게 말했다. "동(洞)자는 당연히 동(迵)이 되어야 한다. 동(迵)은 통과하다(通達)는 뜻이다. 월(越)은 금슬 아래쪽에 난 구멍(琴瑟底之孔)을 말한다. 그래서 동공(迵孔)은 거문고의 뱃속을 비게 하고 두 개의 구멍을 뚫어 관통시켰다는 뜻이다."

26) 『옥편(玉篇)』에 다음과 같이 기록되어 있다. "금(琴)은 거(巨)와 림(林)의 반절로 읽힌

특정 시기의 인지구조에서 볼 때, '금(琴)' 계열 악기가 음악의 리듬과 조화를 담당한 것은 『설문』에 나타난 의미 체계와 실제 사용의 연관성에 부합한다. '금(琴)'자의 구성 방식과 『설문』에서 보이는 어원적 해석은, 어떤 측면에서 중국 고대인들의 미학적 관념을 반영하고 있다. 즉, 고대 중국에서 음악은 단지 감정을 토로하거나 쏟아내는 수단에 그치지 않았으며, 특히 금슬(琴瑟)과 같이 신성하고 유구한 역사를 가진 악기일수록 그 또 다른 기능 ― 사악함을 막고 방탕함을 제어하는 역할 ― 이 더욱 중시되었다. 소리를 내어 보내되, 동시에 억제하고 다스림으로써, 감정이 방자하게 흩어지고 제멋대로 흐르는 것을 막는 것이다. 이러한 작용은 '중화(中和)'를 미학적 가치로 삼은 중국 음악시학(音樂詩學)의 이상과 맞닿아 있다. 이러한 시각에서 보면, 이 개념은 나아가 한(漢)나라 사람들이 『시경』을 말했던 심층구조 ― 즉 관념적 배경과도 긴밀히 연결되어 있음을 알 수 있다.27)

---

다. 『설문』과 『신론(新論)』에서는 '신농(神農)이 만들었다.'라고 했다. '금(琴)'이라는 말은 '금(禁)'과 통하니, 군자가 이를 지켜 스스로를 경계함을 상징한다. 또 『풍속통(風俗通)』에서는 '금(琴)에 일곱 줄[七弦]이 있는 것은 칠성(七星)을 본뜬 것이다.'라고 하였으며, 『금조(琴操)』에서는 '길이 3척 6촌(三尺六寸)은 366일을 본떴고, 너비 6촌(六寸)은 육합(六合)을 상징한다.'라고 했다. 금(珡)은 전서체이며, 금(䯝)과 금(𤫅)은 모두 고문체이다."

27) 『설문해자 인지분석』 제3부 제5절 "과학기술 이미지" 중, (1) 음악 관련 부수(部首) 항목에서는 다음과 같이 서술한 바 있다. 또한 '시(詩)'와 '지(持)'의 자형 구조는 모두 '사(寺)'를 소리부로 사용한다. '약(約)'으로써 '절(節)'을 삼았으니, 이는 '절주(節奏)'라 할 수 있다. '절주(節奏)'라는 용어는 고대와 현대에서 의미가 정반대이다. 고대의 '절주(節奏)', '구두(句讀)', '구도(句度)', '구투(句投)' 등은 모두 음전(音轉)에 따른 변이형이다. 이는 전종서의 『관추편』에서 다음과 같이 지적한 바와 같다. "현대인이 말하는 '절주(節奏)'는 흐름을 중시하지만, 고대 그리스인은 구속을 의미했다.

## (2) 과도한 비유[假象過大]

① '과도한 비유[假象过大]'는 『관추편』의 문학비평 과정에서 자주 언급되는 개념이다. 『전진문(全晉文)』 77권 지우(挚虞)의 「문장유별론(文章流別論)」 '가상과대(假象过大)' 조항에서 지적한 것과 같은 비평 대상이 여기에 속한다.

> 오가(吳可)의 『장해시화(藏海詩話)』에서 한구(韓駒)에 대해 이렇게 말했다. "절구(絶句)는 소가[小家事]와 같아서, 그 안에 대가[大家事]를 넣어서는 안 된다. 예컨대, 황정견의 「게 시(蟹詩)」에서 '호랑이와 싸운다(與虎爭)'거나 '몸이 갈기갈기 찢긴다는 표현은 대가사[大家事]에 해당하니, 이런 것은 시 속에 들어갈 만한 것이 아니다."
> 오교(吳喬)의 『위로시화(圍爐詩話)』 1권에서도 '칠자(七子)' 시가 과장되고 실 속 없으며, 공허하여 친근감이 없다고 비판하면서, "추운 밤에 나무판자를 덮고, 헐벗은 몸에 쇠갑옷을 입는다.(夜寒蓋木板, 赤身被鐵甲.)"라고 비유했다. 염약거(閻若璩)의 『잠구차기(潛邱箚記)』 45권(상) 및 5권 「진기년에게 보내는 편지(與陳其年)」에서는 왕완(汪琬)의 시 "농락하는 나비가 휘날리며 문을 밀치네.(戲蝶翩翩排闥過.)"와 "고요한 사찰 문 낮에도 열리니, 울타리 너머 나비는 머뭇거리네.(寂寂精藍晝又開, 隔籬飛蝶鎮徘徊.)"를 지적하면서, '문을 밀친[排闥]' 나비를 '나비 중 번쾌(樊噲)'라 조롱하고, 사찰 문이 활짝 열렸는데도 '머뭇거리는[徘徊]' 모습을 두고 "과거에는 용맹하더니 이제는 겁쟁이가 됐

---

한 걸음 나아가고 멈추는 형태는 유사하나 본질은 다르다." 고대 중국인 역시 '구속'을 핵심으로 삼았다. 따라서 고대 중국의 악무(樂舞)를 연구할 때, 그 정신을 관통하는 기본 원리는 다음과 같음을 쉽게 발견할 수 있다. "선왕(先王)의 음악은 백 가지 일을 절제하기 위한 것이다."(臧克和, 『漢字單位觀念史考述』(上海: 學林出版社, 1998), 144쪽, 第五部分第二節 인용.)

다"며 '나비 중 풍첩여(馮婕妤)'라 비유했다.

도원조(陶元藻)의 『전절시화(全浙詩話)』 42권에서는 유영사(俞永思)의 『화어여화(畫漁餘話)』를 인용하여 "모서하(毛西河)의 기녀(妓女)에게 바친 시 중 '두 눈동자는 밤의 가을 산 비를 자르고, 한번 웃으니 봄이 양자강의 물결에 생겨난다.(雙瞳夜剪秋山雨, 一笑春生揚子潮.)'에서 후구(後句)는 웃는 모습을 묘사한 것이지, 웃음소리를 형용한 것이 아니다. 양자강 심연에는 소용돌이가 있는데, 만약 이를 웃음소리로 해석한다면, 그 소리는 고래 종[鯨鐘]과 악어 북[鼉鼓]처럼 울려 퍼져 듣는 이들이 귀를 막고 놀라 달아날 것이다."라고 했다.

기윤(紀昀)의 『당인시율설(唐人試律說)』에서는 전가복(錢可復)의 「앵출곡(鶯出谷)」 중 "한 번 지저귐에 이미 사람을 놀라게 하고, 바람을 가르며 날개 짓해 날아가네.(一囀已驚人, 搏風飛翰疾.)"를 평하면서, "꾀꼬리는 소리가 있지만 '사람을 놀라게 한다[驚人]'는 것은 꾀꼬리의 소리가 아니다. 꾀꼬리는 날 수 있으나 '바람을 가른다[搏風]'는 것은 꾀꼬리의 비행이 아니다."라고 했다.

또한 진지(陳至)의 「부용출수(芙蓉出水)」 중 "검의 날카로움이 보검 집을 열고, 봉우리 그림자가 포진(蒲津)을 비추네.(劍芒開寶匣, 峰影寫蒲津.)"에 대해, "검이 연꽃을 닮았다고 할 수는 있으나, 연꽃이 검을 닮았다고 말할 수 없다. 봉우리가 연꽃을 닮았다고 할 수 있으나, 연꽃이 봉우리를 닮았다고 말할 수 없다."라고 평했다.

장패륜(張佩綸)의 『간우일기(澗於日記)』 광서(光緒) 18년 정월 초팔일에는 "황정견의 「수선화(水仙花)」시 중 '문을 나서며 웃으니 큰 강이 가로 놓였다.(出門一笑大江橫.)'에서 '가로놓이다[橫]'라는 글자는 너무 거칠고 호탕하여, 마치 수군 같다!"라고 평했다.

이상의 여러 비평들은 모두 "비유의 대상이 본래 서로 다른 범주"에 속하거나 "의미상 모순되어 부자연스러운" 표현들을 풍자한 것이다.


문장에서 단어[詞]와 사물[物], 뜻[意]과 이미지[象], 뜻[意]과 경계[境]가 조화를 이루는가, 그리고 그 표현이 균형 잡히고 원만한가 하는 문제는 중국 고대 문장론의 내적 기준을 이루는 핵심이었다.

이러한 기준 위에서 "비유가 지나치게 과장되었는가" 혹은 "지나치게 사실적이어서 상상력이 부족한가"는 문학비평의 기본 판단 원리가 되었다. 문장가들이 비평가들로부터 칭송받는 사례 역시 대개 이러한 조화의 원칙을 잘 구현한 경우였다. 후대에 전해지며 높이 평가받은 많은 작품 또한 기세나 규모가 웅대한 데에 있지 않고, 오히려 색채와 의미, 형상과 감정이 적절히 어울려 조화롭고 절도 있게 배치된 점에서 그 아름다움이 드러났다.

② '유상원(類相遠)'과 '사상위(事相違)'

역대의 비석 문자가 종종 혹평을 받는 이유는 바로 '화(和)'를 위반하였기 때문이다. 아래에는 여러 유형의 사례를 간략히 제시했다.

1. '사비의척(詞肥義瘠)'[28] ─ 표현만 지나치게 꾸미고 내용은 텅 빈 경우

고대인들은 흔히 이런 수사를 '배필문(陪筆文)'이라 하는데, 중심 의미를 돋보이게 하기 위해 과장이 극에 달한 예를 말한다. 출토 각석 기록에는 이러한 유형을 쉽게 확인할 수 있다.[29]

- 수(隋) 대업(大業) 12년 「□홍앙 묘지(□恗昂墓志)」

---

28) [역주] '사비의척(詞肥義瘠)'은 "말은 비대하고 뜻은 마르다"는 뜻으로, 수사가 지나쳐 의미가 빈약해지는 현상을 일컫는 말이다.

29) 臧克和, 「"詞肥義瘠"与"假象過大"――以歷代碑板文字爲線索」, 『讀字录』(中冊)(上海: 上海古籍出版社, 2020), 663-685쪽 재인용.

어린 시절부터 "신동(神童)이라 불렀다.(神童久號.)"

이 표현은 지나친 과장으로, 실제와 부합하지 않는다. 독서와 글쓰기 장면을
묘사하며, 오히려 지혜를 드러내려다 어리석음을 더욱 강조하였다.

> 책에 빠져 고전을 탐독하니, 도광(倫光)을 부끄러워할 필요 없고, 허벅지를
> 찔러가며 학문에 정진하니, 조설(照雪)을 부끄러워하지 않았다. 간장(干將)
> 을 잡고 비가 쏟아져도 밀[麥]이 떠내려가는 줄 몰랐고, 기둥에 기대어 글
> 을 쓰다 벼락이 쳐도 느끼지 못했다.(泮書欲典, 无謝倫光; 錐胱求英, 何慚照雪.
> 秉干雨至, 豈覺麥漂; 倚柱作書, 宁知霹靂.)

이러한 표현은 그 재주를 드러내려 한 것이지만, 결국은 '현실의 인간'을 벗
어난 과장된 수사가 되어 버렸다.

> 중니(仲尼)가 죽지 않고, 안연(顏淵)이 다시 태어났다.(仲尼不死, 顏淵複生.)

이러한 표현은 문(文)과 무(武)를 가리지 않은 점에서 이해할 수 있다.

> 일을 논하면 산을 무너뜨리고 바다를 말리며, 의(義)를 논하면 강과 하천이
> 마르고 끊어진다.

이러한 표현은 과장을 극한까지 끌어올려 사람의 성정을 그린다 하면서 거의
요괴에 가까운 인물로 만들어 버렸다.

2. '등소헌기(騰笑獻譏)' ― 궁인(宮人)에게 '향기처럼 남는 덕행'을 적용한 경우


- 수(隋) 대업(大業) 12년 「서씨 묘지(徐氏墓志)」:
난초의 향기와 혜초의 품성을 지녀 어려서부터 곱고 어질었으며, 예(禮)를
익히고 시(詩)를 밝히니, 그 재능이 젊은 시절부터 드러났다. 이로써 향기가
친족 사이에 퍼지고, 후궁으로 뽑혔다. 가르침을 따르고 예법을 닦아, 용모
와 덕행이 모두 흠이 없었다.(蘭芬蕙性, 爰自妙年; 習禮明詩, 彰於綺日; 由是騰
芳戚裏, 膺選椒庭. 葳訓聿修, 容德無爽.)


- 당(唐) 개원(開元) 3년 「최공 처 이씨 묘지(崔公妻李氏墓志)」:
그 아름다운 행실이 널리 퍼졌기에, 비문에 새겨 그 덕(德)을 기리고자 했
다.(思播美以騰芳, 願勒銘而紀德.)


- 남조(南朝) 제(齊) 공치규(孔稚珪) 「북산이문(北山移文)」:
이에 남악(南嶽)은 조소를 바치고, 북롱(北壟)은 웃음을 터뜨렸다.(於是南嶽獻
嘲, 北壟騰笑.)


- 청(淸) 진정작(陳廷焯) 『백우재사화(白雨齋詞話)』 권5:
(진백옥이) 무후(武后)를 아첨하여, 천고(千古)에 웃음을 샀다.((陳伯玉)諂事武
后, 騰笑千古.)


3. 수식이 지나치게 사실적인 경우는 결국 과도한 비유로 귀결되는데, 이러
한 사례는 더더욱 많다. 예컨대, "눈빛을 주고 받는 순간에 달빛이 빛난다.(盼顧
之間, 月夜光華.)"는 식의 표현이 그렇다.

- 수(隋) 대업(大業) 6년 「가씨 묘지(賈氏墓志)」:

그 언사는 곱고 우아하여 봄 난초의 향기와 같고, 그 눈빛을 주고 받으며 머뭇거리는 자태는 달밤의 빛과 같이 눈부시다.(言辭研雅, 則芬馥春蘭; 瞻顧 徘徊, 則光華夜月.)

또한 "용모의 광채가 붉은 해를 부끄럽게 할 정도이다.(容光慚朱日.)" 즉 그 빛남이 태양마저도 빛을 잃게 만든다는 식의 표현도 있다.

- 수(隋) 대업(大業) 8년 「하씨 묘지(何氏墓志)」:

들보를 비추는 붉은 해조차 그녀의 얼굴빛 앞에서는 부끄러워했고, 물 위 에 핀 붉은 연꽃조차도 그 아름다움에 부끄러워하였다.(照梁朱日, 本愧容暉; 出水紅蕖, 多慚榮曜.)

인물 평가의 수사적 과장도 상당히 많다. 다음을 보자.

1. "방통(龐統) 같은 이도 멀리서 비웃을 만큼 탁월했고, 도잠(陶潛)의 처세도 내려다보며 웃을 정도로 위엄이 있었다. 그 광채는 강의 진주가 깊은 물속 달빛 을 가리고, 그 기세는 월나라의 검이 하늘의 별빛을 흔드는 듯하였다.(遠嗤龐統, 俯笑陶潛; 江珠虧淵月, 越劍動沖星.)"

- 수(隋) 대업(大業) 7년 「진숙의 수공자묘비(陳叔毅修孔子廟碑)」:

그의 법도는 금과 옥처럼 정제되어 있고 부정한 관리들을 다스리는 데는 단호하였다. 한 번 보면 그 사람됨을 알아차리고, 한마디 말로도 옳고 그름 을 꿰뚫었다. 그래서 "강의 진주는 그 빛을 숨기고 때로 깊은 물속 달빛도 그 밝음을 읽는다."하였으며, "월나라의 검은 그 날을 감추었으나 흔들릴 때마다 별빛을 쏘아올린다."라고 했다. 이에 황제는 조서를 내려 그를 곡부

현령(曲阜縣令)으로 임명하였다. 그의 위엄과 덕화가 멀리까지 미쳐, 예교
(禮敎)가 크게 행해졌다. 그가 정무를 맡자마자 간사하고 교만한 자들은 스
스로 사라졌고, 강한 자를 누르고 약한 자를 도와주며, 부자는 나누고 가난
한 자를 구휼하였다. 그의 관할 구역은 맑고 화평하여, 백성에게 근심이 없
었다. 그의 덕(德)이 미친 바는 기이하여 서리와 우박이 내리지 않았고, 그
의 교화(敎化)가 행해진 곳에는 말과 소가 매어 있지 않아도 도망가지 않았
다. "밤에 물고기를 놓아주었다"는 이야기는 이미 『계부지편(漑釜之篇)』에
드러났고, "새벽에 새끼 꿩이 길들여졌다"는 일은 스스로 『명금지곡(鳴琴之
曲)』에 들어맞았다. 이에 방통(龐統)을 멀리서 비웃으며 "백 리의 재주도 맡기
지 못한다"라고 했고, 도잠(陶潛)을 내려다보며 웃으니 "오두미의 봉급을 가
볍게 여길 정도였다"고 하였다.(金作玉條之刑法, 桐囚木吏之奸情, 一見仍知, 片
言能折. 所謂江珠匿曜, 時虧淵月之明; 越劍潛光, 每動冲星之氣. 爰降詔書, 乃除曲
阜縣令. 風威遠至, 禮敎大行. 政術始臨, 奸豪屛息. 抑强扶弱, 分富恤貧. 部內淸和,
民無疾苦. 重以德之所感, 霜電無災; 化之所行, 馬牛不系. 鱨魚夜放, 早彰漑釜之篇;
乳雉朝馴, 自入鳴琴之曲. 遠嗤龐統, 不任百裏之才; 俯笑陶潛, 忽輕五鬥之俸.)

## 2. "용이 형주와 형산에서 일어나, 그 기세가 구강을 덮었다.(龍躍荊衡, 掩宅九江)"[30]

- 수(隋) 대업(大業) 9년 「진숙영묘지(陳叔榮墓志)」:
  진씨(陳氏)는 오회(吳會)를 호랑이의 눈으로 굽어보고, 형주와 형산의 산악
  을 용처럼 뛰어오르며, 그 세력이 구강(九江)을 덮었으며, 삼대에 걸쳐 영화
  를 이었다.(陳氏虎視吳會, 龍躍荊衡, 掩宅九江, 連華三葉.)

---

30) [역주] 「진숙영 묘지(陳叔榮墓志)」에서 나오는 이 말은 진씨(陳氏) 가문의 남조(南朝)
    진(陳) 왕조 계승 의식을 반영한 것이다. 이는 진패선(陳霸先)이 형주에서 군사를 일
    으켜 후량(後梁)을 멸망시킨 사건(557년)을 암시하며, '구강(九江)'은 진(陳)나라가 수
    도 건강(建康, 현재 남경)을 방어하기 위해 중시한 지역을 말한다.

李白『大鵬賦』:

세 개의 산을 한 덩이처럼 내려다보고, 다섯 개의 호수를 잔 속에 담아본
다.(塊視三山, 杯看五湖.)

이는 모두 사물의 크기와 인물의 기운을 대조적으로 확대하여, 웅장한 세계관과
초월적 자아의 기세를 표현한 것으로, 그 기능과 미학적 작용면에서 다르지 않다.

3. "금으로 된 법전 속을 자유롭게 달리며, 옥으로 다듬어진 법규 사이를 사
냥하듯 누볐다.(馳騁金科, 田獵玉條.)"

- 수(隋) 대업(大業) 12년「장준 묘지(張浚墓志)」
금과(金科) 안에서 말을 달리고, 옥조(玉條) 사이에서 사냥하였다. 탁월한 재
주가 높이 쌓였고, 아름다운 소문이 그치지 않았다.(馳騁金科之內, 田獵玉條
之閑. 碩才礫硌, 令問不已.)

여기서 '말 달림'과 '금과(金科)', '사냥[田獵]'과 '옥조(玉條)'의 조합은 '수사
적 조화의 결여'를 보여준다.

4. '일만 경에 일렁이는 파도(波瀾萬頃)'와 '몇 길 높이의 궁담(宮牆數仞)'

- 수(隋) 인수(仁壽) 원년「노문구묘지(盧文構墓志)」:
그의 부친 손지(孫之)는 영주자사(郢州刺史)로 추증되었는데, 그 기상은 만
경(萬頃)의 파도와 같고, 그 덕망은 몇 길 높이의 궁담과 같았다. 생전에 명

예가 드높았고, 사후에 영광이 더욱 빛났다. 그 가문은 악와(渥窪)의 용종(龍種)처럼 절경(絶景)을 날아 구름을 넘고, 단혈(丹穴)의 봉추(鳳雛)처럼 인(仁)을 머리에 이고 지(智)를 품었다. 경전(經典)을 가로지어 배우고, 책궤를 두드려 스승을 따라 화음(華陰)의 흙을 닦아 보검(寶釰)을 만들고, 화씨(和氏)의 옥을 다듬어 구슬을 만들었다. 이처럼 뛰어난 실력을 지녔으니, 그의 명예에 견줄 만한 이가 없었다.(顯考懿之, 贈郢州刺史, 波瀾萬頃, 宮牆數仞. 譽重生前, 榮耀身後. 渥窪龍種, 絶景而飛雲; 丹穴鳳雛, 戴仁而抱智. 及橫經請業, 鼓篋從師, 寶釰拭華陰之土, 璞玉成和氏之璧. 以茲茂實, 無此令名.)

## 5. '절전(絶電)'의 비유 확장

- 수(隋) 개황(開皇) 20년「독고라 묘지(獨孤羅墓志)」:
준골(駿骨)은 하늘이 내린 바라 어려서부터 절전(絶電)과 같은 자태를 지녔고, 다듬지 않은 옥처럼 스스로 완전하여 세상에서 보기 드문 보배가 되었다.(駿骨天挺, 幼有絶電之姿; 全璞不雕, 自成希世之寶.)

'절전(絶電)'은 원래 속도를 묘사하나, 여기서는 '신체적 기품'을 상징적으로 표현했다.

## 6. 노년의 나이와 아름다운 용모의 부자연스러운 대구

- 수(隋) 대업(大業) 7년「위씨 묘지(魏氏墓志)」:
그 용모는 여전히 복숭아와 오얏 같았으나, 해는 이미 서산에 기울었다. 향년 62세로 대업 7년 12월 2일 외환방(外患坊)에서 세상을 떠났다(貌犹桃李, 日已崦嵫. 春秋六十有二, 大業七年十二月二日卒于外患坊.)

7. 비유의 불균형: 화풍(和風)과 호거(虎去)

- 수(隋) 대업 12년「장준 묘지(張浚墓志)」: (『彙編』 제10권 153면)
그는 성정이 온화하고 마음이 곧고 청렴하였다. 별다른 제재를 가하지 않
아도 안팎이 스스로 숙연하였다. 화풍(和風)을 베풀면 호랑이가 떠나간 듯
하였고, 덕의(德義)를 쓰면 구슬이 돌아온 듯하였다.(惇情雅亮, 率心廉直, 勿
加禁止, 內外肅然. 施和風如虎去, 用德義而珠還.)

이 중 '화풍(和風: 온화한 정치)'과 '맹수의 물러남(虎去: 호랑이 퇴치)'의 결합
은 '은유적 불협화음'으로, '혼란스러운 수사적 짜임'을 보인다.

8. 가상불륜(假象不倫): 비유의 부적절성

- 수(隋) 대업 12년「장준 묘지(張浚墓志)」:
마치 옥수(玉樹)가 갈대 속에 서거나, 야생의 학이 닭 무리 속에 섞인 것과
같다.(若玉樹之居蒹葭, 野鶴之處雞群.)

여기서 '옥수(玉樹)'를 갈대숲에 배치하고, '야학(野鶴)'을 닭 무리와 혼합한
것은 '비유의 비약'으로, 결국 '격이 어긋난 비유'에 빠지고 만다. 이는 "양 떼
속에서 당나귀가 뛰쳐나온다.(羊群裏跑出驢子.)"라는 속담과 유사한 논리적 결함
을 지닌다.

9. 비유가 지나치게 사실적인 경우—'설파(舌波)'와 '필우(筆雨)'의 불협화음

- 수(隋) 개황(開皇) 3년 「구준고 묘지(寇遵考墓志)」:
학문에 독실히 힘써 그 업적은 가히 볼 만하였다. 혀끝에서 파도가 일고,
붓끝에서 비가 흩뿌려졌다. 동관(東觀)에서 책을 저술하고, 추관(秋官)에서
일을 보좌하였다. 붓으로 다듬은 글에는 숨김이 없어, 엄정함 속에 관대함
이 있었다. 군주의 후순(喉唇)이 되어, 윤한(綸翰)을 겸하여 장악하였다.(篤志
於學, 業尚可觀. 波騰舌杪, 雨散毫端. 著書東觀, 贊務秋官. 筆削無隱, 濟猛以寬.
入主喉唇, 兼掌綸翰.)

　여기서 "혀끝에서 파도가 일고, 붓끝에서 비가 흩뿌려졌다."는 표현은 "수사적
과장이 현실을 압도"한 사례로, 마치 "용왕이 구름을 토하고 안개를 내뿜는[噴雲
吐霧]" 수준의 비약이다. 당대(唐代)에 이르면 이러한 수사가 더욱 심화되어, '혀
끝의 번개[舌電]'라는 식의 표현으로 더욱 과장되어 유형을 극한까지 밀어붙였다.

- 당(唐) 총장(總章) 2年 「상관의 묘지(上官義墓志)」:
그는 형남(荆南)의 태수로, 농우(隴右)의 명문가였다. 가문은 대대로 영화를
이어받고, 관청마다 빛나는 이름을 남겼다. 부친은 일찍이 세상에서 칭송
을 받았으며, 그 말재주는 날카로워 마치 이빨 속에 칼을 감춘 듯하였다.
공은 재주가 뛰어나 문채가 빛났고, 그 가문은 활을 잘 쏘던 명문, 그 인품
은 고상하였다. 진(秦)의 화려한 언변을 본받고, 오(吳)의 세련된 문체를 익
혔다. 머리의 병[頭風]을 거의 다스릴 수 있었으니, 바로 그 혀끝의 번개[舌
電]에 힘입은 바였다(荆南令尹, 隴右良家. 公門載襲, 台室連華. 惟曾擢景, 藝洽
披砂. 顯考騰譽, 鞞叶藏牙. 其一. 克生英彦, 風馳藻絢. 門紹良弓, 器傳稽箭. 望秦
說綺, 臨吳識練. 几愈頭風, 方資舌電. 其二.)

10. 비유가 지나치게 사실적인 경우—'호통치니 천둥과 번개가 일었다(叱咤起雷電)'의 군사적 과장

- 수(隋) 인수(仁壽) 3년 「장검과 그 처 호씨 묘지(張儉及妻胡氏墓志)」:
선정(宣政) 원년, 오명철(吳明徹)을 토벌하라는 조서가 내려지자, 그는 내적으로 기지와 언변이 뛰어났고, 외적으로 영위(英威)를 떨쳤다. 활은 흐르는 물처럼 휘고, 말은 뜬 구름처럼 달렸다. 어둠 속에서도 고래를 베었으며, 호통치니 천둥과 번개가 일었다. 요기(妖氛)는 사라지고, 전승의 기세로 개선하였다.(宣政元年, 詔討陳賊吳明徹, 君機辯內馳, 英威外振, 弓彎流水, 馬控浮雲. 暗鳴而斬鯨鯢, 叱咤而起雷電, 妖氛廓定, 振凱言歸.)

여기서 "호통치니 천둥과 번개가 일었다."는 표현은 '군사적 위력을 자연 현상에 비유한 것'이나, '물리적 가능성의 한계를 초월'한 과장이다.

11. 비유의 부류가 어긋한 경우—'강의 눈과 바다의 입(河目海口)'과 '공경스런 턱과 호랑이 얼굴(欽頤虎顏)'의 불협화음

- 당(唐) 개원(開元) 24년 「독고현 묘지(獨孤炫墓志)」:
태어날 때 순수한 정기를 흡수하여 생명을 얻었으며, 모친은 원기(元氣)를 품었다. 강처럼 넓은 눈, 바다처럼 큰 입, 우뚝한 턱과 호랑이 같은 얼굴. 대화(大和)를 보전하고 황극(皇極)에 합치하였다. 왕도와 패도의 큰 전략은 모두 천기(天機)에서 발하였으며, 문장과 유학에 있어서는 특히 풍아(風雅)에 통달하였다.(生而吸純精, 母元氣, 河目海口, 欽頤虎顏, 保於大和, 合於皇極. 所言王霸宏略, 皆發自天機. 而述作文儒, 尤邃風雅.)

여기서 '강처럼 넓은 눈[河目]과 바다처럼 큰 입[海口]', '우뚝한 턱[欽頤]과 호랑이 같은 얼굴[虎顔]'은 상서(相書)의 기준엔 부합하나, 인간 형상의 조화로움을 해친다.

12. 이치에서 벗어난 과장—"새가 내려오게 하고(使鳥下)", "나무를 마르게 하다(令樹枯)"의 과장

- 수(隋) 대업(大業) 6년 「희위 묘지(姬威墓志)」
  효성(孝性)이 순수하고 깊어, 상중(喪中)에는 예(禮)를 넘어 슬퍼했다. 날아가
  던 새도 그의 슬픔을 듣고 내려앉았으며, 무덤 곁의 나무도 그의 눈물에
  젖어 말라버렸다.(並孝性純深, 居喪過禮. 飛鳥聞悲卽下, 墳樹染淚便枯.)

여기서 "새도 슬픔을 듣고 내려앉았으며, 나무도 눈물에 말라죽는다"는 표현은 '자연법칙을 역행하는 과장'으로, 『장자(莊子)』의 "정녀(貞女)의 눈물이 누대를 뚫는다"는 전설보다 더 극단적이다.

단어[詞]와 뜻[意], 뜻[意]과 사물[物]이 서로 조화를 이루는 데에는 세 가지 유형이 있다.

1. 전통 문예 비평의 내재적 준칙

수사적 실제 적용에서의 '사비의척(詞肥義瘠)'에서부터 수사 구조의 '지나친 비유[假象過大]'에 이르기까지, 이는 전통 문예 비평이 문체를 평가할 때 무엇을 취하고 무엇을 버릴 것인가 하는 내재적 기준을 이해하는 핵심이 된다. 그 근본적인 요체는 글을 구성하고 짜는 기본적인 조화의 원칙을 드러내는 데 있다. 육

기(陸機)의『문부(文賦)』는 글쓰기에서의 단어[詞]·뜻[意]·사물[物] 간의 조화 관계를 다음과 같이 밝혔다.

> 나는 재능 있는 선비(才士)들의 글을 볼 때마다, 그 마음 씀씀이를 엿볼 수 있었다. 말을 내뱉고 글귀를 부리는 것은 참으로 다양하지만, 아름답고 추함과 좋고 나쁨은 분명히 말할 수 있다. 내가 직접 글을 지을 때면 특히 그 정황[情]을 알게 된다. 항상 뜻이 사물에 부합하지 않거나, 글이 뜻에 미치지 못할까 걱정한다. 아는 것은 어렵지 않지만, 행하는 것이 어렵다. 그러므로『문부』를 지어 옛사람들의 훌륭한 문장을 기록하고, 글쓰기의 이로움과 해로움이 어디에서 비롯되는가를 논하고자 하였다.(余每觀才士之所作, 竊有以得其用心. 夫放言遣辭, 良多變矣. 姸蚩好惡, 可得而言. 每自屬文, 尤見其情. 恒患意不稱物, 文不逮意. 蓋非知之難, 能之難也. 故作『文賦』, 以述先士之盛藻, 因論作文之利害所由.)

## 2. 이론적 체계: 세 가지 관계 유형

이 논의에서 다루어진 단어[詞]·뜻[意]·사물(物)[상(象)]의 관계는 이론적으로 각각 다음의 세 가지 하위 유형으로 나뉜다.

(1) 물(物)[상(象)]과 의(意)의 관계: 물(物)＝의(意), 물(物)＜의(意), 물(物)＞의(意)
(2) 사(詞)와 의(意)의 관계: 사(詞)＝의(意), 사(詞)＜의(意), 사(詞)＞의(意)[31]

---

31) [역주] 이 두 가지 유형을 알기 쉽게 표로 비교하면 다음과 같다.
  (1) 물(物)과 의(意)의 관계

| 유형 | 설명 | 예시 |
|------|------|------|
| 물＝의 | 객관적 형상과 주관적 의미의 완전한 일치 | 달[月]＝고향에 대한 그리움(望月思鄕) |

그러나 중국 고유의, 오늘날까지도 여전히 유효한 시문(詩文) 비평 개념의 체계 속에서, 그 조화의 과정이 언제나 균형을 이룬 것은 아니었다. 때로는 '한쪽으로 치우친' 편향적 경향을 보이기도 했다.

(1) 제1유형: 사(詞)＝의(意), 의(意)＝물(物)
— 이는 이상형에 속한다. 통상적으로는 의경(意境)의 원융(圓融)과 조화[和諧]라고 표현된다.
(2) 제2유형: 물(物)＜의(意), 사(詞)＜의(意)
— 이는 편고(偏枯)형에 속한다. 즉, 어느 한쪽이 메마른 상태에 속한다. 그러나 우리는 여기에 대한 비판적 논의를 거의 찾아볼 수 없으며 심지어 "문장이 간결하되 뜻은 풍부하다.(文約義豐)", "말은 다하였으나 뜻은 다하지 않았다.(言有盡而意無窮.)", "다하지 않은 뜻이 말 밖으로 드러난다.(含不盡之意見於言外.)"와 같은 전통 문평의 정형적인 가치 판단의 근거가 되어 왔다. 석각 자료에서는 이를 "말이 본질에 부합한다(詞當體要)"라는 말로 표현된다.32) 이러한 현상은 전통 예술사에서의 인지적 선택을 비

| 물＜의 | 형상이 함축적 의미를 다 표현하지 못함 | 강산(江山)「역사의 홍망성쇠(興亡)」 |
| 물＞의 | 형상이 의미를 압도하는 과장 | 파도가 만 겹[波瀾萬頃]＝인물의 기상 |

(2) 사(詞)와 의(意)의 관계

| 유형 | 설명 | 예시 |
| --- | --- | --- |
| 사＝의 | 언어가 의미를 정확히 전달 | 푸른 산(青山)＝푸른 산 |
| 사＜의 | 언어가 의미의 깊이에 미치지 못함 | 눈물「깊은 슬픔」 |
| 사＞의 | 수사가 내용을 압도하는 공허 | 금과옥조(金科玉條)로 법전을 묘사 |

32) 당(唐) 함통(咸通) 12년「염조 묘지(閻肇墓志)」: "어릴 적부터 경전을 익혀 총명함이

교적 직접적으로 반영했다.

(3) 제3유형: 물(物)>의(意), 사(詞)>의(意)

— 이는 배척(排斥)형에 속한다. 시문평에서 자주 볼 수 있는 표현이 '가상과
대(假象過大)'인데, 그 심층 구조는 사물이 뜻보다 큰 경우(物>(象)意)이다.
'가상과대'의 언어적 표현 형태는 바로 "말은 비대하고 뜻은 메마르다(詞肥
義瘠)"이며, 그 심층 구조는 곧 사(詞)>의(意)이다.[33]

'지나친 비유[假象过大]'는 단지 묘사 대상의 형태나 규모가 불균형한 것만을
뜻하지 않는다. 그 안에는 또한 "비유가 어긋나고(所擬不倫)", "비교가 부류에
맞지 않으며(所比不類)", "짝이 잘못되고(錯配非偶)", "편중되어 조화롭지 못한
(偏枯不稱)" 여러 경향이 함께 존재한다.

이러한 비평 형식은 문장의 표현에 주목하면서도 동시에 어휘의 관계에 통찰
을 두는 것으로, 『관추편』이 『전상고삼대진한삼국육조문(全上古三代秦漢三國六
朝文)』을 논평하는 과정에서 사용한 중요한 문체 비평 항목 중의 하나이다. 이
와 같은 조화의 평가 내용은 중국 시문(詩文) 비평의 맥락 속에서 내재된 유기
적 연관성을 지닌다. 중국 고유의 문장 구조가 요구하는 균형의 기본 원칙, 그
리고 그 원칙을 구현하는 기본 구조와 기본 단위, 바로 여기에 고대 중국에서
이어져 온 '화도(和道)'의 문통(文統)이 드러나 있다.

---

남달랐으며, 모든 문언을 통달하여, 그의 말은 본질에 맞고 요체를 갖추었다.(幼習經
典, 聰穎殊倫, 通貫群言, 詞当体要.)"

33) [역주] 이 세 가지 유형을 알기 쉽게 표로 비교해 보면 다음과 같다.

| 유형 | 구조적 특징 | 비평적 평가 | 대표적 표현 |
|------|------------|------------|------------|
| 제1유형 | 사=의=물 | 이상적 | 의경원융(意境圓融) |
| 제2유형 | 사<의, 물<의 | 긍정적 수용 | 문약의풍(文約義豐) |
| 제3유형 | 사>의, 물>의 | 배척 대상 | 가상과대(假象過大) |

## (3) 편고불칭(偏枯不稱): 치우치고 메말라 서로 조화되지 않는다

강엄(江淹)의 「별부(別賦)」에 다음과 같은 구절이 있다.

혹시 화음(華陰)의 고상한 선사가 있어, 선약(仙藥)을 복용하고 신선이 되어…… 학을 타고 하늘로 오르며, 난조(鸞鳥)에 멍에 메워 하늘로 오른다면, 잠시 만 리를 유람하고, 잠깐의 이별이 천 년과도 같으리라. 오직 세간에서는 이별을 중히 여겨, 주인에게 작별을 고하고 의연히 떠난다.(倘有華陰上士, 服食還仙, ……駕鶴上漢, 驂鸞騰天, 暫遊萬里, 少別千年, 惟世間兮重別, 謝主人兮依然.)

'화도(和道)'의 조화 원칙에 따라, 『관추편』에서는 이 대목을 두고 "편고불칭(偏枯不稱), 즉 치우치고 균형이 맞지 않아 전체 구성의 결점이 된다."라고 평하였다.

이별의 감정은 하나의 정서이면서도 두 가지 측면이 있다. 머무는 사람은 떠나는 이를 슬퍼하고, 떠나는 사람은 머무는 이를 그리워한다. 이 두 감정 중 어느 한쪽만을 선택하여 표현해야 "그으윽한 마음이 사무쳐 녹아내리는 듯한(黯然銷魂)" 정서의 주제에 부합한다. 전체적으로 양쪽을 동시에 고려하거나 혹은 한쪽에 무게를 두는 것은 본령(本領)에 어긋나지 않는다. 이백(李白)의 「고풍(古風)」 제20수에서는 '옛날 신선'을 만나 '기꺼이 함께 가기를 원하지만, "친구들과 이별하며 눈물을 흘리고, 말하려 해도 목이 메여 여러 번 삼킨다.(泣與親友別, 欲語再三咽.)"라고 하였으니, 이것이 진정 「별부」의 제목에 담긴 본연의 의미라 할 것이다.

그러나 강엄은 이에 대해 한 자도 언급하지 않았으니, 마치 세속을 버리고 신선을 좇는 사람처럼 세상 인연을 잊고 애정을 끊은 듯, 이별의 슬픔은 전혀 보이지 않는다. 이는 그럴 수 있다고 할 수 있다. 그러나 신을 벗어버리듯 가족을 버린 자에 대해, 그 가족들은 반드시 바라보아도 미치지 못하고, 비 오듯 눈물을 흘리며, 생이별이 곧 사별임을 통탄할 것이다. 한유(韓愈)의 「수씨자(誰氏子)」에서 "어리석은 것도 아니요, 미친 것도 아닌 누구의 아들이, 왕옥산(王屋山)에 들어가 도사라 칭하니, 백발의 늙은 어미가 문을 막고 울며, 소매를 끊어질 듯 잡아도 붙들지 못하니, 푸른 눈썹의 젊은 아내는 스무 살에 시집와서 집으로 실려 돌아가며 시장이 떠나가도록 울부짖는다.(非癡非狂誰氏子, 去入王屋稱道士; 白頭老母遮門啼, 挽斷衫袖留不止; 翠眉新婦年二十, 載送還家哭穿市.)"라거나, 혹은 『홍루몽(紅樓夢)』 제1회에서 견사은(甄士隱)이 미친 도사를 따라 "표표히 사라져가자", 그의 아내 봉씨(封氏)가 "울며 죽을 지경"이 된 것과 같다.

그러나 「별부」는 오직 '중별(重別)' 두 글자로만 처리하고, "이별은 반드시 원망이 뒤따르고 그 원망은 반드시 가득찬다."는 정서를 전혀 펼치지 않았으니, 이는 결핍이라 할 수 있다.[34]

## (4) 운(韻)의 조화

예술 분야에서 가장 자주 등장하는 개념의 하나로서, '운(韻)'은 예술 비평사에서 특색 있는 용어로 꼽힌다. 여기서는 먼저 다음과 같은 두 가지 구체적 문제를 고찰하고자 한다.

① '운(韻)'자가 언제부터 예술과 관련된 개념을 기록하며, 예술 비평의 영역

---

34) 錢鍾書, 『管錐編』第四冊, 『錢鍾書集』(北京: 生活·讀書·新知三聯書店, 2008), 2196-2197쪽. 論『全上古三代秦漢三國六朝文』 第207則.

으로 들어왔는가?

앞서 제4장에서 논의한 '화(龢)'와 음악적 조화의 관계, 그리고 음악 분류와 관련된 한자 기록의 실제 연대에 따르면, 출토된 석각 자료에서는 남북조 시기의 묘지명에서 비교적 이른 사례가 확인되며, 자서의 기록으로는 송대(宋代)『설문』신부(新附) 부분에 수록되어 있다. 이러한 문자 기록의 시대적 특징은 뒤에서 언급할 예술사적 발전 단계와 서로 호응한다.

② '운(韻)'은 처음에 어떤 예술 분야에서 조화의 비평 용어로 사용되었는가?
『관추편』에서『전제문(全齊文)』25권 제189칙을 논한 바에 따르면, 남조(南朝) 제(齊)나라 때, 사혁(謝赫)의「고화품(古畫品)」육법(六法)을 고증·논의의 출발점으로 삼아, '기운(氣韻)'이 바로 '생동(生動)'임을 밝혔다. 중국에서는 북송(北宋) 때의 범온(范溫)이 처음으로 '운(韻)'이라는 예술 범주를 도출하여, 서화(書畫)를 평론하는 데서 시작해 시문(詩文)의 비평으로 확장하였다.[35]

『영락대전(永樂大典)』807권『시(詩)』자(字)편에는 북송 범온이 지은『잠계시안(潛溪詩眼)』의 잔문[佚文]이 인용되어 있다. 그 중, '운(韻)'에 관한 논의는 수천 자에 달하는 방대한 내용이다.『관추편』은 이를 처음으로 찾아내어 세상에 드러내고 그 심오한 뜻을 세밀히 밝혀내었다. 전종서는 이를 두고 다음과 같이 평가하였다.

　이는 특히 '신운설(神韻說)'의 대강과 요체일 뿐만 아니라, 회화의 '운(韻)'에서 시문의 '운(韻)'으로 전환·발전하는 결정적 전환점을 보여준다.(非特爲'神

---

35) 錢鍾書,『管錐編』第四冊,『錢鍾書集』(北京: 生活·讀書·新知三聯書店, 2008), 2121-2127
　　쪽. 論『全齊文』卷25 第189則.

韻說'之弘綱要領, 抑且爲由畫'韻'及詩'韻'之轉捩進階.)

즉, 제(齊)·양(梁)의 시기부터 인물 평전에서 서법(書法)·회화(繪畫)로, 다시 서법·회화의 '운(韻)'이 시문의 '운(韻)'으로 발전하는 중대한 전환을 밝혀낸 것이다.

그리하여 전종서는 다음과 같이 평했다.

> 융합하고 종합적으로 고찰함에 있어, 엄우(嚴羽)는 물론이고 육사옹(陸士雍)·왕사정(王士禛) 등도 따라가지 못할 듯하다.(融貫綜核, 不特嚴羽所不逮, 卽陸士雍, 王士禛輩似難繼美也.)

범온은 '운(韻)'을 '소리 너머'의 남은 울림과, '언어나 형상 너머'의 남은 뜻으로 해석하였으니, 이는 인물의 풍모(風貌)와 예술의 품격 속에 나타나는 '운(韻)'이 본래 음악적 조화의 비유에서 유래했음을 보여준다.[36] 자세한 내용은 제4장 제2절의 "화(龢)의 분류"를 참조하면 된다.

---

36) 음운(音) 관련 개념에 대해, '운(韻)'은 소리의 '원윤(圓潤)'함을 나타내며, 소리부 '원(員)'에서 유래하였다. '운(韻)'은 고르고 '균일[均勻]'함을 의미하며, 소리부 '균(勻)'을 구성 요소로 한다.

## 제4절 '화도(和道)': 이질적 요소의 조화와 조절

　　문학·예술사에서 '정항(正項 혹은 正量)'의 기초 위에 '이항(異項 혹은 異量)'을 조화롭게 더하는 것은, 단순히 '이질적 요소의 미'를 드러낼 뿐만 아니라 이 두 요소가 서로 보완함으로써, '정량'을 배가시키는 결과를 낳는다.

### (1) 성격의 결합: 모순된 구조 사이의 조화

　　『사기·항우본기(項羽本紀)』에 기술된 항왕(項王)의 인품에 대해, 일본 학자 다키가와 스케노부(瀧川資言)의 『사기회주고증(史記會注考證)』에서는 한신(韓信)의 평론을 인용하여 다음과 같이 논평하였다.

　　　　항왕은 사람을 대할 때 공손하고 자애로우며 말투가 부드럽고 온화하였다. 병든 자를 보면 눈물을 흘리며 음식을 나누어 주었지만, 공로가 있어 작위(爵位)를 하사해야 할 경우에는 인장(印章)이 닳도록 만지기만 하고 결국 주지 못하니, 이것이 바로 이른바 '여인의 인(仁)'이라 할 수 있다.(項王見人恭敬慈愛, 言語嘔嘔, 人有疾病, 泣涕分食飲, 至使人有功當封爵者印刓弊忍不能予: 此所謂婦人之仁也.)

　　또 고기(高起)와 왕릉(王陵)은 "항우는 인자하며 사람을 공경하지만, 범증(范增)과의 대화로 봤을 때 항우의 성정이 어떠했는지를 짐작할 수 있다."라고 했다. 『관추편』 제1권에서는 『사기회주고증』의 항왕의 성격 분석을 다음과 같이 고증했다.

'온화한 말솜씨'와 '우렁찬 호통', '공손하고 자애로운 태도'와 '사납고 교활한 성품', '인재를 아끼고 예우하는 모습'과 '어질고 능력 있는 자를 시기하고 질투하는 마음', '여자와 같은 인자함'과 '학살과 잔혹한 파괴', '음식을 나누어 주는 관대함'과 '인장을 닳도록 하면서도 상을 주지 않는 인색함─이 모두가 서로 반대되고 모순된 듯하지만, 실제로는 항우 한 사람의 몸에 함께 존재한다. 마치 두 손으로 서로 다른 글을 동시에 쓰는 듯하고, 한 목구멍에서 서로 다른 가락이 흘러나오는 듯하나, 결국은 한 줄기 맥락으로 이어진다. 심학(心學)과 성리학(性理學)의 관점에서 평가해도 그 조화는 분명히 타당하다. 『사기』가 묘사한 인물 중에 이처럼 복합적인 성격을 통합적으로 묘사한 예는 없다.37)

항우(項羽)라는 한 인물 안에 이중적 성격 구조를 함께 지니고 있으며, 이것이 문학적으로 전형적인 인물 형상을 이루는데 중요한 의미를 갖는다. 만약 그의 성격적 요소들이 단순하게 결합되었다면, 그의 용맹함은 충분히 부각되지 못했을 뿐만 아니라 귀족으로서의 기품 또한 손상되었을 것이다. 그렇게 되면, 역사상 수많은 용장과 별다른 차이점이 없었을 것이다.

---

37) 전종서의 편지 중에 다음과 같은 주석이 있다. "유재복(劉再復)이 직접 만나 말하길, 『관추편』을 읽고 나서야 『사기(史記)』가 이미 '인물의 이중적 성격'을 서술했음을 알게 되었다고 했다. 장편(長篇)의 대작일수록 비록 비중이 작은 인물이라도 서사 전체에서 '조화와 균형을 이루는' 역할을 간과할 수 없다. 예컨대, 『홍루몽(紅樓夢)』에서 소박하지만 세상 경험이 풍부한 유모모(劉姥姥)가 대관원(大觀園)에 세 번 방문하는 일화는 가모(賈母)라는 인물의 성격을 한층 풍부하게 해주는 중요한 요소로 작용한다. 또한, 장난기 많고 솔직한 말썽꾸러기 시동 배명(焙茗)은 가보옥(賈宝玉)의 성격적 '진실성'을 비추어주는 존재로서, 그 역시 대체 불가능하다. 지연재(脂硯齋)와 금성탄(金聖嘆) 등 고대 소설 평점가들의 용어로 말하자면, 이는 곧 '특범불범(特犯不犯)' 즉, 의도적으로 규칙을 어기되, 결과적으로는 법도를 어기지 않는 미학적 필법을 말한다."

『사기』가 묘사한 항우의 인물상에는 초(楚)나라 귀족으로서의 유풍과 군자의 기상이 남아 있으며 동시에 인간적인 감정의 평범한 면모도 가지고 있음을 다음과 같이 기술했다.

　　혹자가 항왕에게 말했다. "관중(關中)은 산하(山河)의 험요(險要)로 사방이 막혀 있고 땅이 비옥하여 도읍으로 삼아 패업을 이룰 만합니다." 그러나 항왕은 진(秦)나라의 궁실이 모두 불타 무너진 것을 보고 마음속으로 고향으로 돌아가고자 하는 생각을 하며 말했다. "부귀(富貴)를 이루고도 고향으로 돌아가지 않는 것은 비단옷을 입고 밤길을 걷는 것과 같으니, 누가 그것을 알아주겠는가?" 이에 간언한 자가 말했다. "사람들이 초(楚)나라 사람은 원숭이에 관을 씌운 것과 같다고 하더니 과연 그렇군요." 항왕이 그 말을 듣고는 그 사람을 삶아 죽였다.(人或說項王曰: 關中阻山河四塞, 地肥饒, 可都以霸. 項王見秦宮室皆以燒殘破, 又心懷思欲東歸, 曰: 富貴不歸鄕, 如衣繡夜行, 誰知之者. 說者曰: 人言楚人沐猴而冠耳, 果然. 項王聞之, 烹說者.)

　'부귀귀향(富貴歸鄕)'은 성어로 정형화되어, 후대의 수많은 모방과 인용으로 인해 거의 관용적 표현이 되었다. 송대(宋代) 구양수(歐陽修)의 「상주주금당기(相州晝錦堂記)」에서도 "벼슬이 장상(將相)의 지위에 이르고 부귀(富貴)를 얻어 고향(故鄕)으로 돌아가는 것은 인간의 본성에 따른 영예로움이니, 이는 예나 지금이나 다르지 않다.(仕宦而至將相, 富貴而歸故鄕. 此人情之所榮, 而今昔之所同也.)"라고 했다.

　상술한 인물의 성격 구조의 조화와 '이량상제(異量相濟)'의 원리를 이해하지 못하면, 『사기』의 본기(本紀)·세가(世家)·열전(列傳)에 등장하는 인물들을 해석할 때 종종 통일되지 않은 인상을 받게 된다.

「고조본기(高祖本紀)」에는 다음과 같은 기록이 있다.

> 고조(高祖)가 돌아오는 길에 패(沛)를 지나면서, 패궁(沛宮)에서 연회(宴會)를
> 열었다. ……고조는 자리에서 일어나 춤을 추며 비분강개하여 회포(懷抱)를
> 드러내며 눈물을 흘리며 패(沛)의 부형(父兄)들에게 말했다. "떠돌아다니는
> 이는 고향이 그리운 법이다. 내가 비록 관중(關中)에 도읍(都邑)을 정했으나,
> 만세(萬歲) 후에도 나의 혼백은 여전히 패(沛)를 그리워할 것이다."(高祖還歸,
> 過沛, 留, 置酒沛宮. ……高祖乃起舞, 慷慨傷懷, 泣數行下, 謂沛父兄曰: 遊子悲故
> 鄉, 吾雖都關中, 萬歲後, 吾魂魄猶樂思沛.)

『고증(考證)』에서는 이를 「항우본기(項羽本紀)」와 대조 비교하며 다음과 같
이 논평했다. "이는 항우(項羽)의 마음과 전혀 다를 바 없다. 그런데 세상 사람
들은 항우를 인정하면서도 유방을 높이 평가하지 않으니, 어찌된 일인가?"

『고증』의 저자는, 한고조(漢高祖)의 고향을 그리워하는 심리가 항우와 완전히
동일함에도 불구하고, 세상 사람들이 항우는 긍정하면서도 유방(劉邦)은 부정하
는 현상을 지적함으로써, 역사적 인물의 성격 속에 내재된 복합적이고 모순적인
이중구조를 세상 사람들이 조화롭게 인식하지 못하는 현상을 폭로하고자 했다.

## (2) 인간과 자연: 허(虛)와 실(實) 사이의 조화

### ① 인물: 허(虛)와 실(實)의 비례가 맞지 않을 때

『관추편』에서는 경전과 시론에서 각각 한 예를 들어, 허와 실 사이의 비례
조화가 지니는 의미를 이렇게 설명하였다.

『백유경(百喩經)』제1칙에는 다음과 같은 이야기가 실려 있다.

옛날 어떤 어리석은 사람이 남의 집에 찾아갔다. 주인이 그에게 음식을 대접하니, 맛이 싱겁고 별맛이 없다며 불평하였다. 주인이 그 말을 듣고 소금을 조금 넣어 주었다. 소금을 넣어 맛이 좋아지자, 스스로 "맛이 좋아진 까닭이 다 소금 때문이구나. 조금만 넣어도 이러하거늘 하물며 많다면!"하고 생각하고는 소금만 헛되이 먹기 시작했다.(昔有愚人, 至於他家, 主人與食, 嫌淡無味, 主人爲益鹽. 旣得鹽美, 便自念, 言: '所以美者, 緣有鹽故; 少有尙爾, 況復多也!' 便空食鹽.)

하이손(賀貽孫)의『시벌(詩筏)』에는 이렇게 적혀 있다.

요즘 젊은 시인들은 언제나 한가롭고 차가운 곳에서 신운(神韻)을 전하려 하는데, 이는 "뺨 위에 세 가닥 털을 더한다"는 식이다. 그러나 반드시 얼굴과 뺨에 먼저 생기 있는 형상이 그려져야 그 위에 털 세 가닥을 더할 수 있다. 근래 시인들의 작품을 보면 중심 사상은 드물고, 오로지 한가로운 말에만 전념하니, 이는 얼굴과 뺨도 없이 세 가닥 털만 달아놓은 사람과 같으니, 그것을 무엇이라 할 수 있겠는가.(後来家每從閑冷處傳神, 所謂頰上加三毛也. 然須從面目顴頰上先著精彩, 然後三毛可加. 近見詩家正意寥寥, 專事閑語, 譬如人無面目顔頰, 但具三毛, 不知果爲何物.)[38]

『관추편』은 위의 두 비유를 빌려, 남종화(南宗畫)와 신운파(神韻派) 시풍의 말류에 나타난 폐단을 비판했다. 그들은 모두 "그저 털 세 가닥만 갖추었다(但具三毛)"거나 "공허하게 소금만 먹는(便空食鹽)" 것과 같은 경향에 있다는 것이다. 허와 실 사이의 점염(點染: 음영과 농담의 조화) 관계를 잃고 본질을 버리고

---

38) 錢鍾書,『管錐編』第四冊,『錢鍾書集』(北京: 生活·讀書·新知三聯書店, 2008), 2126쪽, 考論『全上古三代秦漢三國六朝文』第189條.

말단만 좇으며 조화를 이루지 못한 결과다.

② 회화: 산수(山水) 사이의 허(虛)와 실(實)의 조화

『관추편』은 프랑스 신 비평가들이 말하는 '보이면서도 감춰진 경계'의 경지를 밝혔는데, 이는 독일 철학자가 말한 '드러나면서도 숨겨져 있는' 것으로, 진리가 지닌 본연의 성품이라고 설명했다.

이는 중국 산수화 이론가들의 비교를 통해 논의되는데, 곽희(郭熙)의 『임천고치(林泉高致)·산수훈(山水訓)』에서는 다음과 같이 말했다.

> 산은 높아야 한다. 하지만 모두 그려내면 높아 보이지 않는다. 안개와 노을이 그 허리를 가릴 때 비로소 높아 보인다. 물은 멀어야 한다. 그러나 모두 그려내면 멀어 보이지 않는다. 그 비춤을 가리고 그 흐름을 끊을 때 비로소 멀어 보인다.(山欲高. 盡出之, 則不高; 煙霞鎖其腰, 則高矣. 水欲遠. 盡出之, 則不遠; 掩映斷其脈, 則遠矣.)

전종서는 이러한 곽희의 표현을 한졸(韓拙)이 산수화를 논하면서 주장한 "감춤과 드러냄으로 형상을 세운다.(隱露立形.)"는 이론으로 충분히 확장하여 이해할 수 있다고 보았다.[39]

---

39) 錢鍾書, 『管錐編』第四冊, 『錢鍾書集』(北京: 生活·讀書·新知三聯書店, 2008), 2117쪽, 考論『全上古三代秦漢三國六朝文』第189條.

## 제5절 인간과 자연: 구성 요소의 결합과 조화의 긴장

### (1) 산수(山水)의 조화: 실사(實寫)와 허사(虛寫)의 조화

중국의 산수문학(山水文學)은 다른 장르에 비해 상대적으로 이른 시기에 성숙하여 웅대한 경지를 이루었다. 그 중에서도 허사적 요소로 순수한 실사 효과를 넘어서는 조절을 꾀하는 기법은 특히 빈번히 발견된다.

북위(北魏) 때 역도원(酈道元)의『수경주(水經注)·강수(江水)』에는 "맑은 물결이 잔잔한 못에 가득하고, 깨끗하며 맑고 깊도다. 아래를 굽어보면 헤엄치는 물고기가 마치 공중에 떠 있는 듯하다.(淥水平潭, 淸潔澄深, 俯視遊魚, 類若乘空.)"라고 묘사되어 있다. 고대 비평가들은 이 구절을 두고 '조어의 절묘함(造語之妙)'이라 평하였다.[40]

> 『수경주』가 물의 맑음을 묘사함에 있어, '모래를 가르고 돌을 비추며', '깊은 연못에 숨은 동물이 없고', '물고기가 공중에 매달린 듯하며', '조약돌이 주사위 같다'라고 하였으니, 이 모두가 조어의 극치라 할 만하다.(『水經注』形容水之淸澈, 曰: 分沙漏石. 又曰: 淵无潛甲. 又曰: 魚若懸空. 又曰: 石子如摴蒱. 皆极造語之妙.)

---

40) 蒲松齡,『聊齋志異』"各本序跋題辭"(上海: 上海古籍出版社, 1986), 馮鎭巒,『聊齋志異』序, 14쪽.

그러나 이러한 '조어의 절묘함'이 어떻게 성취되는지에 대해, 기존의 연구자들은 자연의 여러 구성요소 사이의 조화로운 배합이 만들어내는 '힘의 장[力場]'을 밝혀내지 못했다. 장면 속에 이질적인 사물들이 섞여 '불순물'을 만드는 것이 아니라, 사물들 사이의 상호작용을 통해 오히려 자연의 특성이 강조되고 부각되는 것이다. 이러한 상호작용은 언어와 어휘의 표현력을 증폭시키는 배가(倍加) 장치를 이룬다. '조어의 절묘함'은 표층 구조에 속하는 의미로 보일 수 있다. 그러나 실제로는 표면에 드러난 '조어의 절묘한 쓰임'에는 심층의 '화도(和道)'가 작용하고 있기 때문에, 작가의 손끝은 마치 사물을 창조하는 용광로가 된다.

자연의 여러 구성요소를 묘사함이 이러하거늘 인물을 그리는 것도 마찬가지다. 일련의 성격 요소들이 서로 보완적이거나 모순된 갈등을 이루더라도, 조화로운 결합을 통해 두 인물의 공간을 배가시킬 수 있으며, 이는 주인공을 최대의 공간 속에 위치시키는 효과를 낳는다.[41]

남조(南朝) 양(梁)나라 오균(吳均)의 「주원사(朱元思)에게 보내는 편지(與朱元思書)」에는 부양(富陽)에서 동려(桐廬)에 이르는 백여 리의 기이한 산과 특별한 물, 천하에 유일무이한 절경이 묘사되어 있다. "물은 모두 옅은 푸름[縹碧]이어서[42] 천 길 깊이까지도 바닥이 보인다. 헤엄치는 물고기와 작은 자갈까지도 막

---

41) 시각예술 연구자들은 서로 연결된 두 개의 영상 클립이 반드시 새로운 표현을 조합해내며, 이러한 병렬(並列)로부터 새로운 질(質)이 생성됨을 발견했다.(趙超, 「基於電影蒙太奇與文字建构的特色分析」, 『電影文學』 2011年 第2期.) 시지각(視知覺) 차원에서의 '새로운 질의 생성'은 이해 가능하나, '화도(和道)'의 작용 원리와는 동일시하기 어렵다.

42) 표벽(縹碧): '표(縹)'의 독음은 'piao3'이다. '표벽'을 담청색(淡青色)으로 보는 견해도 있고, 청백색(青白色)으로 보는 견해도 있다. 내 생각은 이렇다. 참고로 색채를 직물에 비유하여 명명하는 것은 고대인들의 '물색(物色)' 인식 관례였다. 일본 소장 당대

힘없이 선명히 보인다.(水皆縹碧, 千丈見底. 遊魚細石, 直視無礙.)"[43]

　당대(唐代) 유종원(柳宗元)의 「작은 언덕 서쪽의 작은 돌못에 이르러 쓴 기록(至小丘西小石潭記)」에는 작은 돌못 속에서 헤엄치는 물고기를 단 몇 글자로만 묘사했을 뿐인데, 극히 간결한 표현 속에서도 공명(空明)의 투명성을 해치는 '불순물'을 만들어내지 않았다. 오히려 그것을 통해 "물이 너무 맑아 바닥이 훤히 보인다"는 전형적인 전신사조(傳神寫照)[44]의 한 예를 이루었다. 이러한 산수 묘사는 허(虛)와 실(實)이 조화를 이루며 상생(相生)하는 구조를 지닌다. 남북조 시기 산수 기행문의 허사적(虛寫的) 정경(靜景)의 특징을 계승하고 발전시킨 것이다.

　연못 속 물고기 약 백 마리가 모두 허공을 유영하듯 의지할 곳 없이 헤엄치며, 햇빛이 물속까지 스며들어 그림자가 돌 위에 드리운다. 고요히 멈추어 있다가 문득 멀리 사라졌다가, 이리저리 빠르게 오가며 마치 놀러 온 사람들과 즐기는 듯하다.(潭中魚可百許頭, 皆若空游無所依. 日光下澈, 影布石

---

　　(唐代) 공해(空海)의 『전례만상명의(篆隷萬象名義)·멱(糸)부수』에서 "표(縹)는 필(匹)과 요(繞)의 반절로 읽힌다. 비단의 청백색이다."라고 기록되어 있다. 이에 따르면 '표벽'은 '청백색 비취(青白碧玉)'로 해석될 수 있다. 단순히 녹색[綠]만을 의미한다면 뒤에 나오는 "천 길 깊이도 바닥이 보이며[千丈見底]", "물고기와 작은 자갈들이 막힘없이 선명히 보인다.(游魚細石, 直視無礙.)"는 시각적 효과와 모순되기 때문이다.

43) "옅은 푸른 빛 물속의 헤엄치는 물고기와 작은 돌들이 수면 위에서도 가림 없이 선명히 보인다.(游魚細石, 直視無礙.)"는 물의 맑음을 허사적(虛寫的)으로 표현한 기법이다.

44) [역주] 중국 미학·문예비평에서 자주 등장하는 핵심 개념이다. 문자 그대로 풀이하면 "정신을 전하여, 모습을 그려낸다"는 뜻이다. 이 개념은 원래 회화이론에서 시작됐다. 남제(南齊) 고개지(顧愷之, 4세기)의 『위지(魏志)·고화론(古畵論)』에 나오는 "이형사신(以形寫神)"이 가장 유명하다. 즉, 형태(形)를 그리되, 그 안의 '정신(神)'을 담아야 한다는 것이다. 이후 문학비평에서도 이 개념이 확장되어, 사실을 단순히 묘사하는 것에 국한되지 않고 인물이나 자연의 내적 생명감, 정신적 기운을 포착하는 표현 방식을 가리키게 되었다.

上, 佁然不動; 俶爾遠逝, 往來翕忽, 似與游者相樂.)

송대(宋代) 소식(蘇軾)의 「승천사의 밤 나들이(記承天寺夜遊)」는 달빛을 실사(實寫)하면서도 표현의 힘은 허(虛)에 두었다.

> 뜰 아래는 마치 물이 고인 듯 비어 있으면서도 밝고 투명하였고, 물속에는
> 수초와 마름이 어지럽게 얽혀있는데, 이는 대나무와 측백나무의 그림자로
> 다.(庭下如積水空明, 水中藻荇交橫, 蓋竹柏影也.)[45]

이러한 허사적 요소가 실사적 특성을 조절하는 효과는 특히 두드러진다. 역대의 문론(文論), 시화(詩話), 사화(詞話)에서도 지속적으로 주목되어 온 바이며, 그 조화의 효과는 문예 이론가들의 찬사를 받아왔다.

마찬가지로 '실경(實景)에서 허경(虛景)으로'의 전환 효과는, 많은 경우 시점의 조화로운 전환을 통해 실현되곤 한다. 당대(唐代) 맹호연(孟浩然)의 「건덕강에서 묵다(宿建德江)」에서는 다음과 같이 표현된다.

> 배를 옮겨 안개 낀 모래섬에 정박하니, 해질녘 나그네 시름 새로워라. 들판

---

45) 달빛을 묘사함에 두 개의 비유를 연이어 사용한 점이 특징적이다. 첫 번째 비유는
　　달빛을 '맑게 고인 물(積水空明)'로 가상화(假想化)하여 실경(實景)을 허경(虛景)으로
　　전환했고, 두 번째 비유는 이 허경을 더욱 발전시켜 "그 물속에는 수초(水草)까지 어
　　우러져 있다"는 상상적 층위를 추가했다. 이에 독자는 작가가 구사한 실경의 허경화
　　과정을 잊게 되며, 뒤이어 등장하는 '대나무와 측백나무 그림자'라는 실체적 언급을
　　통해 허경이 다시 실경으로 회귀하는 인식의 전환을 경험한다. 이처럼 허(虛)와 실
　　(實)이 상생(相生)하는 유기적 표현은 공명(空明)의 경계를 가장 생동감 있게 포착한
　　것으로, 소식(蘇軾)의 「전적벽부(前赤壁賦)」 등에서도 발견되는 필법적 특성이다.

넓어 하늘이 나무 밑으로 내려오고, 강이 맑아 달이 사람에게 다가오네.(移舟泊煙渚, 日暮客愁新. 野曠天低樹, 江淸月近人.)

이 4구로 된 시는 두 개의 층위로 해석될 수 있다. 첫째는 시간적 구조로 "해질녘 황혼이 내려오며 근심이 생긴다"이고, 둘째는 공간적 구조로 시인이 "고립된 이미지를 최대 공간에 배치하는 방식"을 통해 자기 감정을 확장하는 기법이다. 그러나 후자의 구조적 전환은 무엇보다 시점을 먼곳에서 바라보는 원경(遠景)에서 아래로 내려보는 부감(俯瞰)으로의 시각 조정을 구현한 것이다.[46]

청대(淸代) 시인 사신행(査愼行)의 「밤 배를 보고 적다(舟夜書所見)」에서는 이렇게 노래했다.

달빛 어두운 밤, 고기 잡는 등불 보이니, 외로운 빛 하나 반딧불 같구나. 살랑이는 바람에 물결이 일더니, 온 강 별처럼 흩어지네.(月黑見漁燈, 孤光一點螢. 微微風簇浪, 散作滿河星.)

---

46) 시가(詩歌)에서 '고립된 이미지를 최대 공간에 배치'하는 기법은 여러 고전에서 확인된다. 「시경·왕풍(王風)·군자어역(君子于役)」에서는 "닭은 횃대에 오르고, 해는 저물어 소와 양 내려오네. 출타한 그대 생각 이젠 어이 하리.(君子於役, 不知其期. 曷至哉? 雞棲於塒. 日之夕矣, 羊牛下來. 君子於役, 如之何勿思!)"라 하여 일몰(日沒)의 공간성을 활용했고, 당대 최호(崔顥)의 「황학루(黃鶴樓)」 후련(後聯)에서는 "한양의 나무 청천에 뚜렷하고, 앵무주에 풀빛 무성한데. 해 지니 고향은 어디인가, 강물 안개 속에 시름만 커지네.(晴川曆曆漢陽樹, 芳草萋萋鸚鵡洲. 日暮鄕關何處是? 煙波江上使人愁.)"라는 원경(遠景) 구도를 통해 고독감을 극대화했다. 왕유(王維)의 「사지새상(使至塞上)」 중 "넓은 사막에 외로운 연기 곧게 서고, 끝없는 강에 둥근 해 지네.(大漠孤煙直, 長河落日圓.)"도 이와 같은 공간 예술의 정수를 보여준다. 나머지 예시는 다 열거하지 않겠다.

　어둠 속에서 보이는 '외로운 등불'의 이미지는 반딧불 같은 한 점에서 시작해 온 강에 흩어진 별들로 확장된다. 이러한 효과도 부감(俯瞰)적 시각 전환으로 이해될 수 있다.
　산문(散文)의 구성법도 이와 같은 조화를 보인다. 예컨대, 명(明)나라 후기 기표가(祁彪佳)의 「우산주(寓山注)」에 수록된 '유맥(柳陌)'의 풍경 묘사는 '세밀함을 초월하여 자연의 본래적 조화와 순수함'으로 되돌아가는 전환을 통해 내부에서 외부로, 근경에서 원경으로 자연스럽게 마무리된다.

　　우산(寓山)의 정원을 나서면 남쪽 제방은 빈포(蘋圃)로 통하고, 북쪽 제방은
　　풍장(豐莊)으로 들어가는 길이다. 두 제방 사이에는 병풍처럼 늘어선 것이
　　있는데, 장령허(張靈墟)의 글씨로 '유맥'이라 씌어 있다. 제방 가에는 복숭아
　　나무와 버드나무를 심었는데, 봄이면 꽃잎이 흩날리고, 산들바람이 한 번
　　불면 붉은 꽃비가 되어 나그네의 옷깃을 적신다. 내 생각에는 몇 그루의
　　수양버들이 푸른 그늘을 드리우고, 그 아래서 어부가 노를 저으며 꾀꼬리
　　의 지저귐을 듣는 것이야말로 더욱 도연명의 풍류를 잃지 않을 듯하다. 이
　　것이 바로 주인이 복숭아가 아니라 버들을 택한 뜻이리라. 한편, 제방 밖으
　　로는 마름과 고사리가 어지럽게 얽히고, 강 전체가 푸른빛에 잠기며, 물결
　　은 구름처럼 일렁이고 안개비가 흩날린다. 노를 저어 강물에 닿으면 누구
　　나 저절로 유쾌하고 상쾌해지는 법이다.(出寓園, 有南堤達蘋圃, 其北堤則豐莊
　　所從入也. 介於兩堤之間, 有若列屛者, 得張靈墟書曰'柳陌'. 堤旁間植桃柳, 每至春
　　日, 落英繽紛, 微颸偶過, 紅雨滿游人衣裾. 予以爲不若數株垂柳, 綠影依依, 許漁夫
　　橈碧陰, 聽黃鸝弄舌, 更不失彭澤家風耳. 此主人不字桃而字柳意也. 若夫一堤之外,
　　荇藻交橫, 竟川含綠, 濤雲瞀忽, 煙雨霏微. 撥棹臨流, 無不率爾休暢矣.)[47]

---

47) 우산(寓山)은 작가의 개인 정원이며, '유맥(柳陌)'은 그 중 한 경관이다. '맥(陌)'은 밭
　　사이 길을 뜻한다. 사적인 임천(林泉)의 고아한 품격을 묘사하는 것은 『홍루몽』 제42
　　회 설보채(薛寶釵)가 대관원(大觀園) 그림에 대해 논평한 바와 통한다. "이 정원을 그

## (2) 동(動)과 정(靜)의 상생(相生), 조화 및 그 효과

움직임과 고요함 사이의 조화로운 상호작용은 시문(詩文)에서 흔히 사용되는 조절의 기법이다. 송대(宋代) 증기(曾幾)의 「삼구산 가는 길에(三衢道中)」에서는 다음과 같이 표현되었다.

매실이 누렇게 익어가는 때에 날마다 맑으니, 배로 작은 시내 건너 다시 산길 오르네. 푸른 그늘은 왔던 길과 다를 바 없건만, 꾀꼬리 노랫소리 더 더해졌네.(梅子黃時日日晴, 小溪泛盡卻山行. 綠陰不減來時路, 添得黃鸝四五聲.)

---

리려면 마음속에 구학(丘壑)이 없는 자로서야 어찌 가능하리오? 이 원림은 마치 그림처럼 산석(山石)과 수림(樹林), 누각(樓閣)과 주택(房屋)이 원근(遠近)과 소밀(疏密)이 알맞아 많지도 적지도 않으니, 바로 이와 같소. 종이에 그대로 옮기면 결코 훌륭한 작품이 되지 못할 것이니, 종이의 여백과 원근을 살펴 주요(主要)와 객요(客要)를 나누고, 더해야 할 것은 더하고, 감출 것과 덜 것은 감추고 덜며, 드러낼 것은 드러내야 하오. 초안을 작성한 후 다시 자세히 검토하여야 비로소 한 폭의 도양(圖樣)이 완성되느니라."

「유맥」은 기표가의 개인 정원인 '우산'의 일부 경관을 묘사하며, "대체로 허(虛)는 실(實)로, 집약은 분산으로, 분산은 집약으로 한다."(『우산주』)는 작가의 심미적 취향을 구현한다. 본문의 관람 중심축은 '유맥' 하나에 있으나, 먼저 부귀(富貴)의 기상을 일소하는 전원풍경으로 대비시키고, 제방(堤防) 언저리를 묘사할 때는 복숭아꽃의 붉은 빛으로 수양버들을 더욱 돋보이게 한다. 버들그늘에 이르러서는 정취가 넘쳐나니, 작가가 마음속 깊이 간직한 것이 바로 '오류선생(五柳先生: 도연명)'임을 알 수 있다. 여기서 '유제(柳堤)'는 더 쓸 내용이 없어 보이지만, 작가는 다시 지나친 '집약이 답답함을 느끼고 제방 밖으로 시선을 확장시켜 '세밀화[畫]'에서 혼융[渾]의 경지로' 회귀한다. 독자의 흥미도 작가가 탄 일엽편주(一葉扁舟)를 따라 온강(穩江)의 안개 속을 유영하다가 태초의 혼돈(渾沌)으로 돌아간다. 일척(一尺)의 물도 파도를 일으킬 수 있음이니, 안개비 흩날리는 곳에 무한한 산천(山川)이 감춰져 있음을 보여준다.

　뒤의 두 구절은 물길을 따라가던 시내에서 그늘진 산길로 전환되며, 여기에 꾀꼬리의 울음소리가 더해짐으로써 깊은 곳으로 나아갈수록 공허함과 적막감이 두드러져 초여름 산길의 고요함을 더욱 돋보이게 하고 있다.

　송대(宋代)의 사인(詞人) 신기질(辛棄疾)의 「서강월(西江月)·밤에 황사령 길을 걸어가며(夜行黃沙道中)」는 강남(江南) 수향(水鄕)의 여름밤 정경을 조용하면서도 기쁨 어린 정취로 그리고 있다.

> 밝은 달빛이 나뭇가지를 떠나니 까치 놀라고, 한밤중 시원한 바람에 매미 우네. 벼꽃 향기 속에 풍년을 기약하니, 개구리 소리 여기저기 들려오네. 일곱 여덟 개의 별은 하늘 밖에, 두세 방울 비는 산 앞에 내리네. 예전에 머물던 초가집이 사림(社林) 근처에 있었는데, 길 돌아 시냇물 다리 건너니 문득 보이네.(明月別枝驚鵲, 淸風半夜鳴蟬. 稻花香裡說豐年. 聽取蛙聲一片. 七八個星天外, 兩三點雨山前. 舊時茅店社林邊. 路轉溪橋忽見.)

　위의 상편은 거의 전부가 소리로 채워졌으나, 전체적인 조화의 효과는 여름밤 산촌(山村)의 고요하고 적막한 아름다움을 더욱 부각시킨다.

　예술사(藝術史)에서 이와 같은 조화의 기법은 작가가 세밀한 부분에서 얼마나 깊은 내공을 지니고 있는가를 가장 잘 보여주는 영역이다. 남조(南朝) 송대(宋代)의 포조(鮑照)가 가족에게 보내는 편지 형식으로 쓴 여행기에서 보여준 풍부한 경험, 웅장한 기세(氣勢), 기이하고 특출한 이미지들은 감탄을 자아내기에 충분하다.

## (3) 장면 구성: 차가움[冷]과 뜨거움[熱]의 교차 배치

### ① 강 위의 불길

나관중(羅貫中)의 『삼국지통속연의(三國志通俗演義)』 제48회에서는 적벽대전(赤壁大戰) 직전, 즉 "조조가 삼강(三江)에서 수군을 조련하다(曹操三江調水軍)"와 "주공근(周公瑾)이 적벽에서 격전을 벌이다(周公瑾赤壁鏖兵)" 사이에는 긴장감을 연속적으로 이어가지 않고, 긴장과 완화의 조화를 중시하는 원칙에 따라 독자들의 심리적 피로를 방지하기 위해 "조맹덕(曹孟德)이 창을 휘두르며 시를 짓다(曹孟德橫槊賦詩)"는 장면을 삽입하였다.

> 건안(建安) 13년 11월 15일 밤, 하늘은 맑고 바람은 잔잔하며 파도 또한 평온하였다. 조조는 잔치를 베풀며 "오늘밤 장수들과 한자리에 앉으리라."했다. 해가 저물고 동산 위로 달이 떠오르니, 그 희고 밝은 빛이 대낮과 같았다. 장강 일대는 흰 비단처럼 가로 뻗어 있었다. ……조조는 남쪽으로 병풍 같은 산을 바라보고, 동쪽으로 채상(柴桑)의 경계를, 서쪽으로 하구(夏口)의 강을, 남쪽으로 번산(樊山)을, 북쪽으로 오림(烏林)을 둘러보니 사방이 탁 트여 마음속으로 기뻐했다.(時建安十三年冬十一月十五日, 天氣晴明, 平風靜浪, 操令置酒設樂: "吾今夕欲會諸將." 天色向晚, 東山月上, 皎皎如同白日. 長江一帶, 如橫素練.……操指南屛山如畫, 東視柴桑之境, 西觀夏口之江, 南望樊山, 北覷烏林, 四顧空闊, 心中暗喜.)[48]

이후 "주공근의 적벽 격전"이라는 긴박한 장면 속에서도 여유로운 묘사가 등장한다.

---

48) 羅貫中, 『三國演義』(北京: 人民文學出版社, 1973), 396쪽.

이때 동풍이 크게 일어 파도가 세차게 몰아쳤다. 조조가 중군(中軍)에서 강
건너를 바라보니 달빛이 강물을 비추어 마치 만 줄기의 금빛 뱀이 물결 위
에서 노는 듯했다. 조조는 바람을 맞으며 크게 웃고 스스로 뜻을 이룬 듯
기뻐했다.(是時東風大作, 波浪洶湧. 曹操在中軍遙望隔江, 看看月上, 照耀江水, 如
萬道金蛇, 翻波戲水. 操迎風大笑, 自言得志.)

　이러한 장면의 전환은 제47회 "감택(闞澤)이 몰래 가짜 항복서를 바치고, 방
통(龐統)이 교묘히 연환계(連環計)를 전하다(闞澤密獻詐降書, 龐統巧授連環計.)"
로 다음과 같이 이어진다.

좌우에서 말을 가져와 장간(蔣干)에게 태워 서산(西山) 뒤편으로 보내 작은
암자에서 쉬게 하고, 두 병사를 배치해 시중들게 하였다. 장간이 암자 안에
서 마음속으로 우울함을 느끼며 잠자리도 편치 못하던 그날 밤, 차가운 별
들이 가득한 밤하늘 아래 암자 뒤로 산책 나갔다가 글 읽는 소리를 들었다.
소리를 따라 가다 산기슭에서 초가 몇 칸을 발견하고, 안에서 새어 나오는
등불을 보았다. 장간이 엿보니 한 사람이 칼을 벽에 걸어놓고 등불 앞에서
손자(孫子)와 오자(吳子)의 병법서를 읽고 있었다. 장간이 이를 보고 보통
인물이 아님을 직감하고는 문을 두드려 만남을 청했다.
그 사람이 문을 열고 맞이하니 풍채가 범상치 않았다. 장간이 성명을 묻자,
그가 "나는 성이 방(龐), 이름은 통(統), 자는 사원(士元)이오."라고 대답했다.
장간이 "봉추선생(鳳雛先生)이 아니십니까?"하니, 방통이 "그렇다"고 답하였
다. 장간이 "어찌 이 외딴 곳을 홀로 지키고 계십니까?"라고 묻자, 그는 "주
유(周瑜)가 스스로 재주가 뛰어나다고 여겨 충언을 받아들이지 않고, 어진
이를 해치며 덕을 손상시키기에 특별히 이곳을 지키고 있소."라고 답했다.

"그대는 어느 곳 사람인가?"라는 방통의 물음에 장간은 "나는 장간(蔣干)이라 하오. '군영회(群英會)'에서 만났었는데, 어찌 잊으셨는가?"하니, 방통이 "잠시 잊고 있었소."라고 하며 초가 안으로 초대해 서로 속마음을 털어놓았다.(左右取馬與干乘了, 送到西山背後, 於小庵歇息, 撥兩個軍人答應. 干在庵內, 心中憂悶, 寢食不安. 是夜寒星滿天, 干閑步出庵後, 只聽得讀書之聲. 信步聽之, 於山巖畔見草屋數椽, 內射燈光. 干往窺之, 見一人掛劍燈前, 誦孫·吳兵書. 干思此乃異人也, 遂叩戶請見. 其人開門迎之, 儀表非俗. 干問姓名, 其人答曰: "某姓龐, 名統, 字士元." 干曰: "莫非鳳雛先生否?" 統曰: "然也." 干曰: "何僻靜獨守?" 答曰: "周瑜自恃才高, 不納忠諫, 滅賢損德, 特守於此. 公乃何方人?" 干曰: "某乃蔣干也. '群英會'上相見, 何故忘了?" 統曰: "一時失忘." 遂邀入草室, 共訴心腹之事.)[49]

## ② 현대의 영상 예술

현대의 영상예술가들도 이 원리를 깊이 이해하고 있다. 2008년 8월, 여름이 가을로 접어드는 시기에 북경에서 제29회 올림픽 경기대회가 개최되었는데, 이 대회의 성대함은 특히 개막식에서 빛났다. 개막식의 장관은 장예모(張藝謀) 감독의 독창적인 연출 구상에서 비롯되었다. 이번 개막식에서 장예모 감독은 창의적 형식을 추구하며 새로움을 구현하고자 했다. 그 핵심 개념은 '화합'의 아름다움에 있었다.

따라서 이 개막식에서는 거대한 규모의 장면 구성과 문화적 디테일, 전통문화와 현대기술, 고전적 요소와 시청각 영상 효과의 교차, 강건홈 과 유연함의 조화 등이 관객의 심미적 기대에 부합했다. 그러나 장예모 감독의 장점은 동시에 그의 한계로 작용했다. 즉, 그의 성취가 기교에서 비롯되었으나, 결국 그의 결

---

49) 羅貫中, 『三國演義』(北京: 人民文學出版社, 1973), 392쪽.

점 또한 그 기교에서 기인했다.

행사의 클라이맥스는 당연히 성화 점화 순간과 주제곡에 있었다. 이 곡은 역
대 올림픽 주제곡의 격정적이고 웅장한 리듬과는 달리 「You and Me」라는 부
드럽고 감성적인 멜로디로 구성되었다. 이 같은 비정형적 처리 방식은 유연함
으로 클라이맥스를 직접 조정함으로써, 심리적 긴장과 이완의 조화 원칙에 어
긋나는 결과를 낳았다.

③ 장법(章法)의 조화

뜨거운 장면 속에 차가운 장면을 섞고, 급박한 전개 속에 느긋함을 더하는
이질적 요소들이 섞여서 만들어내는 긴장감은 특히 '화도(和道)' 메커니즘에 따
른 작용력을 잘 보여준다. 청대(清代) 유악(劉鶚)의 『노잔유기(老殘遊記)』 권말
(卷末) 주석에서 저자는 자신이 구사한 장법의 조화 기법을 다음과 같이 설명했
다.

> 성글고 빽빽함이 교차하고, 크고 작은 일들이 뒤섞여 나오는 것이 바로 문
> 장의 법칙이다. 역대 문장가들은 큰 사건을 서술할 때 반드시 몇 가지 작은
> 일들을 끼워 넣어, 독자의 시각적 피로를 덜고 문장의 기운을 완화시켰다.
> 이 권에서는 가(賈)씨와 위(魏)씨의 사건이라는 큰 줄거리를 먼저 배열했는
> 데 그 전개가 매우 떠들썩하고 긴장감이 높다. 그러므로 그 중간에 한 차례
> 담담한 장면을 삽입해야 비로소 완전한 구성법이 된다. 그런데 갑자기 불길
> 이 일어나 뜨거움 위에 또 뜨거움을 더하고, 소란스러움 속에 다시 소란을
> 보태니, 그 문필의 솜씨는 참으로 불가사의한 경지에 이르렀다.(疏密相間, 大
> 小雜出, 此定法也. 歷來文章家每序一大事, 必夾序數小事, 點綴其間, 以歇目力, 而
> 紓文氣. 此卷序賈·魏事一大案, 熱鬧極矣, 中間應揷序一段冷淡事, 方合成法. 乃忽然

火起, 熱上加熱, 鬧中添鬧, 文筆眞有不可思議功德.)50)

## (4) 의경(意境)의 구성과 조화

### ① 이미지 구조와 중화(中和)의 경지

의경(意境)의 완성도는 그 규모의 크기에 있지 않고 구성 요소들의 조화로움에 달려 있다. 송대(宋代) 양만리(楊萬里)의 「작은 연못(小池)」은 이를 잘 보여준다.

> 샘구멍은 소리 없이 가느다란 물줄기를 아끼듯 흘려보내고, 나무 그늘이 맑은 물 위에 비추니 햇살 또한 부드럽다. 작은 연꽃이 뾰족한 싹을 내밀자, 이내 잠자리가 그 위에 앉았네.(泉眼無聲惜細流, 樹陰照水愛晴柔. 小荷才露尖尖角, 早有蜻蜓立上頭.)

이 시에서 작은 연못이라는 공간적 제약이 이미지 선택을 결정한다.

---

50) '수상소설(繡像小說: 주요 등장인물이나 장면을 시각적으로 표현한 삽화가 포함된 고전 소설)' 판본 홍도백련생(洪都百鍊生)의 『노잔유기』(劉鶚, 『老殘游記』(上海: 上海古籍出版社, 2005), 15권)에서 "맹렬한 불길에 두 처녀 놀라고, 가혹한 형벌로 과부를 핍박하다"의 마지막 부분의 주석은 문장 기법을 스스로 설명하는 저자의 말이나 진배없다. 또 『홍루몽(紅樓夢)』은 장편소설의 전형적인 통일적 구조를 보이면서도 종종 긴장된 부분에 여유를 더하고, 활기찬 장면에 냉정한 필치를 조절한다. 예를 들어, 제16회 "가원춘(賈元春)이 봉조궁(鳳藻宮)에 발탁되고, 진경경(秦鯨卿)이 요절(夭折)하여 황천길(黃泉路)로 가다"에서는 두 사건을 대비적으로 배치해 마치 불과 물처럼 상반된 분위기를 연출했다. 심지어 한 회(回) 안에서도 냉정(冷)과 열정(熱)이 교차하는데, 제18회 "황은(皇恩)이 중하니 원비(元妃)가 부모에게 문안드리고, 천륜(天倫)의 즐거움에 보옥(寶玉)이 재주를 드러내다"에서는 원비의 성대한 귀성 장면 속에 보옥이 진경을 애도하는 장면을 특별히 삽입해 조절 효과를 거두었다.

연못이 작음 → 잔잔한 물줄기만 수용 가능
잔잔한 물줄기 → 조용한 샘물에서만 발원
샘물 특성 → 거의 무음(無音)에 가까움
빛과 그림자의 강도 → 나무 그늘을 통한 부드러운 빛으로 제한
제한된 공간 → 소형 식물(小荷)만 생장
작은 연꽃 → 뾰족한 싹만 노출
미세한 구조 → 가벼운 잠자리만 정착 가능

이 같은 조화 메커니즘은 물리적 법칙과 심미적 이치에 완벽히 부합한다. 송대 진소유(秦少游)의 「완계사(浣溪沙)」에서도 유사한 기법이 확인된다.

얇은 찬 기운이 작은 누각에 오르니, 새벽의 흐림이 가을처럼 무성하네. 옅은 안개와 흐르는 물은 그림 같은 병풍처럼 그윽하네. 자유로이 흩날리는 꽃잎은 꿈처럼 가볍고, 끝없는 가는 빗줄기는 근심처럼 섬세하구나. 보배 주렴은 은 갈고리에 한가로이 걸렸네.(漠漠輕寒上小樓, 曉陰無賴似窮秋. 淡煙流水畫屏幽. 自在飛花輕似夢, 無邊絲雨細如愁. 寶簾閒掛小銀鉤.)[51]

## ② 정경(情景)의 조화와 이질적 동형성

---

[51] 시집(詩集)뿐 아니라 소설가와 문예 평론가들도 이 원리를 언급한 바 있다. "내가 읽은 『이의산집(李義山集)』 서문에 이런 구절이 있다. '시인은 천지간의 산천(山川)·초목(草木)·인물(人物)·기이한 현상을 지나치게 노골적으로 드러내어 거의 여지를 남기지 않는다. 그러므로 달관한 이는 적고 궁핍한 이가 많으니, 혼돈을 깨뜨리고 너무 많이 드러내어 조물주의 시기를 범했기 때문이다.' 『요재지이(聊齋志異)』는 소설이지만 지나치게 세밀한 묘사로 실상 이 금기를 범했다." 蒲松齡, 『聊齋志異』(上海: 上海古籍出版社, 1986), 馮鎭巒 서문 16쪽.

남조(南朝) 송대(宋代) 포조(鮑照)의 「대뢰안에 올라 누이에게 보내는 편지(登大雷岸與妹書)」는 기이한 어구, 과장된 필법, 왜곡된 구조를 통해 산천의 경치, 나그네의 고된 여정, 이별의 슬픔을 조화롭게 표현했다. 이처럼 관례를 깨고, 주체와 객체를 융합하여 하나로 만드는 언어 구조는 작가가 인간의 감정, 산수의 경물(景物), 언어논리를 서로 조화시켜 동일한 구조로 구성한 것이라 할 수 있다.

언어 구조는 본질적으로 논리성과 서열성을 지닌다. 설령 기존의 언어 사슬을 깨뜨리고 자연의 구조에 맞추어 왜곡시키거나 새로운 표현 방식으로 재조직한다 해도 결국은 또 새로운 논리 체계 안으로 귀착될 수밖에 없다. 포조의 변문(騈文)은 자신의 주관적 감수성을 출발점으로 삼고 '언어-자연'의 관계를 새롭게 표상하였다. 그 결과, '감정구조-자연구조'가 서로 동형 대응하는 새로운 인지유형을 창조해냈다.

인간과 자연의 관계사를 볼 때, 상당히 오랜 시기 동안 인류는 주객(主客)의 구분이 없고, 사물과 내가 하나로 통하는 인지 방식을 지니고 있었다. 그래서 고대인들은 본래 자연을 인간의 신체로, 인간의 신체를 자연의 일부로 여겼다. 따라서 인체 자체의 생명과 감정을 통해 자연의 사물을 느끼고 표현하는 것은 지극히 자연스러운 일이라 할 수 있다.[52]

---

52) 이러한 현상은 한대(漢代) 자전(字典) 『설문해자(說文解字)』의 만물 유비(萬物類比) 분류체계를 참조하면 매우 직관적으로 이해될 수 있다.(『說文認知分析』 第一章 참조.) 출토문헌인 전국(戰國) 초(楚)나라 무덤에서 발견된 죽간(竹簡), 예를 들어 상해박물관(上海博物館) 소장 『전국초죽서(戰國楚竹書)』 중 「노방대한(魯邦大旱)」편에 기록된 자공(子貢)의 관념―"산은 돌을 피부로 삼고 나무를 백성으로 삼으니, 만일 비가 오지 않으면 돌은 탈 것이요 나무는 죽을 것이라. 그 비를 바라는 마음이 우리보다 오히려 더할진대, 어찌하여 꼭 제사(名)에만 의존해야 하리오."―은 이러한 귀신(鬼神)

　찬란히 빛나는 육조(六朝) 시기의 시문 중에서 포조의 변문은 그의 문학 창작을 대표하는 장르로 꼽히며, 그중에서도 『문선(文選)』에 수록된 「대뢰안에 올라 누이에게 보내는 편지(登大雷岸與妹書)」가 최고봉이라 할 수 있다. 전종서는 『관추편』 4권에서 "포조의 문장이 으뜸이니, 송대의 문장 중에서 제일이라 말하는 것도 전혀 지나치지 않다."라고 평가했다. 여기 그의 문체적 특징을 대표하는 문장 구조를 몇 가지 살펴보자.

　　차디찬 서리는 뼈마디를 참혹하게 하고, 슬픈 바람은 살을 베듯 한다.(嚴霜
　　慘節, 悲風斷肌.)[53]

---

으로부터 멀어지고 자연(自然)으로 기운 사상이 전국 시기에 이미 뿌리 깊게 존재했음을 보여준다.

현대인에게는 자연에 생명을 부여하는 것이 소위 '영성화(靈性化)' 과정으로 보일 수 있으나, 선진(先秦) 전국사회에서는 본래 영성을 지닌 자연 만물을 의인화(人格化)하는 것이 실제로는 세속화(世俗化)를 의미했다. 이는 이질적 요소를 동일한 구조로 포괄하나 외형만 비슷할 뿐 실질은 다른 경우로, 구별 없이 넘어갈 수 없는 문제이다. (臧克和, 『讀字錄』(上海: 上海古籍出版社, 2020), 337쪽, 楚簡考論部 참조.)

53) "嚴霜慘節, 悲風斷肌.(차디찬 서리(嚴霜)는 뼈마디(節)를 참혹하게 하고, 슬픈 바람(悲風)은 살갗을 끊는다.)"는 "濃霜刺骨, 苦風裂膚.(짙은 서리는 뼈를 에고, 쓰라린 바람은 피부를 갈라놓는다.)"라는 뜻이다.

필자의 생각은 이렇다. '참절(慘節)'과 '엄상(嚴霜)'은 대구(對句)를 이룬다. 여기서 '절(節)'은 '뼈마디(骨節)'를 가리킨다. 단어 구성 구조로 볼 때, '엄상(嚴霜)'은 다음과 같은 예와 유사하다. 한대(漢代) 「공작동남비(孔雀東南飛)」에서 "한풍(寒風)이 수목(樹木)을 휘몰아치고, 엄상(嚴霜)이 정란(庭蘭)에 서리네."라고 한 '엄상(嚴霜)'은 곧 '농상(濃霜)'을 가리킨다. 그러나 여기에 '참절(慘節)'이 결합되자 자연이 정서적 색채를 띠게 되었다. 제2구 "비풍단기(悲風斷肌)"에서는 자연물인 '풍(風)'이 '비(悲)'자와 직접 결합되어 주관적 감정 요소가 가미되었다. 고대 문론(文論)에서는 물아(物我)가 '정경교융(情景交融)'을 이룰 수 있다고 했으며, 현대의 형태심리학파(Gestalt Psychology)에서는 이를 '이질동구(異質同構)'로 분석한다. 현대 과학적 관점에서 볼 때, 심뇌(心腦)의 인지(認知)는 종종 '유비(類比)'를 통해 '모방(模仿)'을 선호한다. 인간과 인간, 인간과 사

남쪽에는 산들이 겹겹이 쌓여 만 가지 형상을 이루고, 기운을 다투듯 서로
높이를 겨룬다.(南則積山萬狀, 負氣爭高.)54)

---

물 사이에 관찰적 교차(觀察交會) 과정이 발생하는 것은 에너지의 상호작용이며, 이러
한 에너지 전달 방식은 양측의 원생(原生)적 구조를 따르게 된다. 이에 따라 '교융(交
融)'의 심층 구조와 '동구(同構)'의 내재적 구조를 모두 설명할 수 있게 된다.

54) "南則積山萬狀, 負氣爭高."는 "남쪽으로는 산악(山岳)이 쌓여 만 가지 형상(形狀)을 이
루고, 기세(氣勢)를 믿고 높이를 다투고 있네.(南則積山萬狀, 負氣爭高.)"라는 뜻이다.
여기서 '만상(萬狀)'은 다양한 형태(形態), 형형색색(形形色色)의 모습을 말한다. '부기
(負氣)'는 기세(氣勢)를 의지하다는 뜻이다.
필자의 생각은 이렇다. '남쪽으로는(南則)'으로 시작하는 이 구절은 '사방의 경계(四
至)'를 설명하며 '높은 곳에 올라 멀리 바라보는(登高望遠)' 경지를 묘사한 것이다.
후대의 작품, 예를 들어 송나라 소식(蘇軾)의 「전적벽부(前赤壁賦)」에서 "서쪽으로는
하구(夏口)를 바라보고, 동쪽으로는 무창(武昌)을 바라보니, 산천이 서로 얽혀 울창하
게 푸름을 이루네. 이곳이 바로 조조[孟德]가 주유[周郎]에게 고전했던 곳이 아니던
가?"라는 표현은 이를 발전시켜 역사적 감회를 산천의 지리에 녹여낸 사례라 할 수
있다. '부기쟁고(負氣爭高)'를 청대(淸代) 엄가균(嚴可均)이 편집한 『전송문(全宋文)』
47권에서는 '쟁기부고(爭氣負高)'로 기록했으나, 전종서의 『관추편』 4권에서는 '부기
쟁고(負氣爭高)'로 인용했다.
산수문학(山水文學)의 발전이라는 맥락에서, 당대(唐代) 유종원(柳宗元)의 「고모담 서
쪽 작은 언덕에 관한 기록(鈷鉧潭小丘記)」은 독특한 의인화(擬人化) 기법을 통해 산
석(山石)에 생명과 감정을 부여했다. "그 돌들이 성내며 우뚝 솟아, 흙을 업고 나와
기이한 모습을 다투어 내보인다.(其石之突怒偃蹇, 負土而出, 爭爲奇狀.)"는 표현은 정
적인 암석에 동적인 긴장감을 불어넣었다.
이러한 서사 방식은 전종서의 『관추편』에서 문학사적 사슬 속에 위치 지워졌으며,
남조(南朝) 포조의 "산이 기운을 품는다(山解負氣)"와 비교되어 그 개척적 의미를 인
정받았다.
물이 '노하다(鼓怒)'는 표현은 「상림부(上林賦)」, 「강부(江賦)」, 「해부(海賦)」 등에서
이미 시인(詞人)들의 상용어가 되었고, 원대(元代) 장양호(張養浩)의 「산파양·동관회고
(山坡羊·潼關懷古)」에서도 "봉우리는 모여드는 듯하고, 파도는 성난 듯하네.(峰巒如聚,
波濤如怒.)"라고 했다. 그러나 산이 '기세를 부린다(負氣)'는 표현은 전무후무한 표현
이다. 『세설신어(世說新語)·언어(言語)』 중 고개지(顧愷之)의 회계산수(會稽山水) 평가
에서 "천 개의 바위가 아름다움을 다투고, 만 개의 골짜기가 흐름을 다투네.(千岩競

생각은 다 파도에 잠기고, 슬픔이 못과 골짜기에 가득하네.(思盡波濤, 悲滿潭壑).55)

秀, 萬壑爭流.)"는 외형적 경쟁만을 형용한 반면, 포조(鮑照)는 내적 요인으로서의 '부기(負氣)'를 제시함으로써 '정채(精彩)가 더욱 빛난다'는 평가를 받았다. 이는 포조가 창조한 언어 구조가 '이질동구(異質同構)'를 구현하고, 정감의 흐름에 따라 구조적 연관성을 형성했음을 보여준다. 이 때문에 이러한 언어 구조는『수경주(水經注)』에서 '도식적 문장 유형'으로 정착했는데,「하수(河水)」에서 "산봉우리 위에, 우뚝 선 돌기둥 수백 장(丈) 높이로 솟아, 기세(氣勢)를 다투며 높이를 경쟁한다.(山峰之上, 立石數百丈, 亭亭桀竪, 競勢爭高.)"라고 했고,「여수(汝水)」에서는 "산언덕들이 높이를 다툰다(山阜競高)"라고 했다. 남조(南朝) 오균(吳均)의「여주원사서(與朱元思書)」에서는 "두 언덕의 높은 산들이 모두 차가운 나무들로 덮여 있고, 지세(地勢)를 믿고 다투어 올라가 서로 우뚝 솟아 높이를 다투며, 곧게 치솟아 수많은 봉우리를 이루었다.(夾岸高山, 皆生寒樹, 負勢競上, 互相軒邈, 爭高直指, 千百成峰.)"라고 했다.

55) "思盡波濤, 悲滿潭壑.(생각이 다하여도 물결은 끝이 없고, 슬픔이 차올라 못과 골짜기에 가득하네.)"는 비감(悲感)의 사유(思惟)가 파도와 연못[潭壑]에 가득하다는 뜻이다. 필자의 생각은 이렇다. 이 두 구절은 표면적으로 대구(對句) 형식을 취했으나, 실제로는 산천(山川)의 경물(景物)과 심상(心象)이 완벽히 조화된 '무봉접합(無縫接合)'의 동구(同構)를 구현했으며, 문장 성분 간 생략을 통해 삼위일체의 표현 효과를 달성했다.『관추편』4권(1314쪽)에서는 이를 다음과 같이 분석했다. (a) '파도(波濤)'는 유동성(流動性)을 상징하여 끊임없이 이어지는 '사유[思]'와 완전히 부합한다.『전한문(全漢文)』3권 무제(武帝)의「이부인부(李夫人賦)」에도 "생각은 마치 흐르는 물결 같아, 마음 속 깊이 아파온다.(思若流波, 怛兮在心.)"라고 했다. (b) 서양의 표현에서도 '사유의 파동(思波, thought waves)'이라는 개념이 존재하는데, 마음의 움직임을 물결어 빗대어 표현하는 전통이 같다. 이는 곧 의식의 흐름이라는 현대 서사 기법으로도 계승된 바 있다. 이에 대해서는『초사(楚辭)』의「구장(九章)·애영(哀郢)」에서 별도로 논하였다. (c) '담학(潭壑: 못과 골짜기)'은 그 깊이와 수용성을 상징하여, 깊고 광대한 '슬픔[悲]'을 담기에 적합하다. 이와 같은 예로, 당대(唐代) 이군옥(李群玉)의「우야정장관(雨夜呈長官)」에 "동해(東海)의 물을 헤아려 보라. 내 근심의 깊이를 알 수 있으리라.(請量東海水, 看取淺深愁.)"라고 한 것이 있다. 그러나 이들 간에는 미묘한 의미 차이가 존재한다. 즉 '파도'는 끝이 없는데도 생각이 '다하다(盡)'고 한 것은, 생각이 끝났다고 말하면서도 사실상 그 끝이 없음을 드러내는 역설적 표현이다. '담학'은 메우기 어려운 공간인데 '슬픔이 가득찼다(滿)'고 한 것은, 다 찼다고 표현하면서도 슬픔의 무한함을 강조한다. 즉, 두 구절은 겉보기에는 대응되지만 내재된 의미는 서로 반대 방향으로 작용한다. (d) 더 나아가 살펴보건대, "생각은 파도처럼 끝이 없고, 슬

옅은 안개는 흘러가지 않고, 화려한 솥은 들끓는다.(輕煙不流, 華鼎振沓.)

　　물은 호수 표면을 따라 흐르며, 그 위에는 옅은 안개가 머물러 있다. 호수 아래에서는 파도가 뒤집히며 일렁이는데, 마치 화려한 대정(大鼎) 속에서 물이 끓어오르는 듯하다. 여기서 '경연(輕煙)'은 호수의 수면 위에서 피어오르는 옅은 물 안개를 말하고, '화정(華鼎)'은 화려한 보정(寶鼎)을 말한다. 정(鼎)은 고대의 조리 기구이자 제사용 기물로, 대개 청동이나 도기로 만들어졌다. 둥근 솥[圓鼎]은 두 개의 귀와 세 개의 발을, 네모난 솥[方鼎]은 두 개의 귀와 네 개의 발을 가졌다. 여기에서 말하는 '정(鼎)'은 물을 끓이는 그릇을 가리킨다. 『설문·정(鼎)부수』에서는 "세 개의 발과 두 개의 귀를 가졌으며, 온갖 맛을 조화시키는 보배스런 기물을 말한다.(三足兩耳, 和五味之寶器也.)"라고 했다. '진답(振沓)'은 화려한 솥[鼎] 속의 물이 끓어올라 진동하다는 뜻이다. '답(沓)'은 물이 끓어 넘침을 뜻한다.

　　『문선·매승(枚乘)·칠발(七發)』에서 말한 '발노질답(發怒厔沓)'에 대해 이선(李善)은 다음과 같이 설명했다. "처음 노여움이 발하되, 막혔다가 솟구쳐 끓는 것을 말한다. ……『비창(埤蒼)』에서는 '답(沓)은 가마의 물이 끓어 밖으로 나오는 것이다.'라고 했다."

　　필자의 생각은 이렇다. "옅은 안개는 흘러가지 않고, 화려한 솥은 들끓는다.(輕煙不流, 華鼎振沓.)"라는 구절에서 작가의 조절 의도는 다음과 같다. 흐르기

---

품은 연못과 골짜기에 가득하다.(思盡波濤, 悲滿潭壑.)"는 표현은 작가의 감정을 추상적인 것에서 구체적인 것으로, 즉 무형(無形)의 '비애[悲思]'를 '정량화'하는 방향으로 전환시킨다. 이를 통해 '감정의 정도'를 수량처럼 가늠할 수 있게 하여, 문장 속에 슬픔을 형상화하고 시적 인식의 새로운 구조를 창출한 것이다.(錢鍾書, 『宋詩選注』 關于鄭文寶「柳枝詞」注釋(北京: 人民文學出版社, 2017), 3-4쪽 참조.)

쉬운 것을 정적인 상태로, 날아오르는 것을 영원히 머무는 것으로 변화시키고, 응집된 것을 동적이고 유동적인 것으로 변화시켰다. 이와 유사한 물리적·미학적 원리는 전종서의 『관추편』 4권 「전후주문(全後周文)」 10권 '가지 않으면서도 늘 날다(不去而恒飛)' 조항을 참조하면 된다. 즉, "후대의 시문(詩文)에는 두 가지 큰 유파가 있으니, 조각이나 그림 속 사물을 유동적인 상태로 표현하여 영원히 흐르되 사라지지 않게 하거나, 새롭고 아름다운 모습으로 표현하여 영원히 새로우나 옛것이 되지 않게 하는 것이다." 그가 인용한 예문 중에서 당대(唐代) 이백(李白)의 작품에서도 여럿 보인다. 예컨대 다음과 같다.

> 1. 이백의 「벽화 속 흰매를 예찬하며(壁畫蒼鷹贊)」
> 나는 일찍이 창문으로 날아갈까 두려워했는데, 어찌 생각해보니 해마다 여기에 머물러 있구나.(吾嘗恐出戶牖以飛去, 何意終年而在斯.)
>
> 2. 이백의 「무산의 풍경을 그린 침상용 병풍(巫山枕障)」
> 아침 구름은 밤에 들어가 자취 없고, 파강(巴江)의 물은 하늘을 가로질러 흐르지 않네.(朝雲夜入無行處, 巴水橫天更不流.)

아래는 포조(鮑照)의 「대뢰안에 올라 누이에게 보내는 편지(登大雷岸與妹書)」에 있는 내용이다.

> 저녁볕은 막 가라앉으려 하고 새벽의 안개는 이내 합쳐지려 하네. 외로운 학은 차가운 울음을 터뜨리고, 떠돌이 기러기는 멀리서 운다. 나무꾼은 한숨을 내쉬고, 뱃사공은 다시금 눈물을 떨군다. 슬픔과 근심이 가득하여, 차마 말로 다 표현할 수 없구나.(夕景欲沉, 曉霧將合, 孤鶴寒嘯, 遊鴻遠吟, 樵蘇

一歎, 舟子再泣.56) 誠足悲憂, 不可說也.)

### ③ 슬픔[哀]과 기쁨[樂]의 양극: 조화의 필요

청대(淸代)의 학자 왕부지(王夫之)는 『강재시화(姜齋詩話)』에서 "즐거운 경치로 슬픔을 쓰고, 슬픈 경치로 기쁨을 씀으로써 그 슬픔과 기쁨을 배가시킨다. (以樂景寫哀, 以哀景寫樂, 一倍增其哀樂.)"라고 했다. 그는 이 견해로 『시경·소아 채미(采薇)』의 마지막 장의 정경 묘사에서 나타나는 슬픔과 기쁨의 조화적 기법이 강렬한 대비를 이루고 있다고 말했다.

옛날 내가 떠날 때는 버들이 한창 푸르렀는데, 이제 내가 돌아오니 눈보라가 흩날리는구나. 가는 길은 더디고 목마르며 배도 고프네. 내 마음은 서글프지만, 나의 이 슬픔을 알아주는 이 없구나.(昔我往矣, 楊柳依依. 今我來思,

---

56) "夕景欲沉, 曉霧將合."는 "해질녘의 풍경이 서서히 사라지고, 새벽안개가 막 서로 어우러지려는 순간이다."는 뜻이다. 이 대구(對句)는 시간적 배경을 명시하며, 편지의 결말 부분으로 자연스럽게 귀결되면서도 여정 중 목격한 현장의 정경에 초점을 맞추고 있다. 또 "孤鶴寒嘯, 游鴻遠吟."는 "외로운 학은 차가운 울음을 터뜨리고, 떠돌이 기러기는 멀리서 운다."는 뜻이다. 필자의 생각에, 필법(筆法)이 일관되게 주관적 비감(悲感)과 객여(客旅)의 물상(物象)을 직접 결합하고 있다.
"樵蘇一嘆, 舟子再泣."는 "나무꾼은 한 번 탄식하고, 뱃사공은 두 번 눈물을 흘린다."는 뜻이다. '초소(樵蘇)'는 원래 나무를 하거나 풀을 베는 동작을 뜻하나, 여기서는 명사화되어 땔나무꾼을 지칭한다. '주자(舟子)'는 뱃사공을 가리키며, '재(再)'는 본래 '두 번째'를 의미하지만 여기서는 '일탄(一嘆)'과 대구를 이루기 위해 사용되었다. 필자의 생각에, 서두의 "친척을 떠나 객지에 있다(去親爲客)"는 정회(情懷)와 조응하며, 대구의 경물(景物) 속에 등장하는 어초(漁樵)의 인물들도 나그네의 감정 색채를 띠게 된다. 고대 시문평(詩文評)에서 이른 바 "나의 시선으로 사물을 바라보니, 그리하여 만물이 모두 나의 색채를 띠게 된다.(以我觀物, 故物皆著我之色彩.)"라는 논지와 일맥 상통한다.

雨雪霏霏. 行道遲遲, 載渴載饑. 我心傷悲, 莫知我哀.)<sup>57)</sup>

현대문학사(現代文學史)에서는 어두운 현실을 폭로하더라도 반드시 '밝은 색
채'를 점철하고, '쓴맛을 묘사하더라도 끝에 약간의 단맛이 느껴지는' 식의 미학
적 관행이 일종의 불문율처럼 존재해왔다. 개혁개방 이후, 작가들이 '지식청년
[知靑]' 관련 주제나 특정 시대의 회고록을 다룰 때 종종 이러한 정황을 담은
작품들을 접할 수 있다. 물론 이러한 기법은 독자 개인의 경험과 공감 능력에
크게 의존한다. 예컨대, 노신(魯迅)의 단편소설 『약(藥)』의 결말부에는 화환(花
環)이 덧붙여진다. 작가 자신은 그것이 '명령에 따른' 결과라고 밝혔는데, 그 조
화의 효과는 한계가 있어 쉽게 추측할 수 있을 것이다.

기존의 비평가들은 이러한 현상을 단순히 외부 요소의 간섭으로 귀결시키곤
했다. 그러나 보다 깊은 층위에서 보면, 문화적 유전자로서의 '화도(和道)'가 무
의식적으로 작용하였다고 할 수 있다.

## (5) 신화와 전설에서 드러나는 조화의 역사

① 본사(本事)<sup>58)</sup>와 원형(原型)—무산(巫山)의 운우(雲雨)
범성대(范成大)의 「삼협을 지나며(過三峽記)」에는 다음과 같은 기록이 있다.

---

57) 본 장은 처음부터 끝까지 일관된 운(韻)을 유지한다. 마지막 구절의 '애(哀)'자는 고대
   음운 체계에서도 압운자(韻脚字)로 기능하였다. 애(哀)는 형성구조로, 구(口)가 의미부
   이고 의(衣)가 소리부이다.
58) [역주] 본사(本事)는 "작품의 근거가 된 실제 사건, 전해 내려오는 이야기, 또는 창작
   의 소재로 삼은 본래의 일"을 말한다. 즉, 작품이 허공에서 만들어진 것이 아니라 그
   '근본이 되는 이야기(원래의 사연, 역사적 배경)'가 있다는 뜻이다.

신녀(神女)에 관한 일은 송옥(宋玉)의 부(賦)에 근거한 것으로, 본래 양왕(襄王)을 풍자하기 위함이었다. 그 문장 또한 예의에 머물렀다. 예컨대, "옥 같은 용모가 붉게 빛나니 감히 범접할 수 없다.(玉色頹以赬顔, 羌不可兮犯干.)"는 구절에서 이를 엿볼 수 있다. 그러나 후세 사람들이 이를 제대로 살피지 않고 모조리 남녀의 음탕한 이야기로 곡해하였다. 나는 예전에 전후『무산고(巫山高)』를 지어 이 잘못을 바로잡았다.

현재 사묘(祠廟)의 석각에는『용성기(墉城記)』를 인용해 요희(瑤姬)가 서왕모(西王母)의 딸로서 운화부인(雲華夫人)이라 칭했으며, 우(禹)를 도와 귀신을 몰아내고 바위를 베어 물길을 열어 공적을 기록했다고 한다. 지금 묘용진인(妙用眞人)으로 봉해졌으며, 사당의 편액에는 응진관(凝眞觀)이라 쓰여 있다. 함께 제향되는 백마장군(白馬將軍)은 속전(俗傳)에 따르면 그가 몰아낸 신(神)이다. 무협산(巫峽山)에서 가장 아름다운 곳은, 맑은 날이든 흐린 날이든 항상 구름이 자욱하다. 둘러싸여 흩날리는 모습은 그림으로 표현할 수 없다. 내가 그 아래를 두 번 지나갔는데 매번 본 광경이 모두 이와 같았다. 어찌 내가 지나갈 때만 우연히 그랬던 것일까, 아니면 그 땅의 본래 모습인가? '행운(行雲)'이라는 말도 근거가 있는 것인가?

세상에 전하는 무산도(巫山圖)는 모두 사실이 아니다. 설령 기부(夔府) 관청에 걸린 그림이라 하더라도 닮지 않았다. 내가 화가에게 명하여 작은 배를 띄우고 강 한가운데에서 실경을 따라 그리게 하였더니, 비로소 참모습을 얻을 수 있었다. 지금 애호가들이 소장한 무산도는 모두 내 그림만큼 진실하지 못하다.[59]

---

59) 본문은 범성대(范成大)의『오선록(吳船錄)』중에서 발췌한 것으로, 제목은 편자(編者)가 추가한 것이다. 전서(全書)에는 저자가 촉(蜀) 땅을 떠나 고향으로 돌아가는 길목에서 목격한 풍경과 견문이 상세히 기록되어 있다.(上海師范大學古籍整理研究所編,『全宋筆記』第7冊第20卷(鄭州: 大象出版社, 2012), 76-77쪽 참조.)

　장기간에 걸쳐 '무산(巫山)' 및 이와 관련된 어휘들은 그 기능적 조절이 점차 한쪽으로 치우치면서, 그 본래의 내포적 의미가 가려지게 되었다. 필자는 위진 남북조(魏晉南北朝) 및 수당오대(隋唐五代)의 석각 자료를 중심으로 구축된 말뭉치에서 '무산(巫嶺)', '행운(行雲)', '행우(行雨)', '운우(雲雨)' 등의 기록을 주석으로 표기했다. 이를 토대로 출토 문헌에 나타난 '무산' 계열 글자들의 기능을 단서로 삼아 수당(隋唐) 사회에서의 사용 양상을 고찰했다. 연구 결과, 이 글자들이 여성을 지칭하는 전용 어휘로 사용되었다 해도 다양한 기능적 용례를 지니고 있음이 확인되었다. 즉, 여성의 일상적인 삶을 중립적으로 표현하는 용법과 여성의 용모나 덕행(德行)을 미화하는 수사적 표현으로서, 긍정적 가치관을 반영하고 있었다.

　말뭉치에서 '무산' 계열 글자들의 주석 데이터를 분석한 결과, 해당 글자들은 위진남북조에서 비롯되어 수당대(隋唐代)에 광범위하게 사용되다가 만당오대(晚唐五代)에 이르러 기본적으로 사라진 것으로 나타났다. 이는 당대(唐代) 이후로 점차 사용 범위가 축소된 전형적인 사례라 할 수 있다.

　당(唐) 총장(總章) 2년의 「장군처 주씨 묘지(張君妻朱氏墓志)」에는 다음과 같은 표현이 보인다.

　　부인(夫人)은 봄꽃의 화려함을 나누어 받은 듯, 풍성한 오얏꽃 같고 고운 자태는 복숭아꽃과 같네. 그 온유한 성품은 노을처럼 피어오르고, 마치 계수나무 가지가 새벽 햇살을 받는 듯하네. 맑고 깨끗한 마음은 옥빛이 비치는 듯하고, 마치 난초 연못 위에 갓 걸린 무지개를 비추는 듯하네.(夫人分華穠李, 寫麗夭桃. 婉質霞昇, 若桂梁之暉曉日; 淸心玉映, 似蘭沼之鏡初虹)

이는 고전에서 미인을 묘사할 때 흔히 사용되던 수사법이다. 특히 '분화(分華)'
라는 어휘 조합에서 '분(分)'자의 사용은 마치 아무런 노력도 들이지 않은 듯 자
연스럽게 보인다.60)

그러나 수당대(隋唐代) 석각 자료를 고찰하면, 여성의 형상과 정신을 비유하
는 데 있어, 초목(草木)보다 '무산' 계열 글자들이 훨씬 더 뛰어난 표현력을 지
니고 있음을 알 수 있다.

수당오대(隋唐五代) 석각 자료 말뭉치의 주석 표기에 따르면, '무산(巫山)'과
동일하거나 유사한 기능을 지닌 어휘로는 '무령(巫嶺)', '고당(高唐)', '무락(巫洛)',
'행운(行雲)', '행우(行雨)' 등을 추가로 확인할 수 있다. 이러한 어휘들은 모두 특
정한 사용 대상과 의미적 기능을 공유하고 있다. 본서에서는 통칭하여 '무산' 계
열 문자로 지칭한다. 그러나 오랜 기간 동안, 이 글자들은 일반적으로 남녀 간의
밀회나 정사, 나아가 음란하고 방탕한 행위와 연결되어 해석되었다. 이로 인해,
그 기능이 편향되게 인식되면서 본래의 내포적 의미가 가려지게 되었다.61)

---

60) 후대의 사가(詞家)들에서도 유사한 어법(字法)을 발견할 수 있다. 송대 시인 양만리
(楊萬里)의 시구(詩句)를 예로 들면, "매실은 신맛을 남겨 이를 시리게 하고, 파초는
푸른빛을 나누어 창호지에 물들인다.(梅子留酸軟齒牙, 芭蕉分綠與窗紗.)"(그의 『한거
초하오수기이절구(閒居初夏午睡起二絶句)』 중 제1수에서 인용)

61) 『홍루몽(紅樓夢)』 제5회는 전편(全篇)의 강령(綱領)으로서, 경환선고(警幻仙姑)가 완석
(頑石)을 일깨우며 경계하는 대목에서 이렇게 말했다. "속세의 수많은 부귀한 집안에
서, 그 푸른 창가의 풍월(風月)과 수놓은 다락의 안개와 노을이 모두 음탕한 방자(紈
絝)들과 방탕한 여인들에 의해 더럽혀졌다. 더욱 가혹한 것은 고금(古今)을 통해 수
많은 경박한 낭자(浪子)들이 '호색(好色)하되 음란하지 않다'는 말로 자신을 꾸미고,
'정(情)에 빠졌으나 음행은 없다'는 논리로 핑계를 대었다는 점이다. 이 모두 허물을
꾸미고 추악함을 가리는 말에 불과하다. 호색함은 곧 음란함이요, 정(情)을 앓은 더
큰 음란함이다. 이에 무산(巫山)의 만남과 운우(雲雨)의 환희는 모두 그 용모를 기뻐
함과 더불어 그 정에 연연한 결과인 것이다. 내가 그대를 사랑함은 바로 천하 고금

‘무산(巫山)’ 계열 글자들이 편향적으로 사용된 것은 언제부터인가? 이는 한어사(漢語史)와 문화사(文化史)의 주요 연구 과제에 해당한다. 수당오대(隋唐五代) 석각 자료 말뭉치의 통계에 따르면, ‘무산’(변형 형태인 ‘무령(巫嶺)’ 등을 포함)은 총 38회의 사용 빈도와 범위를 보였으며, 단순 주석 결과만으로는 고빈도 어휘 사례로 보기 어렵다. 그러나 말뭉치 주석의 난점은 ‘무산’과 기능적으로 동등하고 상호 대체 가능한 ‘행운(行雲)’(28회), ‘행우(行雨)’(15회), ‘운우(雲雨)’(27회) 등의 기록이 추가로 존재한다는 점이다.

당(唐) 용삭(龍朔) 3년의 「곡사처사 장부인 묘지명병서(斛斯處士張夫人墓志銘幷序)」에는 다음과 같은 내용이 수록되어 있다.

부인(夫人)은 주천(珠泉)의 정기로 빛을 얻고 얼음거울과 어우러져 그 신선함을 응축하였다. 옥수(玉樹)는 가지를 갈라 다욱 빛을 더하고, 화려한 꽃빛을 덮어 색채를 어지럽게 하였다. 온순하고 순숙한 성품은 규범이 되고 정숙하고 신중한 행실은 모범이 되었다. 항상 바른 규범을 마음에 새기고 실무에 게으름이 없었다. 뜰의 꽃이 사방으로 빛나면 봄 누각의 용갑(龍匣)을 병풍처럼 둘러놓고, 강 위의 노을빛이 아홉 갈래로 반사되면 가을의 베틀에서 ‘원□’을 떨치었다. 이미 溫□□□□ 이 향기를 찬양했다. 이미 훌륭한 행실로 군자(君子)의 배필이 되었으니, 송□에 아름답게 합치하고 금슬(琴瑟)을 □□에 천거하였다. 어찌 형대(荊臺)의 구름이 사라지고 신령한 자태가 奄□할 줄 알았으랴. □泉은 흘러가고 아름다운 인연은 영영 이어지지 못하였도다.(夫人珠泉育彩, 儷冰鏡以凝鮮; 玉樹分柯, 掩蕃華而蕩色. 婉順成范, 淑愼開基. 每警志于風規, 不怠公于紃組. 對庭花之四照, 屛龍匣于春樓; 眺川霞之九光, 振駕□于秋杼. 旣而溫□□□□譽斯芳. 亦旣有行, 作嬪君子. 媚松□以合

제일의 음란한 인물이기 때문이다.”

契, 荐琴瑟以□□. 豈謂荊台滅云, 仙儀奄□. □泉逝水, 嘉好長違.)

명문(銘文)에서는 이에 응답하여 이렇게 기록했다.

이미 음질(陰質)이라 일컬었으니 후손(後胤) 또한 빛나리라. 무산(巫山)이 정기를 품고 밝은 달이 빛을 발하느라.

즉, 한 편의 문장 속에서 서문(序文)에서는 '형대(荊臺)'라 했고, 명문(銘文)에서는 '무산(巫山)'이라 했다. 이는 무산의 '양대(陽臺)'가 다시 '형대(荊臺)'로 변형되었음에도 기능적으로는 동일성을 유지하고 있음을 보여주는 사례이다.[62]

출토 문헌을 단서로 고찰할 때, 적어도 수당(隋唐) 교체기까지는 '무산(巫山)' 계열 글자들이 여성의 신체를 묘사할 경우 모두 중성적이거나 아름다움을 나타내는 표현이었으며, 그 기능은 다변적이고 함의가 풍부하였다. 더욱이 여성의 용모와 덕행(德行)을 함께 아울렀기 때문에, 아름다움을 상징하는 전용 어휘라할 수 있었다.

여성의 용모를 '무산(巫山)'에 비유하는 것은 그녀의 덕행과 배치되지 않으며, 오히려 서로 통일되어 일체를 이룬다. 따라서 '무산(巫山)'으로 신체적 아름다움

---

62) 이러한 기록들을 집중적으로 통계 분석해 보면, '무산(巫山)' 계열 글자들이 사실은 역대 문헌에서 간과되어 온 당대(當代)의 유속(流俗)과 풍조(風潮)가 집약적으로 반영된 표현임을 알 수 있다. 이들 글자들은 단순한 형태론적 주석만으로는 연관 추출이 곤란하여, 출토문헌 어휘 자료베이스 구축 과정에서 난점(難點)으로 작용해 왔다. 이에 그 기능적 연계성을 분류 분석하는 작업이 이들 어휘 주석의 기초 작업으로 요구된다.

을 표현하더라도 '맑고 고요한 품성'을 해치지 않으며, '무락(巫洛)'으로 기품과 정결함을 함축하더라도 여전히 '단정하고 온화한 덕성'을 드러낼 수 있었다. 수당(隋唐) 묘지명에 등장하는 '무산(巫山)' 계열 글자들은 여성을 찬미하는 밝고 긍정적인 표현으로 기능하였고, 아직 음흉한 의미로 전환되지 않은 상태에서 사용되고 있었다.63)

---

63) ① 수(隋) 인수(仁壽) 3년「장검 및 처 호씨 묘지(張儉及妻胡氏墓志)」: "부인(夫人)은 안정(安定) 호씨(胡氏)로, 무산(巫山) 아래에서 태어난 듯한 아름다운 자태를 지녔고 한고(漢皐)의 굽이진 물가처럼 맑고 단련된 품격을 지녔다. 육친이 모두 그 풍류(風流)를 중히 여기고 사방 고을에도 그 덕행이 알려졌다. 일곱 아들을 낳아 세 차례나 집을 옮겼고, 그 뒤로는 서리 내린 듯한 세월을 홀로 열여덟 해 지내며 처음도 훌륭했고 끝도 고결하였다. 그 행실은 난초의 향기처럼 그윽하고 눈처럼 희었다. 부처의 가르침을 배우며 보녀(寶女)의 덕을 닦았고 서국(闍國)에서 승만(勝鬘)을 배우려 했다. 그러나 보리(菩提)의 뜻을 다 이루지 못했는데 정토(淨土)의 부름이 이미 이르렀다.(夫人安定胡氏, 體豔巫山之下, 質研漢皐之曲, 六戚重其風流, 四業聞於州內. 爲成七子, 頻迭三移, 自爾霜居壹十八載, 善始令終, 蘭熏雪白. 方習寶女於佛家, 學勝鬘於闍國, 菩提之願未充, 淨土之符已至.)"
② 수(隋) 인수(仁壽) 4년「풍군 처 이옥기 묘지(馮君妻李玉綺墓志)」: "부인은 이(離)괘와 태(兌)괘의 영기를 감응하여 무산(巫山)과 낙수(洛水)의 정기를 품었다. 단정하고 현숙하며, 예(禮)에 맞게 행하였다. 덕(德)과 용모를 모두 갖추었는데 부모(傅母)의 훈계에서 비롯된 바 아니며, 온순하고 순정한 품성은 계녀서의 훈계를 본받은 것도 아니었다. 열아홉 살에 풍씨(馮氏)에게 시집가서 남편을 군자(君子)로 섬기며 형제처럼 공경하고, 효로써 시부모를 받들어 가문을 빛냈다.(夫人感靈離兌, 蘊精巫洛, 端莊令淑, 應圖合禮. 有德有容, 非由傅母之訓; 旣柔旣順, 無待誡女之書. 年十有九, 適於馮室. 言告言歸, 結松蘿於君子; 如兄如弟, 助蘋藻於先人.)"
③ 수(隋) 대업(大業) 11년「동씨 위부인 묘지(董氏衛夫人墓志)」: "무산(巫山)의 저녁 비, 낙포(洛浦)의 아침노을이라. 그 자태는 숙원(淑媛)처럼 단아하고, 그 아름다움은 옥 같고 꽃 같다.(巫山暮雨, 洛浦朝霞. 展如淑媛, 似玉方花.)"
④ 당(唐) 선천(先天) 원년「장손씨 묘지(長孫氏墓志)」: "낙천(洛川)은 동쪽으로 흘러가며 그 물결은 마치 회오리치는 눈빛처럼 반짝인다. 무령(巫嶺)은 남쪽에 임하여 저녁 비와 아침 구름의 빛깔이 어우러진다.(洛川東注, 流風回雪之光; 巫嶺南臨, 暮雨朝

雲之色.)"

⑤ 당(唐) 「기신비 육씨 묘비(紀愼妃陸氏墓碑 大唐紀國故先妃陸氏之碑)」: 비문은 대부분이 훼손되었으나 남은 구절에 따르면, "……천성이 검소하고 본성이 단정하였다.(……天情簡素, 稟性矜莊.)", "봄철 초화가 피면 노래가 일어나 그 빛은 무수(巫岫)의 연꽃을 압도하였고, 가을 문채가 오르면 그 아름다움은 촉강(蜀江)의 비단을 덮었다.(春椒起詠, 豔奪巫岫之蓮; 秋扃騰文, 麗掩蜀江之錦.)"라고 했다.

여기서 '무수(巫岫)'는 곧 '무산(巫山)'을 뜻하니, 순전히 여성의 아름다운 용모를 수식하는 단어임을 알 수 있다.

⑥ 당(唐) 태극(太極) 원년 「왕천 묘지(王天墓志)」: "부인(夫人) 옹씨(雍氏)는 울포(郁浦)의 물결처럼 자태가 빼어나고 무산(巫山)에서 맑고 고운 기운이 태어났다. 하양(河陽)의 꽃처럼 희고 그 화장법은 합지의 새 장식과도 같았다. 하늘의 별이 흩날리듯 빛나고, 그 미소는 손권의 고운 보조개처럼 어여쁘다. 가인(家人)의 말씀을 따르고 내칙(內則)의 편장(篇章)을 참고하여, 중양절에는 국화로 비문을 짓고 상원절에는 초화로 송(頌)을 바쳤다. 어찌 베를 끊는 교훈이나 물고기를 놓아주는 훈계에 그쳤겠는가! 난초는 향기롭다가 꺾이고 옥은 곧으면 부서지니, 흐르는 물은 돌아오지 않고 흩어지는 구름은 사라지고 말았다. 태극 원년 2월 27일에 사저에서 별세하니 향년 88세였다.(夫人雍氏, 鬱浦騰秀, 巫山誕粹. 河陽花白, 凝出合之新妝; 天上星飛, 綴承權之媚靨. 下酌家人之緣, 旁稽內則之篇, 九日則秋菊摛銘, 三元則春椒獻頌. 豈只斷機流訓, 還魚作誡而已哉! 蘭薰而摧, 玉貞則脆, 逝水不返, 行雲其銷. 以太極元年二月廿七日終於私第, 春秋八十有八.)"

⑦ 당(唐) 상원(上元) 2년 「양간 묘지(楊偘墓志)」: "부인 이씨(李氏)는 요정(堯亭) 사마(司馬)의 장녀로, 계년(笄年)을 지나 양씨(楊氏)에게 시집가 예(禮)를 따라 군자(君子)의 좋은 짝이 되었다. 단아하고 온화한 모습은 낙수의 눈처럼 맑고, 화려하고 맑은 기운은 무산(巫山)의 구름보다도 아름다웠다. 자녀를 가르침에 정성을 다하고 경건한 마음으로 집안을 공경히 다스렸다.(夫人李氏, 卽堯亭司馬之長女. 笄年已往, 適於楊氏, 言從禮匹, 君子好仇. 嫠婉騰姿, 景翠洛濱之雪; 娥暉孕彩, 表質巫山之雲. 育訓胎□, 危心野敬.)"

⑧ 당(唐) 건봉(乾封) 원년 「태종문황제고귀비(太宗文皇帝故貴妃) 기국태비(紀國太妃) 위규(韋珪) 묘지」: "태비(太妃)는 오랜 세대의 아름다운 덕을 이어받고 □화(和)의 수기(秀氣)를 지니셨다. 달빛에서 숙매(淑霾)를 내려주시고 별자리에서 아름다운 빛을 나누셨다. 옥 같은 품격은 일찍이 드러났고 난초 같은 기상은 일찍부터 자라났다. 천성이 검소하고 성정이 단정하여, 그 꽃다운 모습은 복숭아와 오얏보다 빼어났고, 수려함은 농섬(穠纖)의 마음에 합하였다. 춘에는 초화가 피면 노래를 읊었고 그 빛은

‘울포(郁浦)’·‘무산(巫山)’·‘무수(巫岫)’는 여성의 아름다운 자태와 고운 품성을 묘사하는 반면, ‘서수(逝水)’·‘행운(行雲)’은 대구(對句)로 사용될 수 있다. 묘지명(墓誌銘)의 각석(刻石)은 사람이 세상을 마감한 뒤 그 생애를 총괄해 평가하는 글로서, 인생의 품격이라는 중대한 관문과 가치관의 진정한 태도와 관련되어 있어, 일상적이거나 가벼운 표현과는 비교할 수 없다.

‘무산(巫山)’ 계열 글자들은 오로지 여성의 ‘내적 아름다움’을 묘사함과 동시에 ‘수양의 능력’까지도 같이 드러낸다.

- 수(隋) 대업(大業) 10년 「석씨 묘지(席氏墓志)」:
무산의 옛 □, 낙□의 허□. 어찌 □□와 같으랴, 분명히 이미 신선을 능가하였네. 빼어나고 맑으며, 고운 자질이 향기롭고 신선하다.(巫山旧□, 洛□虚□. 何如□□, 定已胜仙. 秀宕皎洁, 麗質芳鮮.)[64]

비록 글자가 많이 마멸되었지만, 여전히 무산과 낙수를 여성에 비유한 흔적을 볼 수 있다. 또한 ‘선(鮮)’자로 아름다운 자질을 표현한 점은 이전에는 보기 어려운 새로운 표현이라 할 만한다.

---

무수(巫岫)의 연꽃을 압도하였다. 추□(秋□)에는 문채가 오르면 그 아름다움은 촉강(蜀江)의 비단을 덮었다. 교목(喬木)의 가지는 그 조절(操節)을 견주고 □□는 화합을 이뤘다. 그 덕의 소리가 멀리 전해지고 선한 말은 천리 밖까지 응하였다.(太妃承百代之芳徽, 資□和之秀氣. 降淑霍於月景, 分麗彩於星昆. 玉度凤彰, 蘭儀早鬱, 天情簡素, 稟性矜莊. 夭華邁桃李之姿, 修短合穠織之衷. 憂勤絺絡, 肅事言容. 旣受教於公宫, 亦遵訓於師氏. 飛彩筆於花旦, 則鶴峙鴻驚; 披繡冊於娥宵, 則敦詩悅禮. 春椒起詠, 豔奪巫岫之蓮; 秋□騰文, 麗掩蜀江之錦. 喬枝比操, □□方和. 德聲聞於九皐, 善言應於千裏.)”
64) 北京圖書館金石組編, 『北京圖書館藏中國歷代石刻拓本匯編』第10冊(鄭州: 中州古籍出版社, 1989), 101쪽.

- 수(隋) 대업(大業) 10년 「포궁인 묘지(鮑宮人墓志)」:
궁인은 예법과 덕행을 겸비하였기에 이 덕으로 선발되기에 합당하였다. 어
찌 영원하지 못할 줄 알았으랴, 갑자기 아름다운 자태를 일찍 잃었구나. 운
우(雲雨)의 순간을 애통해하고 신선의 덧없음을 탄식한다.(宮人訓范兼該, 故
允兹德選. 何期不永, 遽夭姸姿. 痛雲雨之須臾, 嗟神僊之飄忽.)[65]

궁인이 "예법과 덕행을 겸비하였기에 이 덕으로 선발되기에 합당"했으나 포
씨(鮑氏)는 36세에 별세하였다. 이에 '운우의 순간(雲雨之须臾)'을 애통해한 것
이다. 여기서 '운우(雲雨)'는 젊은 여성을 대표하는 명칭임을 알 수 있다.

- 당(唐) 개원(開元) 9년 「배자강 묘지(裴自强墓志)」:
부인 경조(京兆) 두씨(杜氏)는 진(晉)나라 진남장군(鎭南將軍) 당양성후(當陽成
侯) 예(預)의 11대손으로, 황조(皇朝) 여주(汝州) 협성현령(郟城縣令) 입소(立
素)의 막내딸이다. 낙천(洛川)의 노을과 달빛 같고, 무산(巫山)의 운우(雲雨)
와 같았다. 비취(翡翠)는 날개를 활짝 펴고 봉황(鳳凰)은 나래를 편다. 온화
하고 순숙하여 그 명성이 안팎에 퍼졌으며, 언행에 티가 없어 밖으로 소문
이 났다.(夫人京兆杜氏, 晋鎮南將軍当陽成侯預之十一代孫, 皇朝汝州郟城縣令立
素之季女也. 洛川霞月, 巫山雲雨. 翡翠奮翅, 鳳皇于飛. 柔順有聞, 譽延中外; 言行
無玷, 聲成閨閫.)[66]

- 당(唐) 영순(永淳) 원년 「서궁이품소의 지명병서(西宮二品昭儀志銘幷序)」:

65) 北京圖書館金石組編, 『北京圖書館藏中國歷代石刻拓本匯編』第10冊(鄭州: 中州古籍出版
社, 1989), 112쪽.
66) 北京圖書館金石組編, 『北京圖書館藏中國歷代石刻拓本匯編』第21冊(鄭州: 中州古籍出版
社, 1989), 155쪽.

본성이 온화하고 덕을 겸비하였으며 자태는 부드럽고 조화로웠다. 호서(瓠
犀)의 고운 자질을 지녔고 유령(蝤領)의 가냘픈 자태가 아련하였다. 처자(處
子)는 □서리를 머금어 고사(姑射)의 먼 소문에 비견되고, 신령한 무녀가 비
를 내리듯 양대(陽臺)를 가까이 비추는 듯했다. 체혜문(體惠問)은 유한(幽閑)
함 속에서 반서(班書)의 아름다움과 견주고, 온유한 말씀은 내훈(內訓) 속에
서 채필(蔡筆)의 향기와 어울렸다.(稟淑濟美, 姿和宋子. 挺瓠犀之麗質, 蔚蝤領
之孅容. 處子□霜, 遠聞姑射; 仙巫行雨, 近暎陽台. 體惠問于幽閑, 班書比麗; 蘊柔
詞于內訓, 蔡筆齊芳.)[67]

- 당(唐) 용삭(龍朔) 2년 「태비 왕씨 묘지(太妃王氏墓志)」:
이 정숙(貞淑)함을 낳으니 무산(巫山)의 무성한 구름과 같고, 이 고운 자태
를 기르니 고당(高唐)의 흩뿌리는 비와 같았다. 태비는 신무(神婺)의 정기를
받고 선녀의 빛을 몸에 지녔다. 초정(椒庭)에 선발되어 계전(桂殿)에서 의식
을 받들었다.(誕斯貞淑, 類巫山之郁雲; 育此妍姿, 若高唐之泄雨. 太妃稟灵神婺,
孕彩仙娥. 充選椒庭, 承儀桂殿.)[68]

  '무산(巫山)' 계열 글자들이 수식하는 여성의 아름다움과 수양의 재능을 종합
적으로 반영한 사례로는 연(燕) 성무(聖武) 원년의 「마릉허 묘지(馬凌虛墓志)」를
참조할 수 있다.

  황관(黃冠)의 숙녀(淑女) 릉허(凌虛)는 마씨(馬氏)로 부풍(扶風) 사람이다. 선
명한 피부와 뛰어난 자질로 홀로 서 있는 듯한 단아한 자태를 지녔다. 그

---

67) 北京圖書館金石組編, 『北京圖書館藏中國歷代石刻拓本匯編』第39冊(鄭州: 中州古籍出版
    社, 1989), 80쪽.
68) 北京圖書館金石組編, 『北京圖書館藏中國歷代石刻拓本匯編』第40冊(鄭州: 中州古籍出版
    社, 1990), 35쪽.

뜻은 고상하고 마음은 난초처럼 향기로우며 몸은 지극히 부드럽다. 그 빛은 거울로 비출 만하고 향기는 난초와 같았다.

칠반장수(七盤長袖)의 재능과 삼일유음(三日遺音)의 묘기(妙技)에 이르러서는, 현(弦)을 휘두르면 학이 춤추고 피리를 불면 용이 울었다. 악곡을 연주하는 것은 스승에게서 배웠으나, 그 남다른 아름다움은 특별히 하늘이 내려준 것이었다.

오나라 아가씨는 마음속으로 부끄러워하고 한나라 여인은 그 얼굴빛이 수그러들었으니, 어찌 동하(東夏)에서만 그 이름을 전하고 남국(南國)에 명성을 떨쳤을 뿐이겠는가. 만물과 더불어 변화를 따라 마음을 깊이 닦아 세상을 떠날 것을 결심하니, 이에 선관(仙官)에 이름을 올렸고, 기꺼이 자신을 받아줄 만한 군자(君子)에게 몸을 의탁하였다.

천보(天寶) 13년(754)에 개원관(開元觀)에 속하였다가 성무(聖武) 원년 정월(756)에 독고씨(獨孤氏)에게 시집갔다. 독고공(獨孤公)은 고결하고 곧은 인품을 지녔으며, 푸른 소나무처럼 고고하였다. 그는 통찰력이 신묘하여 사물의 이치를 꿰뚫어 보았다. 일이 마음에 들지 않으면 삼 년을 기다렸고, 마음에 드는 것이 있으면 한 번 보고도 중히 여겼다. 웃음소리 화락하고 금슬(琴瑟)이 화합하였으나, 열흘도 채 되지 않아 병이 없는데도 세상을 떠났다.

군자는 "꽃은 화려하나 열매를 맺지 못하였으니, 참으로 슬프도다!"라고 말했다. 향년 23세로, 그달 경자일(景子日)에 북망(北邙)의 언덕에 묻혔다.

조부 현명(玄明)은 양(梁) 천부절충(川府折衝)이었고, 부친 광겸(光謙)은 흡주(歙州) 휴녕현위(休寧縣尉)였다. 대대로 쌓은 선행의 복이 숙인(淑人)에게 모여, 이에 보잘것없는 말을 부탁받아 그 아름다움을 기려 묘비문을 짓는다. 묘비에서는 다음과 같이 말했다.

"이 숙인이여, 그 화려함은 봄과 같았네! 어찌 이 특별한 빛깔로 이 향기로운 시절을 앗아갔는가? 무산의 구름이 되었는가, 낙천(洛川)의 신이 되었는가? 나는 그 소재를 알 수 없어, 저 푸른 하늘에 물으리라."(黃冠之淑女日淩虛, 姓馬氏, 扶風人也. 鮮膚秀質, 有獨立之姿; 瑰意蕙心, 體至柔之性. 光彩可鑑,

芬芳若蘭. 至於七盤長袖之能, 三日遺音之妙, 揮弦而鶴舞, 吹竹而龍吟. 度曲雖本
於師資, 余妍特稟於天與. 吳妹心愧, 韓娥色沮, 豈唯專美東夏, 馳聲南國而已. 與物
推移, 冥心逝止, 厭世斯擧, 乃策名於仙官; 悅己可容, 亦託身於君子. 天寶十三祀,
隸於開元觀. 聖武月正初, 歸我獨孤氏. 獨孤公貞玉回扣, 靑松自孤, 淵敏如神, 機鑑
洞物, 事或未愜, 三年徒窺; 心有所□, 一顧而重. 笑語晏晏, 琴瑟友之. 未盈一旬,
不疾而歿. 君子曰: 華而不實, 痛矣夫! 春秋卅有三, 遂以其月景子窆於北邙之原. 祖
玄明, 梁川府折衝, 父光謙, 歙州休寧縣尉, 積善之慶, 鍾於淑人, 見託菲詞, 紀茲麗
色. 其銘曰: 惟此淑女兮, 穠華如春; 豈與茲殊色兮, 而奪茲芳辰? 爲巫山之雲兮, 爲
洛川之神兮? 余不知其所之, 將欲問諸蒼旻.)69)


‘무산(巫山)’ 계열 글자들은 여성의 세속적 삶과 남녀 간 교감의 매개로도 작
용했다. “무산의 구름이 걷히고 양대의 비가 그친다.(巫山雲斂, 陽台雨絶.)”라는
말은 인간 세상의 이별과 음양의 영원한 순환을 비유한다.


- 수(隋) 인수(仁壽) 4년「마치(馬稱)의 계실(繼室) 장강(張姜) 묘지명」:
부인은 부모 섬기기를 근본으로 삼아 몸소 훈계를 받들었고, 종실을 가르
침에 시서(詩書)와 예법을 널리 들었다. 평조(苹藻)에는 경건함이 깃들고, 예
절을 행함에는 근면함이 있었다. 주(周) 건덕(建德) 6년 이후, 신주(信州) 전
첨(典簽) 부풍(扶風) 마노생(馬老生)에게 계실로 시집갔다.(夫人資於事親, 躬奉
訓戒; 敎於宗室, 足聞詩礼. 苹藻維敬, 紘綖是懃. 周建德六年後, 适信州典簽扶風馬
老生, 以爲繼室.)


그러나 명문(銘文)에는 다음과 같이 적혀있다.

---

69) 北京圖書館金石組編, 『北京圖書館藏中國歷代石刻拓本匯編』第35冊(鄭州: 中州古籍出版
社, 1989), 169쪽.

한(韓)나라를 여러 세대가 보좌하고 한(漢)나라의 중요한 번국(藩國)을 도왔다. 만호후(萬戶侯)에 봉해지고 천문(千門)을 가진 부귀를 누렸다. 사덕(四德)에 어긋남이 없었고 삼종(三從)에 한결같았다. 아들을 가르칠 때는 물레를 멈추어 가르침을 보였고, 남편을 따름에 예절이 있었다. 서리 내린 계수나무 숲은 갈라지고, 눈 덮인 난초 숲은 시들었으며, 아침 해는 산 너머로 사라지고, 가을 물에 연꽃은 가라앉았다. 바람결은 이미 슬프고 솔바람 소리는 옛 정취를 품었다. 이 밤 고당(高唐)에는 더 이상 행우(行雨)가 없으리.(相韓累世, 佐漢重藩. 封侯万戶, 畫地千門. 四德無爽. 三從維一. 訓子停機, 從夫有秩. 霜分桂苑, 雪減蘭林. 朝梁日去, 秋水蓮沈. 風氣已悲, 松聲卽古. 高唐此夕, 應無行雨.)

아울러 그와 관련된 '운우(雲雨)' 계열 글자들은 여성을 수식하는 데 사용되었으나 결코 색정이나 음란함과는 무관하였다. 이 중 '정기(停機)'는 『후한서·열녀전(列女傳)』의 악양자(樂羊子)의 아내 고사에서 유래한 것으로, 『홍루몽』에서 보채(寶釵)의 판사(判詞)에 나오는 '애석하구나. 물레를 멈춘 덕(可嘆停機德)'의 '정기(停機)'와 동일하다.

- 당(唐) 건봉(乾封) 원년 「지랑자 묘지(支郎子墓志)」:
용모의 화려함은 낙포(洛浦)에 이는 회풍(回風)과 같고, 그 수려한 자질은 아침의 구름과 비교될 만큼 빼어났다. 이에 예절에 있어서는 모든 덕목을 갖추었고 그 덕은 지군(支君)과 화합하였다. 금슬(琴瑟)의 음률이 조화되듯 규방(閨房)의 모범이 되었다. 누가 생각이나 했으랴. 연평(延平)의 검이 도리어 쌍룡(雙龍)을 삼켜버리고, 무산(巫山)의 푸른 구름이 홀연히 서리와 이슬로 변해버릴 줄을.(容華挺洛浦之回風, 秀質與旦雲之逈絶. 旣而禮則俱備, 德洽支君. 琴瑟調諧, 閨房令範. 豈謂延平之劍, 翻沒雙龍; 巫山翠雲, 忽成霜露.)

- 당(唐) 건봉(乾封) 2년 「왕화 묘지(王和墓志)」:
임석(任石)이 갑자기 무너지고 무운(巫雲)은 이미 사라졌네. 옥수(玉樹)는 그 빛을 거두고 요화(瑤花)는 그 맑을 빛을 가렸도다.(任石忽摧, 巫雲已滅. 玉樹韜彩, 瑤花掩晰.)


- 당(唐) 천보(天寶) 3년 「범여 연화부인 묘지(範如蓮花夫人墓志)」:
고조(高祖) 예(預), 조부(祖父) 의신(義愼), 부(父) 현침(玄琛)은 모두 재능과 운치가 탁월하고 풍조(風調)가 한아(閑雅)하였다. 양송(梁竦)의 삶을 흠모하여 관직의 수고로움을 꺼렸고, 도잠(陶潛)의 「귀거래사(歸去來辭)」를 읊으며 마침내 전원(田園)생활을 즐겼다. 이로 인해 관복(冠冕)이 점차 쇠퇴하자 부인은 평민의 신분으로 지내게 되었다. 그녀의 살결은 응지(凝脂)처럼 희고 그 윤택은 칠을 점한 듯하여 하늘이 내린 자태였다. 아내로서의 덕성과 여성의 일은 스승에게서 배울 필요가 없을 정도였다. 처음에는 아름다운 용모로 조청대부(朝請大夫) 행하내현령(行河內縣令) 상주국(上柱國) 낭아(琅邪) 왕승(王升)의 둘째 아들이자 전 향공명경(前 鄕貢明經)인 찰(察)을 섬겼다. 그는 깊은 눈길로 맞이하고, 거문고 소리로 정을 나누었다. 옛날 온씨(溫氏)의 옥대(玉臺) 여인처럼 스스로를 바치고자 하였고, 한왕(漢王)의 금옥(金屋)에 간직된 아교(阿嬌)처럼 사랑받았다. 그 총애를 비기자면 이들보다도 더하였다. 그러나 부인은 스스로를 '도근(桃根)의 미천한 집안 출신, 벽옥(碧玉)의 작은 가문'이라 여겼다.(高祖預, 祖義愼, 父玄琛. 並才韻卓犖, 風調閑雅. 慕梁竦之平生, 恐勞郡縣; 詠陶潛之歸去, 遂樂田園. 由是冠冕陵遲, 夫人因爲平人也. 凝脂點漆, 獨授天姿. 婦德女功, 不勞師氏. 始以色事朝請大夫行河內縣令上柱國琅邪王升次子前鄕貢明經察. 送深目逆, 調切琴心. 昔溫氏玉台, 願投姑女; 漢王金屋, 思貯阿嬌. 方之寵焉, 未足多也. 而夫人猶自謂桃根卑族, 碧玉小家.)

명문에는 다음과 같이 적혀있다.

> 무산의 구름이 사라지고 하양(河陽)의 꽃은 시들었네. 영원토록 오직 여사
> (女史)만이 남았도다.(巫岫雲沒兮河陽花死, 地久天長兮空存女史.)

이는 여성이 아름다움으로 남편을 섬겼음을 직접적으로 드러내고 있다. "깊은
눈길로 맞이하고 거문고 소리로 정을 나누었다"는 구절에 이르러서는, '무운(巫
雲)'이 남녀 사이의 감정적 에너지의 상호 교류와 전달을 표현한 것이다.

　무산(巫山)의 구름과 낙천(洛川)의 신(神)은 미인의 화신일 뿐만 아니라 미덕
(美德)을 상징하기도 한다.

> - 당(唐) 정관(貞觀) 12년 「당손 처 유파귀 묘지(唐遜妻柳婆歸墓志)」:
> 부인(夫人)의 휘(諱)는 파귀(婆歸), 자(字)는 니자(尼子)이다. ……부인은 교의
> (敎義)의 바람을 이어받고 단정하고 아름다운 품행을 타고났다. 세 개의 별
> 이 서로 빛을 견주고 네 가지 덕행(德行)이 연꽃처럼 서로 어우러졌다.
> ……이에 장원(長原)의 넓은 땅에 절부(節婦)의 무덤만이 빛나고, 농수(隴樹)
> 의 쓸쓸한 나무에 정숙한 아내의 묘를 드러낼 뿐이다. ……선로(仙路)에는
> 구름이 날고 무산(巫山)의 패옥(佩玉)이 맑게 울린다. 베틀을 멈추고 빗자루
> 를 받들어 가정의 법도와 천상의 도리를 함께 이루었다. ……그리하여 절
> 개의 무덤을 본받는 표징이 되었고, 그 향기로운 이름은 길이 전해져 끊이
> 지 않으리라.(夫人諱婆歸, 字尼子……夫人承敎義之餘風, 稟端莊之美操. 三星比
> 曜, 四德連華……遂使長原朣朧, 空旌節婦之墳; 隴樹蕭蕭, 徒表貞妻之墓. ……仙
> 路雲飛, 巫山佩響. 停機奉箒, 成規合象. ……式表貞墳, 傳芳無已.)

또 당(唐) 정관(貞觀) 14년「장군 처 진상아 묘지(張君妻秦祥兒墓志)」의 서문과 명문은 앞선 예와 거의 같은 문장을 되풀이하여 새겼는데, 다음과 같이 기록하였다.

> 부인의 휘(諱)는 상아(詳兒)이며, 자는 니자(尼子)이다. ……부인은 교화의 덕풍을 이어받아 단정하고 아름다운 품행을 타고났다. 세 개의 별이 서로 빛을 견주고 네 가지 덕행(德行)이 연꽃처럼 서로 어우러졌다. 열다섯 살 되던 해에 군자(君子)에게 시집가 근검절약하며 안으로는 부인의 자리에서 마땅한 도리를 다하였다. 효성과 공경으로 이름이 알려졌고 말과 용모는 법도에 맞았다. 온화한 목소리로 빗자루를 받들어 시부모를 섬기는 예(禮)를 다하였다. 안석(案席)을 들 때 눈높이를 맞추어 아내로서의 예법을 갖추었다.(夫人諱詳兒, 字尼子……夫人承教義之餘風, 稟端莊之美操. 三星比曜, 四德連華. 十五之年, 言歸君子. 躬儉節用, 內位克修. 孝敬以聞, 言容以度. 怡聲奉箒, 事姑之禮盡焉. 擧案齊眉, 爲妻之儀.)
> 예법의 아홉 조목을 빠짐없이 지켰고, 말은 남편의 뜻을 따랐다. 선로(仙路)에는 구름이 날고 무산(巫山)의 패옥(佩玉)이 맑게 울린다. 베틀을 멈추고 빗자루를 받들어 가정의 법도와 천상의 도리를 함께 이루었다. 해는 가고 달은 오며, 연기는 사라지고 비는 그친다. 가을이 오기도 전에 연꽃이 부서지고, 봄이 한창인데 계수나무가 꺾이누나.(式備九儀, 言從百兩. 仙路雲飛, 巫山佩響. 停機奉箒, 成規合象. 日往月來, 煙銷雨滅. 未秋蓮碎, 方春桂折.)

- 당(唐) 영륭(永隆) 2년「강헌 묘지(康枕墓志)」:
부인 조씨(曹氏)는 방지(方池)의 고결한 덕을 이어받고 원수(圓水)의 온화한 기품을 간직하였다. 정숙하고 순순하며 한아(閑雅)하여 모범이 되었다. 궁중의 예법을 익혀 교훈을 받았고, 사가(私家)에서는 모범이 되는 어머니의 위의를 지녔다. 그러나 갑자기 달빛 어린 물가로 잠기더니 홀연히 무산을 가리었다.(夫人曹氏, 承懿方池, 蘊資圓水, 貞順閑雅, 令範端詳, 受訓公宮, 母儀私室. 俄潛月浦, 奄翳巫山.)

- 당(唐) 수공(垂拱) 3년 「주군 처 공손평 묘지(周君妻公孫平墓志)」:
부인은 낙설(洛雪)의 자태를 간직하고 무운(巫雲)의 빛을 머금었다. 사덕(四德)은 분명히 드러나 잠훈(箴訓)의 법도에 부합하고, 육행(六行)이 뛰어나 상주(緗紬)의 모범과도 멀리 합치하였도다.(夫人含姿洛雪, 孕彩巫雲. 四德爰摽, 逈符於箴訓之則; 六行方秀, 遠合於緗紬之模.)

- 당(唐) 수공(垂拱) 4년 「양사와 그의 처 당혜아 묘지(梁寺及妻唐惠兒墓志)」:
부인은 진창(晉昌) 당씨(唐氏)로, 이름은 혜아(惠兒)이다. 후위(後魏)의 효기장군(驍騎將軍)이며 본군태수(本郡太守)였던 계(契)의 7대 손이고, 사농시(司農寺) 장락감(長樂監)을 지낸 민(敏)의 둘째 딸이다. 무산(巫山)에서 복(福)을 내리고 손(巽)의 자리에서 기운이 맑게 드러나, 옥과 같은 아름다운 자태를 이루었으며 얼음과 눈처럼 맑은 마음을 지녔다. 베틀과 바느질의 일에 능숙하여 일찍부터 여공(女工)을 익혔고, 유순하고 조용한 규범으로 아내의 덕을 일찍이 드러내었다. 공손히 올케와 동서를 대하니 종족이 으뜸으로 존경하는 까닭이다. 시부모를 정중히 섬겨 그 예법이 규문(閨門)의 가르침이 되었도다.(夫人晉昌唐氏, 名惠兒, 後魏驍騎將軍本郡守契之七葉孫, 故卽司農寺長樂監敏之第二女也. 巫山降祉, 巽位摛精, 挺琬琰以成姿, 懷冰霰以淸慮, 纂組織紝之務, 早擅女工; 幽閑婉嬺之規, 夙彰婦德. 恭謙娣姒, 宗族所以推先; 肅事舅姑, 閨門由其作訓.)

'무산(巫山)' 계열 글자들은 여성의 용모를 찬미하는 표현에만 머무르지 않고, 동시에 여성의 덕행(德行)을 수식하는 데에도 사용되었다.

- 당(唐) 신룡(神龍) 2년 「진태 묘지(陳泰墓志)」:
부인은 상산(常山) 방씨(房氏)로, 무운(巫雲)이 빛을 내려주고 낙설(洛雪)이
그 자태에 응결하였다. 훈계와 경계의 덕목을 모두 갖추어, 용모와 덕성이
함께 아름다웠다.(夫人常山房氏. 巫雲授彩, 洛雪凝姿, 箴誠兩兼, 容德雙美.)

이는 곧 형상과 덕성이 하나로 합쳐진 표현으로, 찬미와 기원의 의미가 조화
된 글이라고 할 수 있다.

'무산(巫山)'은 '고당(高唐)'·'양대(陽臺)'·'행운(行雲)' 등의 글자를 모두 포괄하
며, 여성을 수식할 때 움직임과 고요함이 아울러 단아한 품격을 드러내는 수식어
로 굳어졌다.

산(山)·대(臺)·당(唐)·운(雲)·수(水) 등은 모두 여성의 아름다운 용모와 단아한
자태를 나타내는 상징적 어휘들이다.

- 수(隋) 대업(大業) 3년 「원군 처 최섬 묘지(元君妻崔暹墓志)」:
여공(女工)의 솜씨는 견줄 이가 없었고, 부인의 용모는 뭇사람을 뛰어넘었
도다. 흰 비단으로 둥근 부채를 만들고, 비단에 회문(回文)을 짰네. 낙포(洛
浦)에 눈이 내리는 듯 의심케 하고, 양대(陽臺)의 구름이 이는 듯하였다. 지
금 눈앞에 보는 듯 생생하니, 어찌 옛 전설로만 들은 일이라 하겠는가.(女工
莫比, 婦容絕群. 素裁團扇, 錦織回文. 洛浦疑雪, 陽台似雲. 宛如今見, 何獨前聞.)

- 수(隋) 대업(大業) 9년 「진씨 묘지(陳氏墓志)」:
이리저리 흐르는 구름의 기운은 고당(高唐)의 아래와 같고, 갈라지며 모이
는 신령한 빛은 이수(伊水) 가와 비슷하도다.(徘徊雲氣, 尚類高唐之下; 離合神

光, 猶似伊水之側.)

- 당(唐) 수공(垂拱) 원년「장부인 정(貞) 묘지(張夫人(貞)墓志)」:
정희(貞姬)를 방불케 하고 요조숙녀로다. 낙빈(洛濱)에서 푸른 잎을 주우며,
무산(巫山)에서 비를 내리네. 분백(粉白)과 대흑(黛黑)으로 단장하고, 맑은 노
래와 빼어난 춤사위가 어우려졌다. 기러기는 날아 다듬이 소리 내고, 누에
들은 적어져 베틀을 만지도다.(仿佛貞姬, 窈窕淑女. 洛濱拾翠, 巫山行雨. 粉白
黛黑, 淸歌妙舞. 雁起鳴砧, 蠶稀弄杼.)


　특수한 신분과 기품을 지닌 궁녀(宮女)들은 '무산(巫山)' 계열 글자들로 그 아름다
움을 수식했고, 이 표현은 수대(隋代) 묘지명에서 고정된 서사 형식으로 굳어졌다.

- 수(隋) 대업(大業) 2년「주씨 묘지(朱氏墓志)」:
궁인(宮人) 주씨(朱氏)는 신천(神泉)처럼 홀로 솟은 이였고, 영지(靈芝)처럼
특별히 아름다웠다. 여인의 절조와 아내의 단정한 용모를 두루 갖추었으며
그 목소리는 붉은 피리의 선율처럼 고왔고, 허리에는 난초 향이 배인 패옥
이 흔들리며 옥 같은 소리를 냈다. 궁궐에서 근면히 섬기니, 다가올 때는
물결 위를 밟는 듯하고, 물러날 때는 달빛 속으로 오르는 듯하도다.(宮人朱
氏, 神泉孤湧, 靈芝特秀, 女節婦容, 聲被彤管, 佩蘭搖玉. 勤著紫庭, 來謂淩波, 去
疑升月.)

명문(銘文)에서는 다음과 같이 적혀있다.

밝은 날에도 다시 볼 수 없고, 어두운 문은 이미 닫혀 열리지 않네. 아침의
구름과 저녁의 비여, 그대는 어느 때에 다시 돌아오려는가?(白日難見, 玄扃
不開, 朝雲暮雨, 何時複來?)

- 수(隋) 대업(大業) 9년 「두노씨 묘지(豆盧氏墓志)」:
궁인(宮人)의 성은 두노(豆盧)씨이다. ……그 내실의 예법은 본받을 만하였
고, 여성의 덕성 또한 갖추어졌도다. ……구름은 무령(巫嶺)에서 흩어지고,
비는 고당(高唐)의 하늘에서 갠 듯하다.(宮人姓豆盧……爾其內儀可軌, 女德斯
備……雲銷巫嶺, 雨齊70)高唐.)

- 수(隋) 대업(大業) 10년 「전씨 묘지(田氏墓志)」:
채녀(采女)는 어려서부터 아름답고 순하여 후궁(後宮)에 뽑혀, 그 명성이 궁
중에 널리 퍼졌다. 마침내 높은 직위로 오를 즈음에 오랜 수명을 누리려
하였으나, 이름난 향은 더 이상 타오르지 않고 행운(行雲)은 이에 멎고 말
았다.(采女幼而令淑, 選入後宮, 譽流椒掖. 方遷顯職, 享此遐年. 而名香不焚, 行雲
斯歇.)

- 수(隋) 대업(大業) 11년 「고궁인 사식 정씨 묘지(故宮人司飾丁氏墓志)」:
궁인(宮人)은 국화(國華)로 선발되고, 나라 안에서 가장 아름답다고 칭송받
았다. 그 예법과 품행은 본받을 만하였으며 여성의 교훈과 경계 또한 법도
에 맞았다.(宮人以國華入選, 邦媛推妍, 儀範可嘉, 箴誡有則.)

명문에서는 고당(高唐)과 낙포(洛浦)를 들어 '아름다운 옥[美玉]'에 견주었다.

물결은 낙포(洛浦)에서 일고, 구름은 고당(高唐)에서 일어났도다. 어찌 잠시
뵈었을 뿐인데, 순식간에 사라져 버렸는가? 혼은 호리(蒿里)로 돌아가고, 몸
은 난방(蘭房)을 떠났도다. 화려한 집은 잡초에 덮이고, 아름다운 옥은 흙

---

70) '제(齊)'는 반드시 '비 갤 제(霽)'의 뜻으로 사용된 것이어야 한다. 원 탁본의 자형 상
부가 모호하여 '제(齊)'로 해석되기도 한다.

속에 잠들었도다.(波生洛浦, 雲起高唐. 如何覯覯, 儵忽銷亡. 魂歸蒿裏, 身去蘭房.
華舍翳栗, 美玉沉璜.)

　'국화(國華)'는 한 나라의 으뜸가는 미인[花魁]을 의미하며, 그 구조는 '국수
(國手)'와 동일한 형식이다.

　대체로 궁녀(宮女)들은 '신중한 아름다움[慎美]'을 공통된 미학적 기준으로 삼
았다.(수(隋) 대업(大業) 10년 「당씨(唐氏) 묘지」 참조) 그리하여 수당(隋唐) 사
회에서는 '고당(高唐)'·'양대(陽臺)'·'행운(行雲)' 등을 고정된 수식어로 사용하는
데 아무런 거리낌이 없었다. 이를 통해 알 수 있듯, '고당(高唐)'과 '낙수(洛水)'
로 여성을 수식하는 것은 그 어휘가 고아하여, 그 내면의 아름다움에 유래가 있
고 수양된 재능에 내력이 있음을 나타내기 위함이다. 이 때문에 그 말투가 한층
장중하고 격조 있게 되었던 것이다. 그러므로 '무산(巫山)의 아름다움'이란, 결
코 평범한 여인으로는 견줄 수 없는 격이 다른 품격의 미를 가리킨다.

- 당(唐) 용삭(龍朔) 원년 「고칠품망전희 묘지(故七品亡典儀墓志)」:
낙천(洛川)에는 회오리치는 눈이 흩날리고, 날리는 버들은 잠깐 밝아졌다.
무산(巫山)의 행우(行雨)가 순식간에 다시 맑게 개었다. 바람은 □□ 지나가
고, 흐르는 물을 바라보니 허망한 놀라움만 남았다. 한번 변화를 따라가니,
천 가지 꽃이 그 이름과 함께 흩날리네.(洛川回雪, 飄楊覯明. 巫山行雨, 倏忽
還晴. 風□□逝, 閱水空驚. 一隨化往, 千花飛名.)

- 당(唐) 재초(載初) 원년 「구품망궁 묘지(九品亡宮墓志)」:
물거품처럼 단아하고 절제된 품격을 지녔으니, 그 이름은 붉은 사서에 함
께 전해지리라. 행우(行雨)와 선운(仙雲)은 풀잎의 이슬처럼 곧 사라졌도다.

(浮漚雅制, 共彤史而俱傳; 行雨仙雲, 帶草露而俄盡.)

여기서 '낙수(洛水)'·'무산(巫山)'·'운우(雲雨)'는 모두 궁녀의 삶과 긴밀히 맞닿아 있다.

당(唐) 영창(永昌) 원년 「독고승 장녀 독고완 묘지(独孤丞长女独孤婉墓志)」에서는 '소녀(少女)'를 다음과 같이 표현했다.

　　사씨(謝氏)의 뜰에 눈이 흩날리고, 그 그림자는 막 흩어져 가볍게 흔들렸다.
　　무령(巫嶺)의 행운(行雲)이 그 빛을 서둘러 감추고는 곧 사라지고 말았다.(謝
　　庭飛雪, 初散影而飄飈; 巫嶺行雲, 遽韜光而歇減.)

여기서 '무령행운(巫嶺行雲)'은 곧 소녀의 젊은 시절을 가리키는 표현이다.

② 어휘 단위의 의미 변천사―고당(高唐)과 양대(陽臺)

'고당(高唐)'·'양대(陽臺)' 계열의 글자들은 미인을 묘사하는 데에 한정적으로 사용된 수사로, 오랜 세월 동안 거의 고정된 관념으로 굳어졌다. 그러나 현대인의 이해와는 상당한 거리가 있다.

당(唐) 영휘(永徽) 6년 「왕원달 묘지(王瑗達墓志)」의 "고당독절(高唐獨絶), 양대가련(陽臺可憐)"이라는 두 구절에 대해, 일부 주석가들이 "고당(高唐) 양대(陽臺)에 그 사람은 이미 가고, 고독하고 처연하며 애잔하다."라는 새로운 해석을 제시하였으나, 이는 실제로 단어 구성의 용례와 문맥상 맞지 않다. 아무리 여러 방면으로 억지로 꿰어 맞추더라도 결국 갑작스럽고 부자연스러운 느낌을 주는

데, 이는 '호(胡)와 월(越)의 간담(肝膽)'이나 '남쪽 수레와 북쪽 길(南轅北轍)'처럼 앞뒤가 맞지 않게 된다. '고당(高唐)'·'양대(陽臺)' 두 구절은 "꽃은 화원에서 빛나고, 노을은 멀리 하늘을 수놓았네. 물결은 낙포(洛浦)를 놀라게 하고, 지초(芝草)는 옥전(瓊田)에 무성하네.(花耀芳囿, 霞綺遙天. 波驚洛浦, 芝茂瓊田.)"와 이어진다. 이는 곧 고당(高唐)의 미인은 세상에 견줄 데 없이 고고하고[71], 양대(陽臺)의 교감은 사랑스러움과 애련함을 더한다는 뜻이다. 즉 고당(高唐)과 양대(陽臺)는 모두 미인을 수식하는 아름다운 어휘로서 그 기능이 서로 같다.[72]

'고당(高唐)'은 석각(石刻)에서 '고당(高堂)'으로 새겨진 경우도 있다. 예컨대, 수(隋) 대업(大業) 11년 「채녀 전씨 묘지(采女田氏墓志)」 "파생낙포(波生洛浦), 운기고당(雲起高堂)"에서 확인된다. 만약 반드시 '무산(巫山)'을 통해 여성 생활의 고독함을 강조하려 한다면, 당(唐) 대화(大和) 4년 「이청 묘지(李清墓志)」의 "부인 가씨(賈氏)는 집안이 본래 유학의 종가(宗家)였다. 아름답고 순결하며 명성이 있어 예법과 여공(女工)의 모범이 되었도다. 진대(秦臺)에 달빛이 덮이고, 무협(巫峽)에 슬픈 바람이 부네.(夫人賈氏, 家本儒宗. 令淑令問, 作儀作工. 秦台奄

---

71) '가인독립(佳人獨立)'은 앞서 인용한 「마릉허 묘지(馬凌虛墓志)」의 "피부는 곱고 자질은 빼어나며, 홀로 서 있는 듯한 자태를 지녔다. 마음은 향초처럼 맑고, 성품은 지극히 부드럽다.(鮮膚秀質, 有獨立之姿; 瓊意蕙心, 體至柔之性.)"라는 표현이 정확한 해석에 부합한다.

72) 예컨대, 수(隋) 대업(大業) 8년 「심씨 묘지명병서(沈氏墓志銘幷序)」의 명문에서는 "바람 속에 들면 눈이 내리는 듯하고, 누대에 기대니 마치 구름과도 같구나. 초화는 찬미의 노래를 해석할 줄 알고, 죽장은 문장을 지을 줄 알았다.(入風疑雪, 依臺若雲. 椒花解頌, 竹杖能文.)"라고 적혀있다. 여기에서 '의대약운(依臺若雲)'은 바로 앞서 언급한 '양대가련(陽臺可憐)'을 해석하는 데 적용될 수 있다. 원래의 탁본을 정리한 판독문 중 '인풍(人風)'으로 표기된 경우가 있으나, 이는 대구(對句)가 되지 않는 부적절한 표현이다. '입풍(入風)'으로 판독해야 하며, 이는 동적 묘사를 나타내어 '의대(依臺)'와 대구를 이룬다.

月, 巫峽悲風.)”와 같은 표현이어야 할 것이다.

　상술한 내용에서 알 수 있듯, ‘무산(巫山)’ 및 관련 글자들의 변천 과정에서 그 심층 구조는 각 시대의 어휘 사용에 대한 중화(中和)적 조정 내지는 편향(偏向)을 바로잡으려 한 모습을 반영하고 있다. 이는 시대마다 다른 어휘 의미의 요구에 부응하기 위한 조절 과정이라 할 수 있다. 말뭉치의 ‘무산(巫山)’ 계열 글자들의 주석 데이터에 따르면, 이 단어는 위진남북조(魏晉南北朝) 시기에는 아직 시작 단계에 있었으나, 수당(隋唐) 시대에 사용 범위가 점차 확대되었고, 만당오대(晚唐五代)에 이르러서는 거의 사용되지 않게 되었다. 이는 당대 이후로 갈수록 ‘조화적 사용’의 폭이 점점 좁아진 전형적인 예라 할 수 있다.[73]

---

73) 臧克和, 「遮蔽的“巫山”－－隋唐石刻有關“巫山”類詞群標注及語用考察」, 『讀字錄』(中冊) (上海: 上海古籍出版社, 2022), 650-663쪽에서 재인용.

# 제6장

# 화(和)의

# 철학관념

# 제6장 '화(和)'의 철학 관념

문화사상사(文化思想史)에서 진정으로 생명철학적 함의를 지닌, '화(和)'로 표시된 핵심어는 고금을 관통하고 민족적 속성을 특징짓는 핵심 범주라고 할 수 있다.

## 제1절 '덕(德)'은 그 복식에 부합한다

### (1) '덕(德)'의 조화 기능

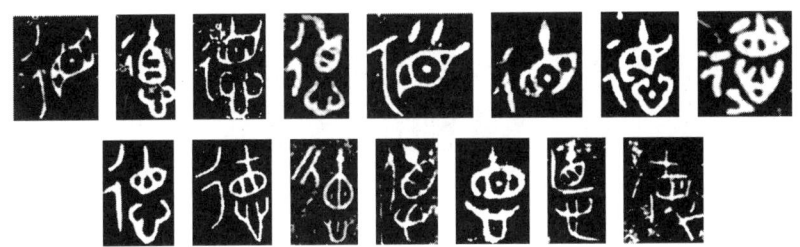

금문

전국 시기 초나라 죽간

| 고대 도기문자 (古陶文) | 진「저초문」 (秦詛楚文) | 후마맹서 옥기문자 (侯馬玉石盟書) | 한나라 도장 (漢印) |
|---|---|---|---|

석각 전서체(石刻篆文)

석각 고문체(石刻古文) 　　　　　『설문』소전

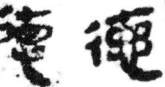

『설문』고문

서한 마왕퇴 한묘 간백문
(西漢馬王堆漢墓簡)

서한
장가산
죽간(西漢
張家山簡)

서한 거연 신간
(西漢居延新簡)

동한 풍군비
(東漢馮君碑)

동한 회원묘비
(東漢淮源廟碑)

동한 경군비
(東漢景君碑)

동한 삼로각석
(東漢三老刻石)

동한 당공방비
(東漢唐公房碑)

동한 서협송
(東漢西狹頌)

동한 하승비
(東漢夏承碑)

동한 선우황비
(東漢鮮于璜碑)

한 양진비
(漢楊震碑)

동한 양저비
(東漢楊著碑)

동한 윤주비
(東漢尹宙碑)

동한 어령조군비
(東漢圉令趙君碑)

동한 장천비
(東漢張遷碑)

삼국 위정시석경
(三國魏正始石經)

'덕(德)'자는 원래 처음부터 중성적인 기능을 가지고 있었다.[1] 『역경·계사(系辭)』(하)에서는 "천지의 큰 덕을 생(生)이라 한다.(天地之大德曰生.)"라고 했다. 여기서 '덕(德)'은 속성, 즉 '특성'을 나타내는데, 전체 문장의 구조는 천지 우주의 가장 큰 특성이 생명을 사랑하는데 있다는 것, 즉 끊임없이 생장하고 번성하는 것이야말로 천지의 가장 큰 특성이라고 할 수 있다는 의미이다.

위에 열거한 자형의 역대 변천 순서를 보면, '덕(德)'자는 주(周)나라 금문에 이르러서야 '심(心)' 부호를 수반하게 된다.[2] 『설문·심(心)부수』에서는 "덕(悳)은 밖으로는 남에게서 얻고, 안으로는 자기에게서 얻는 것이다.(悳, 外得於人, 內得

---

1) 고대에는 유령(劉伶)이 '주덕(酒德)'을 찬미하였고, 마융(馬融)은 '금덕(琴德)'을 부(賦)로 지었으며, 『한시외전(韓詩外傳)』에서는 "닭에게는 다섯 가지 덕이 있다.(鷄有五德.)"고 열거하였다.

　　장극화의 『「상서(尙書)」문자교고(文字校詁)』에서 '고(誥)'를 해석한 부분인 제3절 '덕(德)의 다변성'을 참고하면 다음과 같다.

　　『상서』의 고류(誥類) 문헌에 사용된 형법(刑法) 관련 글자들을 분석해보면, 그 속에 반영된 '제의와 정치의 통합(祭政合一)', '하늘과 인간의 교감(天人交通)', '은혜와 위엄의 병행(恩威並用)', '상벌의 병용(賞罰兼濟)', '불변의 원칙을 지키면서 변화에 대응한다(守常處變)'는 법의 근본 원리 등이 '덕(德)'자의 의미를 규정하는 기초가 되었음을 알 수 있다. 그 결과 『상서』에서의 '덕(德)'자 사용은 상당히 복합적인 구조적 특징을 보인다. 구체적인 통계 분석에 따르면, 28편의 '금문상서(今文尙書)'에서 '덕(德)'자는 총 117회 등장하는데, 그중 절반 이상이 고류(誥類) 문헌에 집중되어 있다. 이들 용례에서 '덕(德)'은 후대에 '도덕률(道德律)'의 의미로 굳어진 일방적인 긍정 개념으로 쓰이지 않고 '정사(正邪)', '명회(明晦)', '상벌(賞罰)', '포폄(褒貶)'의 성질이 함께 깃들어 있다. 심지어는 일반 사물의 고유한 특성을 지칭하기도 했다.(臧克和, 『「尙書」文字校詁』(上海: 上海敎育出版社, 1999), 743쪽.)

2) 이에 앞서 상대(商代) 갑골문에는 일련의 '척(彳)'이 의미부이고 '직(直)'이 소리부인 구조가 존재한다. 예를 들어 䗱(『갑골문합집』 20545편), 㣚(『갑골문합집』 20546편) 등에서 '직(直)' 부호가 사용된 사례들은 주대(周代) 금문(金文)의 '덕(德)', '덕(悳)'과 구성 요소 상 명확한 일치성을 보인다. 상대 갑골문에는 아직 '심(心)' 편방이 포함된 자형 구조가 발견되지 않아, 여기서는 이를 구조적 계열에 직접 포함시키지 않았다.

於己也.)"라고 했다. 이는 훈고학에서 '성훈(聲訓)'의 방식에 속한다. 즉, 덕(悳)은 득(得)을 말하는데, 득(得)은 합(合)을 뜻하니, 내외가 서로 부합하는 것이 덕(德)이다. 상해박물관에서 소장하고 있는 『전국초죽서(戰國楚竹書)·공자시론(孔子詩論)』 제9죽간에는 "天保丌得彔蔑畺矣異寡悳古也."라는 구절이 보이는데, 이를 "『천보』기득록무강(天保其得祿無疆), 손과덕고야.(異寡德古也.)"로 끊어 읽을 수 있다. 따라서 이 뜻은 "『천보』에서 노래한 것은 무궁한 복록을 얻게 됨이니, 이는 정결한 제사 음식을 갖추어 고례(古禮)에 부합하기 때문이다."로 이해할 수 있다. 이와 관련된 내용은 제3장 제5절의 '의(宜)'·'조(俎)'자의 각주를 참조하면 된다.[3]

　　이로써 '중화(中和)'를 중시하는 사회적 사상의 기반은 바로 "덕이 그 복식에 부합한다."는 조화를 중시함에 있다. 겉과 속이 서로 '득(得)'한다는 것은 곧 통일되고 조화로운 도덕적 가치를 나타내는 것이다. 춘추전국 시기, 사람들은 이미 '도덕적 타락'과 '인간의 욕망이 횡행하는' 사회의 퇴폐적 풍조를 바로잡으려면 반드시 도덕적 가치에서 조절과 균형이 필요하다고 인식했다. 이것이 바로 앞서 언급한 한(漢)나라 사람들이 '덕(德)'자를 해석할 때의 문화적 배경이다.[4]

## (2) 형상을 본뜬 복식[象服]·인격 수양[修身]

### ① 복식(服飾)과 제도적 의미[法象]

　　『상서(尙書)』에서 '형상을 본뜬 복식[象服]'의 내용을 집중적으로 다룬 곳은 『

---

3) 錢鍾書, 『管錐編』 第四冊, 『錢鍾書集』(北京: 生活·讀書·新知 三聯書店, 2008), 2109-2121쪽.
4) 예컨대, 『좌전·환공(桓公)』 2년에서는 "문물(文物)이 덕(德)을 밝힌다.(文物昭德.)"는 관계를 논하였고, 「양공(襄公)」 31년에서는 "덕행(德行)은 본받을 만하다.(德行可象.)"라고 표현했다.

고요모(皋陶謨)』5)인데, 여기에서 순(舜)임금은 대우(大禹) 등과 나라를 다스릴 방도를 논의하며 다음과 같이 말했다.

> 내가 옛사람들의 상징을 살펴보고자 한다. 일(日)·월(月)·성진(星辰)·산(山)·용(龍)·화(華)·충(蟲)으로 회(會)를 만들고, 종이(宗彝)·조(藻)·화(火)·분미(粉米)·보(黼)·불(黻)을 치수(締繡)하여, 오채(五采)로써 오색(五色)에 드러나게 하여 복식을 만드니, 너는 이를 밝혀라.(予欲觀古人之象, 日, 月, 星辰, 山, 龍, 華虫, 作會; 宗彝, 藻, 火, 粉米, 黼, 黻, 締繡, 以五采彰施于五色, 作服, 汝明.)

이 대목은 고대 복식에 담긴 상징적 의미와 문양의 근원을 집중적으로 논의하고 있다. 공안국의 해석에 따르면, 이와 같이 사람들에게 드러내어 보여주는 복식 제도는 근본적으로 고대의 '법상(法象)'에 해당한다. 이러한 고대의 '법상'은 그 형상에 따라 두 가지 근원을 가진다. 하나는 해[日]·달[月]·별[星辰]·산[山]·용(龍)·꽃[華]·꿩[蟲] 등은 자연에서 취한 것이고, 다른 하나는 종이(宗彝), 조화(藻火), 분미(粉米), 보불(黼黻), 치수(締繡) 등은 인간사에서 취한 것이다. 이는 고대인들이 사물을 관찰하여 형상을 취하는 두 가지 기본 방식─"멀리서는 사물에서 취하고(遠取諸物)"와 "가까이로는 몸에서 취한다(近取諸身)"─을 반영한다.

바로 이러한 복식의 형상이 고대인들의 "사물을 관찰하여 형상을 취하는(觀物取象)" 두 기본 유형을 아우르기 때문에, 중국 사회에서는 역사적으로 오랫동안 "덕이 그 복식에 부합한다(德稱其服)"는 가치 판단이 지속되어 왔다.6)

---

5) 『위고문(僞古文)상서』에서는 「익직(益稷)」편으로 분류했다.
6) 臧克和, 『「尚書」文字校詁』(上海: 上海教育出版社, 1999), 680쪽. 세 번째 부분의 '상(象)'의 해석.

② 내면의 아름다움[內美]과 수양의 능력[修能]

'수(修)'자의 구조를 보면, 금문에서는 '유(攸)' 또는 '수(脩)'자로 기록되어 있다. 석각(石刻)의 전서체와 『설문삼(彡)부수』의 소전체에 이르면, 이미 소리부 유(攸)자의 중간에 있는 수(氵)부호는 세로획( | )으로 바뀌었다. 이후 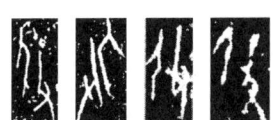 등과 같이 후대의 문자에서도 이 구조가 그대로 계승되었다.

'수(修)'자는 '유(攸)'가 소리부로, '유(攸)'는 출토 문자에서 많이 보일 뿐만 아니라 그 시기도 매우 이르다.

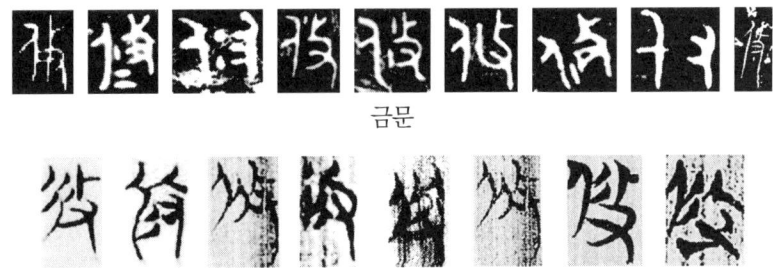

갑골문

금문

전국 시기 초나라 죽간

'삼(彡)'을 의미부로 하는 '유(攸)'의 구조는 『설문복(攵)부수』에 보존되어 있다. '유(攸)'는 '수(修)'의 소리부일 뿐만 아니라, 출토된 금문(金文)과 초간(楚簡)

과 같은 문헌 등에서 '유(攸)'가 '수(修)'로 사용된 사례가 확인된다. '유(攸)'가 먼저 나타나고 '수(修)'가 뒤를 이은 것인데, 이 둘이 명확히 분화된 것은 후대에 이루어진 현상이다.

'수(修)'자가 지닌 문화적 정보를 심층적으로 이해하기 위해서는, 이 '유(攸)'자와의 연관성을 고찰할 필요가 있다. 금문(金文), 전국 시기 초간(楚簡), 『설문』에 수록된 석각 전서체는 모두 '유(汝)'와 '인(人)'으로 구성되어 있다. '인(人)'이 의미부이고 '유(汝)'가 소리부인 구조는, 어떤 것은 '수(水)'를 생략했고, 어떤 것은 '인(人)'을 생략했다. 그 구조적 의미는 물과 관련이 있으나, 해서(楷書)는 상기한 다양한 단계의 서체 변화에 따라 중앙에 있는 '수(水)'를 세로획(ㅣ)으로 생략하게 되었다. 따라서 현재는 '유(攸)'의 구성 성분이 물과 연관되어 있음을 인식하기 어렵게 되었다. 후대 자서(字書)에 등장한 '유(濟)'자는 바로 '유(攸)'자가 본래 지니고 있던 물과의 연관성이 사라진 뒤에, 이를 다시 강조하기 위해 '수(水)'부수를 더한 것이다. '유(攸)'자의 구조는 특정 유형의 동작 행위와 관련됨을 나타내므로, 『설문』에서는 「복(攴)부수」에 귀속시켰다.

'수(修)'자의 기본 의미는 '수식(修飾)'이다. 다만, 보다 분석이 필요한 것은 비교적 원초적인 단계에서 '수식'의 내용과 방식이 과연 무엇이었는가 하는 점이다. 이를 명확히 하기 위해서는 가장 기본적인 '수식'의 기록부터 출발해야 한다. '수(修)'와 병렬을 이루는 '식(飾)'을 살펴보면, '건(巾)'이라는 구성 성분으로 이루어져 있는데, '건(巾)'은 '닦다[拂拭]'의 용도로 사용되었다. 『설문 건(巾)부수』에서는 '식(飾)'을 '식(拭: 닦다)'으로 해석했다. 이 단서를 따라 앞서 언급한 '수(修)'와 '유(攸)'의 관계를 연결시킬 수 있다. '유(攸)'자 구조에 포함된 '수(水)'의 구성 성분을 통해, 최초의 '수식'은 실질적으로 '세척[洗滌]'을 나타내는 것임을 알 수 있다. 이 '척(滌)'자는 '수(修)'자와도 발음 및 구조적 측면에서 밀접한 관련이 있다. '척(滌)'의 번체자는 '척(滌)'인데, '척(滌)'자는 '조(條)'가 소리부로, '조(條)'의 소리부 역시 동일하게 '유(攸)'이다.

『초사(楚辭)』에서 전국 시기 초나라 굴원(屈原)의 '호수(好修)[7]'라는 표현은, 『이소(離騷)』에서는 구체적으로 '내면의 아름다움[內美]'을 갖춘 후에 '수양의 능력[修能]'으로 조화를 이루는 모습으로 묘사된다.

> 분주히 나는 이미 이러한 내면의 아름다움을 지녔고, 다시 그것에 수양의 능력을 더하였다. 강가의 난초와 언덕의 벽지(辟芷)를 따서, 가을 난초를 꿰어 패옥(佩玉)을 만들었도다. 세월이 흐르니 따라가지 못할 것 같아, 나이 들어 기다려주지 않을까 두렵구나. 아침에는 언덕의 목란(木蘭)을 꺾고, 저녁에는 모래섬의 향초를 따노라.(紛吾既有此內美兮, 又重之以修能. 扈江離与辟芷兮, 紉秋蘭以爲佩. 汨余若將不及兮, 恐年歲之不吾與. 朝搴阰之木蘭兮, 夕攬洲之宿莽.)

고대에 성행한 '수계(修禊)'는 음력 3월 상순의 사일(巳日)(삼국 시대 이후로는 3월 3일로 고정됨)에 물가로 나가 액운을 씻어내는 민속 활동이었다. 진(晉)나라 왕희지(王羲之)의 『난정집서(蘭亭集序)』에는 "영화(永和) 9년 계축년(癸醜年), 늦봄 초에 회계(會稽)산 북쪽의 산음(山陰)의 난정(蘭亭)에 모여 수계(修禊)를 행하였다.(永和九年, 歲在癸醜, 暮春之初, 會於會稽山陰之蘭亭, 修禊事也.)"라고 기록되어 있다. 관련 의례로 보아, 고대 중국인들이 중시한 '수신(修身: 개인의 도덕적 수양)'이 서양의 '세례(洗禮)'와 정신적으로 통하는 점이 존재하지

---

7) '수신(修身)을 좋아하다'는 뜻이다.

않을까하는 의문을 던지게 된다.

　'수(修)'자는 유추를 통해 발전하여, '수건(修建)', '수리(修理)', '수서(修書)' 등과 같이 사용되었다. 사물을 수식하는 것은 더욱 아름답게 만들기 위함이며, 품행과 학문에 대한 단련과 학습 역시 자기완성을 위한 것이다. 수식의 효과에 착안해서 본다면, '수(修)'는 형용사를 기록하는 데에도 사용될 수 있다. 바로 '길다[長]', '아름답다[美]', '선하다[善]' 등의 의미로, "무성한 숲과 긴 대나무[茂林修竹]" 등이 그 예이다. 이는 외적 유추에서 내적 유추로 발전한 것으로 ― 내면과 외면이 조화롭게 발전한 결과로 볼 수 있다.


　③ 덕(德)이 그 복식에 부합함(德稱其服)

　『상서·요전(堯典)』에서는 "공적을 밝게 시험하여, 수레와 복식으로 보상하라.(明試以功, 車服以庸.)"라고 했고, 『설문 언(言)부수』에서는 "시(試)는 '쓰다[用]'는 뜻이며, 『우서(虞書)』에서는 '공로로써 명백히 시험하고, 수레와 의복은 공적에 따라 준다.'라고 했다.(試, 用也; 虞書曰: 明試以功, 車服以庸.)"라고 설명했다. 이 구절은 『한석경(漢石經)』에도 보이며, 『춘추공양전(春秋公羊傳)·환공(桓公)』원년에서는 "수레와 의복은 공적에 따라 준다(車服以庸)는 것은 백성의 공로를 '용(庸)'이라 이르니, 만약 수레와 복식을 하사하고자 할 때에는 그 백성을 다스린 공적의 높고 낮음에 따른다는 것이다.(車服以庸者, 民功曰庸, 若欲賜車服之時, 以其治民之功高下矣.)"라고 했다.

　"공로로써 명백히 시험하고, 수레와 의복은 공적에 따라 준다.(明試以功, 車服以庸.)"는 말은 의미상 서로 이어지는 것으로, 이 구절에는 고대 사상사(思想史)에서 중요한 함의가 담겨 있는데, 이는 지금껏 제대로 주목받지 못한 것으로 보인다. 즉, 춘추 시기에는 이미 "덕이 그 복식에 부합한다.(德稱其服.)"는 가치 판단이 제시된 반면, 『상서·요전(堯典)』의 시기에서는 여전히 "공로가 수레와 복식에 부합한다.(庸稱車服.)"는 기준이 유행하고 있었음이 드러난다.

"덕이 그 복식에 부합한다(德稱其服)"는 규범에서 '복(服)'자는 내면의 덕행(德行)과 조화를 이루는 모든 외재적 '덕의 장식[德飾]'을 가리킨다. 『좌전·양공(襄公)』28년에는 '덕행'이 반드시 외재적 문식(文飾)과 일치해야 한다는 내용이 기록되어 있다. 제(齊)나라 사람 경봉(慶封)이 노(魯)나라의 계무자(季武子)에게 수레를 바쳤을 때, 그 수레의 장식이 지나치게 화려하여 광택이 사람을 비출 정도였기에 전장숙(展莊叔)이 크게 놀라며 "수레가 매우 윤이 나니, 그 주인은 반드시 피폐할 것이라, 망하는 것이 마땅하다!(車甚澤, 人必瘁, 宜其亡也!)"라고 외쳤다. 이는 사람의 덕행과 외재적 수레의 장식이 서로 조화를 이루지 못함을 지적한 것이다.

이러한 '덕과 복식의 조화'에 대한 중시는 장식의 의미를 지닌 '패식(佩飾)'도 포함된다. 『시경』에서도 이러한 사상이 여러 차례 드러난다. 『시경·위풍(衛風)·환란(芄蘭)』의 내용은 『서(序)』에 의하면 "혜공(惠公)이 예의가 없음"을 풍자한 시이다. 여기에서 구체적으로 나타나는 것은 "동자(童子)가 뿔송곳[觿]을 차는 것"이며, 문제 역시 이 복식에서 비롯되었다. 『모전(毛傳)』에 따르면 "뿔송곳[觿]은 매듭을 푸는 도구로, 성인(成人)이 지니는 패물이다."라고 했다. 『설원(說苑)·수문편(修文篇)』에서는 "번거로움을 다스리고 혼란을 결단할 수 있는 자가 뿔송곳을 찬다.(能治煩決亂者佩觿.)"라고 했다. 따라서 청대 학자 마서진(馬瑞辰)은 "고대 사람들은 덕(德)을 상징하기 위해 패옥을 찼지만, 지금은 덕이 없으면서 그 패옥만을 가지고 있으니, 이에 시(詩)가 풍자한 것이다."라고 설명했다. 『

시경·대아(大雅)·억(抑)』제1장의 "공손하고 의젓한 위의(威儀)는 덕의 짝[隅]이
로다.(抑抑威儀, 維德之隅.)"라는 구절도 외재적 예의범절과 내재적 덕행이 서로
부합하고 조화를 이루어야 한다는 규범적 요구를 표현하고 있다. '우(隅)'와 '우
(偶)'는 모두 '우(禺)'에서 음을 취하였으므로 서로 통용될 수 있었다. 여기서 '우
(隅)'는 '우(偶)'의 가차자로 보아야 한다. 『통석(通釋)』에서 "한(漢)나라 「유웅비
(劉熊碑)」에는 '유덕지우(維德之偶)'라고 썼다."라고 한 것이 바로 두 글자가 통
용되는 증거이다. '우(偶)'는 '짝[匹偶]' 또는 '서로 조화를 이룬다'는 뜻이다. 내
재적 '덕행'과 외재적인 표지 복식이 서로 어울리고 균형을 이루어야 한다는 사
유가 고대 문헌의 어디에서나 두루 확인된다.8)

④ 화려하되 기이하지 않음(麗而不奇)

'덕이 그 복식에 부합한다.(德稱其服.)'는 도덕규범에서 '복(服)'은 내재적 모순
성을 함축하고 있다. 즉 '복식'은 장식적 기능과 수식적 기능을 가지고 있으며,
'드러냄'과 '가림'이라는 이중적 의미도 동시에 지니고 있다. 은상(殷商) 시기의
'장보(章甫)'와 '장복(章服)'은 채색 문양을 관복(冠服)에 더하여 사람의 신분을
뚜렷하게 표시하기 위한 것이었을 것이다. 따라서 고대의 '의상(衣裳)'이라는 단
어에는 자연스럽게 서로 반대되면서도 보완적인 두 가지 뜻이 함께 존재한다.
즉, 장식할 수도 있고, 은폐할 수도 있다는 점이다.

『백호통(白虎通)·의상(衣裳)』에서는 "의(衣)는 은폐함[隱]이요, 상(裳)은 가림
[障]이다.(衣者, 隱也; 裳者, 障也.)"라고 했는데, 『이아·석언(釋言)』에서는 "보불
(黼黻)은 드러내는 것[彰]이다.(黼黻, 彰也.)"라고 했다. 『예기·표기(表記)』에서는

---

8) 臧克和, 『漢字單位觀念史考述』(上海: 學林出版社, 1998), 181쪽, 第六"德"字類.

"의복으로 그것을 옮길 수 있다.(衣服以移之.)"라는 표현이 있는데, 정현은 『주(注)』에서 "이(移)는 넓히다[廣大]는 뜻이다."라고 했고, 공영달은 『소(疏)』에서 "그것을 존엄하게 만든다는 뜻이다."라고 해석했다. 『주(注)』와 『소(疏)』의 의미를 종합해 보면, 의복은 사람의 몸을 뚜렷하게 드러냄으로써 신분의 존엄성을 나타낼 수 있다는 것이다. 이와 같이, 여기서의 '의상(衣裳)'은 『백호통』에서 풀이한 '가림[障]'의 뜻과는 반대로 '드러냄[彰]'의 의미로 전환되었지만, '창(彰)'과 '장(障)'은 하나는 드러내고 하나는 감추는 것으로, 실제로는 서로 대립적이면서도 보완적인 관계에 있다. 사유의 논리로 보자면 '숨김은 드러냄의 반대개념'이다. 『설문부(阜)부수』에서는 "장(障)은 가린다는 뜻이다.(障, 蔽也.)"라고 했는데, '장(障)'의 소리부 역시 '장(章)'이다. 빛을 '가려야' 비로소 '장(障)'이 된다는 것이다. 다시 말해, '장(障)'의 의미는 반드시 먼저 '창(彰)'의 의미가 전제되어야만 성립한다. 그렇지 않으면 '장(障)'이라는 개념 자체가 성립할 수 없다. 이와 같은 '동근동원(同根同源)'의 역방향 결합 현상은 실제로 전통적 변증법적 사유가 한어(漢語) 의미에 독특한 역방향 은유 표현의 발전 규칙에 구현된 결과라 할 수 있다.

초(楚)나라 사람들은 '기이한 복식[奇服]'을 좋아하면서도 '화려하되 기이하지 않음[麗而不奇]'을 추구했다. 『초사(楚辭)』에서 굴원(屈原)은 남방 문화의 정신만을 드러낸 것이 아니라 다원적 색채를 지니고 있음을 전달했다. 이로써 굴원과 그의 작품은 중국의 문화 정신을 비추어 볼 수 있는 특별한 시각이 되었다. 『이소(離騷)』라는 장편에서 그는 "황고(皇考) 백용(伯庸)"과 "고양씨(高陽氏)의 후예"라는 내재적 미덕을 자부하며, 끊임없이 정진하고 곳곳에서 '수신[好修]'을 실천하여 '내면의 아름다움[內美]'이 훼손되지 않고자 했다. 몸에는 야광주를 걸치고 보배로운 옥을 차며 향초를 무성하게 늘어뜨리고 머리에는 높고 솟은 관

을 썼네. ……심지어 '기이한 복식을 좋아한다(好奇服)'고 공공연히 말하기도 했
다. 마찬가지로, 『초혼(招魂)』에서는 입과 배의 즐거움[口腹之奉], 아내와 첩의
아름다움[妻妾之美]을 묘사하는 가운데 특히 복식의 '수놓은 옷, 가는 비단을 차
려입었으나, 화려하되 기이하지 않도다.(被文服纖, 麗而不奇些.)'를 강조했다.9) 당

---

9) 『관추편』 제2권 「초사홍흥조보주(楚辭洪興祖補注)」 제17조에서는 '려이불기(麗而不奇)'
구절에 대해 논하고 있다. 『보주(補注)』에서는 "불기(不奇)라는 것은 바로 '기(奇)'이다.
『시경』에 '불현문왕(不顯文王)'에서 '불현(不顯)'이 '현(顯)'인 것과 같다. 즉, '문왕은 드
러나지 않지만, 실은 그 덕이 드러나 있다.'라고 한 것과 같은 방식이다. 말하자면, 미
녀가 수놓은 비단을 걸치고, 얇은 명주를 드리우니, 그 용모가 화려하여 진실로 기이
함을 만족시킨다.(美女被文綺綉, 曳羅縠, 其容靡麗, 誠足奇怪也.)는 뜻이다.
'불기(不奇)'를 '기(奇)'로 해석한 것은 왕인지(王引之)의 『경의술문(經義述聞)』32권 「어
사오석이실의(語詞誤釋以實義)」의 취지와 일치한다. 여기서 '기(奇)'는 '기사(奇邪)'의 뜻
이다. 『좌전·희공(僖公)』22년에서 말한 "복식이 알맞지 않음[服之不衷]"을 가리킨다. 『
문자(文子)·부언(符言)』에서는 "성인(聖人)은 괴이한 복식과 기묘한 형태가 없다.(聖人無
屈奇之服, 詭異之形.)"라고 했다. 『안자춘추(晏子春秋)·내편·문(問)』 제16에는 "여섯 가
지 관(冠)이 모두 알맞으므로 조정에 괴상한 복식이 없다.(六冠無不中, 故朝無奇辟之
服.)"라고 했다. 『순자·비상(非相)』에서 "아름답고 요염하며, 기이한 옷과 여자의 장식
을 한다.(美麗姚冶, 奇衣婦飾.)"는 바로 이 '기(奇)'자를 사용한 것이다. '려이불기'는 '위
엄 있되 사납지 않음[威而不猛]', '농담하되 모욕하지 않음[謔而不虐]', '슬프되 상처주
지 않음[哀而不傷]', '색을 좋아하되 음란하지 않음[好色而不淫]' 등과 같은 표현 구조
이다.(錢鍾書, 『管錐編』第二冊, 『錢鍾書集』(北京: 生活·讀書新知 三聯書店, 2008), 970쪽.)
필자의 생각은 이렇다. 남북의 풍토와 문학에는 서로 다른 점이 있으며, 그 구조적 조
화에도 차이가 존재한다. 앞서 언급한 남방의 『초사』는 바로 지역적 특색을 보여주는
데, '기복(奇服)'은 기이한 장식을 지칭하며, 호(胡)와 월(越)이 간담(肝膽)을 맺듯 결합
될 수 없는 독자성을 지닌다. 『섭강(涉江)』에서는 "나는 어려서부터 이러한 기이한 복
식을 좋아했는데, 나이 들어도 그 마음이 줄지 않았다.(余幼好此奇服些, 年旣老而不
衰.)"라고 했고, 『사미인(思美人)』에서는 "나는 잠시 머물러 근심을 달래고, 남방 사람
들의 다양한 자태를 바라본다.(吾且僭個以娛憂兮, 觀南人之變態.)"라고 했다. 『이소(離
騷)』에서는 밝은 달을 두르고[被明月], 보배로운 구슬을 차며[佩寶璐], 향초를 무성하
게 늘어뜨리고[芳草紛披], 높이 솟은 관을 쓰는[切雲崔嵬] 등…… 마침내 '기이한 복식
을 좋아함[好奇服]'을 공공연히 선언하기에 이른다. 『초혼(招魂)』에서는 입과 배의 즐

시에는 '중화(中和)'의 도덕적 가치 판단 풍조가 아직 초나라에까지 미치지 않았기에, 이러한 표현은 특별히 비난을 받지 않았다. 게다가 후대 사람들의 관점에서 보면, '덕(德)'과 '복식[服]'이 진정으로 통일될 수 있다면, 아름다운 덕행에는 자연히 화려한 장식이 따르고, 그것이 사회('국인[國人]')의 인정을 받는 것 또한 '덕이 그 복식에 부합한다.(德稱其服.)'는 도덕적 가치 지향에 부합하는 것이다.

그러나 한대(漢代)에 이르러 굴원은 돌연 '논쟁의 대상'이 되었다. 서한(西漢)의 양웅(揚雄)과 동한(東漢)의 반고(班固) 등은 모두 "덕이 그 복식에 부합하지 않는다.(德不稱服.)"는 도덕적 판단을 근거로, 굴원을 "재주를 뽐내고 자신을 드러내었다.(揚才露己.)"라고 비난했다. 이러한 풍조와 일맥상통하게, 한(漢)나라 초까지도 궁정에서 유행하던 초(楚) 지역의 음악[漢宮多楚音]도 '중화'의 표준적 도덕규범에 미치지 못한다고 하여 '즐기되 음란하고(樂而淫)', '슬프되 상심하며(哀而傷)', '원망하되 성내는(怨而怒)' '지나친 소리[過音]'로 비판받았다. 이처럼 "덕이 그 복식에 부합한다"는 가치 판단과 그 발전 과정은 상고 시기부터 굴원에 대한 평가를 둘러싼 논의 속에서 전해져 내려온 것이다.

요컨대, 고대의 한 시기에는 "어떤 덕을 지녔으면 반드시 문채(文彩)로 드러나며, 어떤 문채를 발현했으면 반드시 그 덕행으로 증명된다."는 '문덕(文德)'의 조화 정신이 존재했다. "덕이 그 복식에 부합한다"는 관념사적 변천 과정에서 '덕'의 조화 기능은 민족 언어와 문자 구조의 심층적 체계를 형성하는 근본 요소를 이루었다.

---

거욺[口腹之奉], 아내와 첩의 아름다움[妻妾之美]을 묘사하는 가운데 특히 복식의 "수놓은 옷, 가는 비단을 차려입었으나, 화려하되 기이하지 않도다.(被文服纖, 麗而不奇些.)"를 강조하였다.

## 제2절 '조화[和]'롭되 같지 않음

전종서의 『관추편』 제1책 「좌전정의(左傳正義)」 제56절 「소공(昭公)」 20년 조항에서는 '화(和)가 동(同)과 다름'을 밝히며, '화를 '상이한 것[異]을 기다린 뒤에 이루어짐'으로, '동일함은 반드시 불화로 이르고 조화는 불일치에서 나옴'으로 표현하였다.

제(齊)나라 경공(景公)이 말했다. "화(和)는 동(同)과 다른가?" 안자(晏子)가 대답하였다. "다릅니다! 조화로움[和]은 국[羹]을 만드는 것과 같습니다. 물, 불, 식초, 젓갈, 소금, 매실을 사용해서 물고기와 고기를 요리하고 땔나무로 익히고 삶는데, 요리사는 그것들을 조화롭게 배합하여 맛을 냅니다. 맛이 부족하면 조미료를 더하고, 맛이 너무 진하면 조미료를 줄입니다.……군주와 신하 또한 그러합니다. 군주가 옳다고 생각하지만, 그 속에 아닌 것이 있다면 신하는 그 잘못됨을 간언하여 군주가 더 나은 결정을 하게 해야 합니다. 또 군주가 옳지 않다고 하였지만, 그것이 옳은 경우에는 신하는 그것을 간언하여 그 불가함을 없애야 합니다.……소리[聲] 또한 맛과 같습니다. 일기(一氣), 이체(二體), 삼류(三類), 사물(四物), 오성(五聲), 육률(六律), 칠음(七音), 팔풍(八風), 구가(九歌)로써 서로 이루어지게 해야 합니다. 청탁(淸濁: 맑음과 흐림), 대소(大小: 큼과 작음), 장단[短長: 짧음과 김], 질서(疾徐: 빠름과 느림), 애락(哀樂: 슬픔과 즐거움), 강유(剛柔: 강함과 유연함), 지속(遲速: 더딤과 빠름), 고하(高下: 높음과 낮음), 출입(出入: 나감과 들어옴), 주소(周疏: 빽빽함과 느슨함)로써 서로를 구제해야 합니다.……만약 물[水]로써 물을 구제한다면 누가 그것을 먹을 수 있겠습니까? 만약 금슬(琴瑟)로써 하나로만 나아간다면 누가 그것을 듣겠습니까? 같은 것이 불가하다는 것도 이와 같습니다!"(齊景

公曰: "和與同異乎?" 晏子對曰: "異! 和如羹焉, 水火醯醢鹽梅, 以烹魚肉, 燀之以薪, 宰夫和之, 齊之以味, 濟其不及, 以泄其過.……君臣亦然. 君所謂可, 而有否焉, 臣獻其否, 以成其可; 君所謂否, 而有可焉, 臣獻其可, 以去其否.……聲亦如味, 一氣, 二體, 三類, 四物, 五聲, 六律, 七音, 八風, 九歌以相成也. 清濁, 大小, 短長, 疾徐, 哀樂, 剛柔, 遲速, 高下, 出入周疏以相濟也.……若以水濟水, 誰能食之? 若琴瑟之專壹, 誰能聽之? 同之不可也如是!")

『국어·정어(鄭語)』에 보면 사백(史伯)이 정(鄭)나라 환공(桓公)에게 이렇게 대답했다. "무릇 조화로워야 만물이 생성될 수 있고, 같게 한 즉 지속되지 않습니다. 다른 것으로써 다른 것을 고르게 하는 것을 화(和)라고 부릅니다. 그러므로 풍성하게 자랄 수 있으며 만물이 그것으로 돌아가는 것입니다. 만약 같은 것으로써 같게 만든다면 끝에 가서는 버려지고 맙니다.……소리가 하나이면 들을 만한 것이 못 되고, 색깔이 하나이면 문채가 다양하지 않고, 맛이 하나이면 맛있을 수가 없으며, 사물이 하나이면 얘기할 것이 못 됩니다."(按『國語·鄭語』史伯對鄭桓公曰: "夫和實生物, 同則不繼. 以他平他謂之和, 故能豐長而物歸之; 若以同裨同, 盡乃棄矣.……聲一無聽, 物一無文, 味一無果, 物一無講.")

『논어·자로(子路)』편에서도 "군자는 조화롭되 같지 않아야 한다.(君子和而不同)"라고 한 말이 있는데, 유보남(劉寶楠)은 『정의(正義)』에서 『좌전』과 『국어』의 글을 인용하여 이를 해석했는데, 옳다.(『論語·子路』章"君子和而不同"句, 劉寶楠『正義』引『左傳』, 『國語』之文釋之, 當矣.)

『관자·주화(宙和)』편에서도 군신 간의 도리는 "오음(五音)이 서로 다르되 조화를 이룰 수 있고, 오미(五味)가 서로 다르되 능히 조화를 이룰 수 있듯" 해야 한다고 했으니, 이미 안자(晏子)와 사백(史伯)의 뜻을 간직한 것이다.

사백이 "저것으로써 이것을 고르게 하며(彼平此)", "다른 사물로써 서로를 고르게 한다(異物相平)"고 하지 않고 "다른 것으로써 다른 것을 고르게 한다(他平他)"고 한 것은 말 속에 대단히 깊은 사변적 논리가 들어있다.(『管子·宙和』篇論君臣之道如"五音不同聲而能調, 五味不同物而能和", 已蘊晏, 史之旨. 史不言"彼平此", "異物相平", 而曰"他平他", 立言深契思辯之理.)

『공총자(孔叢子)·항지(抗志)』편에서 이렇게 말했다. "위(衛)나라 군주가 시비(是非)를 논하자, 여러 신하들이 모두 한 목소리로 찬동하였다. 자사(子思)가 말했다.……설령 일을 잘 처리하여 그것을 감추어 두었다 해도, 여러 의견을 배척한 것과 같을진대, 하물며 그릇된 것과 같게 함으로써 사악한 기풍을 조장하고 있다." 자사(子思)의 '화(和)'는 바로 안자와 사백의 '동(同)'과 같다.(『孔叢子·抗志』篇: "衛君計是非, 而群臣和者如出一口. 子思曰:……事是而臧之, 猶卻衆謀, 況和非以長惡乎?" 子思之'和', 正晏, 史之'同'也.)

『회남자·설산훈(說山訓)』에서 이렇게 말했다. "일에는 진실로 서로를 기다려 이루어지는 것이 있다. 예컨대 두 사람이 함께 물에 빠지면 서로를 구해줄 수 없는 법이다. 한 사람이 뭍에 있어야 가능하다. 그러므로 같은[同] 것으로는 서로를 다스릴 수 없으니, 반드시 다름[異]을 기다린 이후에야 이루어진다. 고유(高誘)의 주석은 전적으로 안자(晏子)의 말에 근거했다. 안자와 사백이 말한 '화(和)'는 『예기』에서 말한 "예(禮)는 다른 형식과 의식을 통해 다른 사물에 대한 존경과 경외심을 나타내는 것이다. 음악[樂]은 다양한 곡조와 풍격을 통해 서로의 사랑과 화합을 나타내는 것이다."라고 한 말과 비슷하다. '다름[殊]'과 '다름[異]'이 합쳐지는 것이, 바로 "다름을 기다린 이후에야 이루어지는 것이다."(『淮南子·說山訓』: "事固有相待而成者: 兩人俱溺, 不能相拯, 一人處陸則可矣. 故同不可相治, 必待異後而成." 高誘注全本晏子語. 晏, 史言'和'猶『禮記』云: "禮者, 殊事合敬者也. 樂者, 異文合愛者也." '殊', '異'而合, 卽"待異而後成".)

고대 그리스의 철학자들도 이러한 것을 말할 때 역시 음악의 조화로 비유해서 말했는데, 즉 오성(五聲)이나 칠음(七音)의 상호 보완이지 단조(單調)나 같은 소리[同聲]의 일색은 아니라고 했다. 헤라클레이토스도 높고 낮은 상반된 음이 없다면 음악은 조화를 이룰 수 없으므로, 같음[同]은 결코 조화로움에 이를 수 없음을 계속해서 말한 바 있다. 플라톤도 그 말을 인용하여 발전시켰으며 사랑에다 비유하기도 했다.(古希臘哲人道此, 亦喻謂音樂之和諧, 乃五聲七音之輔濟, 而非單調同聲之專壹. 赫拉克利都斯反複言, 無高下相反之音則樂不能和, 故同必至不和而諧出於不一. 柏拉圖嘗引其語而發揮之, 並取譬於愛情.)

'협조(協調)'에서 '협(協)'자의 시기별 출토문자는 다음과 같다.

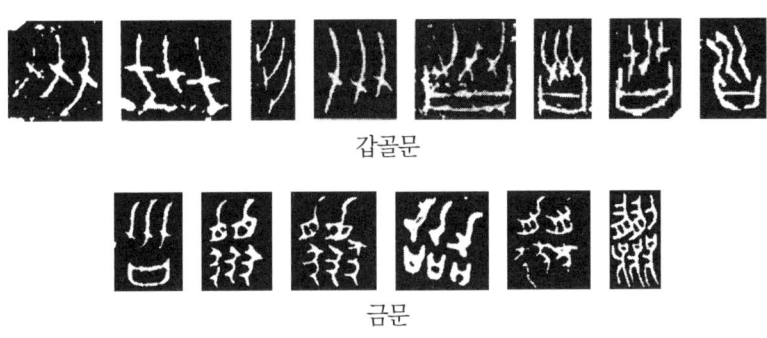

갑골문

금문

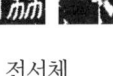  

| 석각 전서체 | 동한 봉룡산송 | 진 벽옹송 | 북위 목량묘지 |
| (石刻篆文) | (東漢封龍山頌) | (晉辟雍頌) | (北魏穆亮墓志) |

| 북위 원락신묘지 | 북위 원예묘지 | 북제 고육묘지 | 수 이씨묘지 |
|---|---|---|---|
| (北魏元洛神墓志) | (北魏元乂墓志) | (北齊高淯墓志) | (隋李氏墓志) |

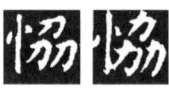

| 당 굴돌통묘지 | 당 간록자서 | 당 석경오경 | 당 석경구경 |
|---|---|---|---|
| (唐屈突通墓志) | (唐干祿字書) | (唐石經五經) | (唐石經九經) |

회의(會意) 겸 형성(形聲) 구조

'협(協)'은 협(劦, xié)과 십(十)으로 구성되며, '협(劦)'은 동시에 독음을 나타낸다. '협(劦)'은 회의 구조로, 세 개의 '력(力)'으로 이루어져 있으며, '력(力)'은 농기구인 '뢰(耒: 쟁기)'의 형태를 본뜬 것이다. 전체 글자는 힘을 합쳐 밭을 갈다는 의미를 담고 있다. 고문자 중에는 '구(口)'를 추가하여 여러 사람이 함께 소리치며 힘을 합침을 표현한 경우도 있다. 『설문』소전에서는 '십(十)'이 추가되었는데 이는 '많음'을 상징한다. 『설문』에는 또 '협(恊)'자가 수록되어 있는데, '협(劦)'과 '심(心)'으로 구성되며, 마찬가지로 '협(劦)'이 독음을 나타내고, 마음을 합쳐 협력함을 의미한다. 간체자 '협(协)'은 번체자 '협(協)'의 두 '력(力)'을 두 점으로 대체한 것으로, 이와 같은 표기는 명대(明代)에 이미 등장하였다.

『설문』에서는 다음과 같이 설명했다.

'협(協)은 여러 사람이 힘을 모아 화합하다'는 뜻이다. 협(劦)이 의미부이고 십(十)도 의미부이다. 신(臣) 서현(鉉) 등은 이렇게 생각합니다. 십(十)은 무리(衆)를 말합니다. 협(旪)은 협(協)의 고문체인데 일(日)과 십(十)으로 구성되었습니다. 협(旪)은 혹체자인데, 구(口)로 구성되었습니다.(協, 衆之同和也. 從劦從十. 臣鉉等曰: 十, 衆也. 旪, 古文協從曰, 十. 旪, 或從口.)

협(協)은 마음을 합쳐 화합함을 말한다. 협(劦)이 의미부이고 심(心)도 의미부이다.(協, 同心之和. 從劦從心.)

『옥편(玉篇)』에는 "협(協)은 화합하다는 뜻이다. 『서경(書經)』은 '모든 나라를 화합시켰다.(協和萬邦)'라고 했다."는 구절이 있다. 합력(合力)으로 농사를 짓는 것은 상호 조정과 적절한 협조를 필요로 한다. '협(勰)'자 역시 동일한 어원을 공유한다. 따라서 『설문사(思)부수』에서는 "협(勰)은 생각의 화합을 말한다.(勰, 思之和也.)"라고 해석했다. '협(協)'·'협(恊)'·'협(勰)' 계열의 구조는 모두 '화합[和諧]'과 동원(同源) 관계에 있다.

『관추편』 증정(增訂) 1에서 이렇게 언급하고 있다.

헤라클레이토스가 말한 "조화롭되 같지 않음(和而不同)"과 "조화[諧]하되 일치하지 않음(諧而不一)"은 고대 로마 시편에서도 흔히 찾아볼 수 있는 표현이다. 소크라테스는 국가가 통일되면 될수록 좋다고 주장했으나, 아리스토텔레스는 이를 반박하며 "만약 그렇게 된다면 국가가 개인화될 것이다. 이는 조화로움이 하나의 음에 거두어지는 것이며, 박자가 단순화되는 것과 같다."라고 반박하였다.[10]

---

10) '독음(獨音)'과 '요박(幺拍)'은 대구(對文)를 이루며 동일한 의미를 지닌다. 여기서 '요

또 증정(增訂) 3에서 덧붙인 내용은 다음과 같다.

　몽테스키외[11]는 아시아의 전제적 통일이 모범이 될 수 없음을 논하며, "정
체(政體)는 음악과 같아 서로 다른 것을 조화시키고 상반되는 것을 조율하
여 화합으로 이끌어야 한다."라고 했다. 이는 안자가 말한 "화(和)가 곧 동
(同)과 같지 않다."와 일맥상통한다. 르네상스 시대, 상반(相反)됨과 상성(相
成)됨의 이론을 가장 즐겨 논의하였던 사람은 브루노[12]가 될 것이다. 그는
단일하다면 조화로움[和諧]은 존재하지 않는다고 말했다. 근세의 미학자들
또한 일치(一致)라는 것이 곧 단조(單調)로움은 아니며 그 뜻은 "조화를 이
루되 서로 다른[和而不同]" 것일 뿐임을 강조하였다. 안자(晏子)가 '화(和)'를
'같음[同]'과 구별하였고, 고대 그리스 시인들은 "두 가지를 다투는데, 그 하
나는 선(善)한 것이고 다른 하나는 악(惡)한 것이다. 전자는 서로에게 이로
움을 주지만 후자는 서로를 파괴시킨다."라고 했는데, '선(善)한 다툼'과 '조
화로움[和]'은 서로 간에 통하는 것이라 할 것이다.[13]

---

'(쇠)'는 '단일(單一)'을 뜻한다.(장극화 저, 김화영 역, 『한자와 유학사상』(서울: 학고
방, 2025), 299-300쪽.

11) [역주] 몽테스키외(Montesquieu, 1689년-1755년)는 프랑스 계몽시대의 정치사상가로,
본명은 샤를 루이 드 세콩다(Charles-Louis de Secondat)이다. 대표 저서인 『법의 정신
(De l'esprit des lois)』(1748)에서 권력 분립과 견제의 원리를 체계적으로 제시하였으
며, 근대 입헌주의 이론에 중요한 영향을 미쳤다.

12) [역주] 조르다노 브루노(Giordano Bruno, 1548년-1600년)는 르네상스 시대의 이탈리
아 사상가, 자연과학자, 철학자, 문학가이다. 그는 자유 사상에 대한 옹호와 당시 주
류 종교 관념에 대한 도전으로 유명한데, 코페르니쿠스의 지동설의 강력한 지지자인
브루노는 이 이론을 더욱 발전시켜 우주가 무한하고 다세계가 존재한다는 관점을
제시했다. 이러한 그의 견해는 당시 지극히 급진적인 것으로 간주되어 교회의 박해
를 받고 결국 화형에 처해졌다.(장극화 저, 김화영 역, 『한자와 유학사상』(서울: 학고
방, 2025), 299-300쪽.

13) 錢鍾書, 『管錐編』第一冊, 『錢鍾書集』(北京: 生活·讀書·新知 三聯書店, 2008), 391-393

쪽. '기역(騎驛)'은 원래 역참(驛站)의 말과 수레를 가리키며, 공문이나 편지는 말을 타고 전달하는 사람을 빗댄 표현이다. 여기서는 두 개념 사이에 소통의 매개체가 존재함을 비유적으로 나타낸다.

## 제3절 『악서(樂書)』와 '화(和)'가 만물을 낳는다

"예는 존비를 구별하고, 음악은 귀천을 구분한다.(禮別尊卑, 樂殊貴賤.)" 『사기회주고증(史記會注考證)』의 이문(異文)을 검토한 결과, 『사기』의 팔서(八書) 가운데 하나인 『악서(樂書)』는 그 내용 면에서 서한(西漢) 사람들이 정리한 『악기(樂記)』와 같은 연원을 지니고 있으며, 음악의 조화 기능에 대해 전문적으로 논술한 문헌에 속한다. 『악서』는 500여 자중에서 49곳에 '화(和)'자를 사용하여, '예악(禮樂)'의 '음악'의 작용과 효과, 그리고 음악 이론의 메커니즘과 그 심층적 구조 형식을 묘사했다.[14)

### (1) 악상(樂象): 소리는 음악의 형상이다

청각에 호소하는 기류(氣流)의 음향적 형상을 '성(聲)'이라 하며, 이를 간단히 줄여 '악상(樂象)'이라고 부른다.[15) 이 악상에 근거하여 음악은 '화악(和樂)'과

---

14) 서한(西漢)의 『악기(樂記)』는 현존하는 가장 오래된 체계적인 음악 이론서로, 선진(先秦) 시기 유가(儒家)의 음악적 미학 사상을 집대성한 것이다. 한대(漢代)에 『예기(禮記)』를 편찬할 때 『악기』를 제19편으로 수록하였다.

15) 소리에는 '살진 것(肥)'과 '여윈 것(瘦)'이 있다. 이러한 구분은 청각적 미적 판단에 호소하는 것으로, 상대적으로 추상적인 듯 보이지만, 실제로는 '미각'이나 '시각'과 같은 주된 인지 경로로부터 직접 유래한 것이다. 음악이 조화와 조절을 중시하는 것이 민족 음악의 공통 원리라면, 이러한 유추적 인지 방식에서 비롯된 조화와 조절의 효과는 중국 고유의 전통 음악 이론이 다른 지역의 음악 이론과 구별되는 특징이라 할 수 있다.

『예기·악기』에서는 "고기가 잘 익고 순하게 이루어지면, 그 조화로운 움직임이 곧 소리로 나타난다.(肉好順成和動之音作.)"라는 기록이 있는데, 정현은 『주(注)』에서

'음악(淫樂)'으로, 소리는 정성(正聲)과 간성(姦聲)으로 나눌 수 있다. '화악(和 樂)'은 '음악(淫樂)'과 대비되는 개념으로, 조화로운 음악을 지칭한다. 『예기·악 기(樂記)』에서 "바른 소리가 사람을 감동시키면 순한 기운이 이에 호응하고, 순 한 기운이 형상을 이루면 조화로운 음악이 흥한다.(正聲感人而順氣應之, 順氣成 象而和樂興焉.)"라고 했다. '음악(淫樂)'과 '속악(俗樂)'은 정통 음악 이론에서 '미 미지음(靡靡之音: 타락한 음악)'으로 간주된다.

　『악서』에서는 다음과 같이 기술하고 있다.

　　무릇 간사한 소리가 사람을 감동시키면 거스르는 기운이 이에 응한다. 거
　　스르는 기운이 형상을 이루면 음악(淫樂)이 흥한다. 바른 소리가 사람을 감
　　동시키면 순한 기운이 응하고, 순한 기운이 형상을 이루면 조화로운 음악
　　이 흥한다. 부르고 화답함에 응답이 있으며, 굽고 바름이 각기 그 분수에

---

"육(肉)은 비만함[肥]을 뜻한다."라고 했다. 또 "굽음과 곧음, 무성함과 여윔, 단절과 충실함이 소리의 절도를 이룬다.(曲直繁瘠, 廉肉節奏.)"라는 구절이 있는데, 공영달은 『소(疏)』에서 "척(瘠)은 간략함을 이르고…… 육(肉)은 풍만함을 이른다."라고 했다. 『순자·악론편』에도 유사한 언급이 존재한다. 또 『악기』의 다른 대목에서는 "너무 넓 으면 방탕해지고, 너무 좁으면 욕심을 부리게 된다."라고 했는데, 정현은 『주』에서 "광(廣)은 소리가 느림을, 협(狹)은 소리가 급함을 말한다.(廣則容奸, 狹則思欲.)"라고 했다. '광(廣)/협(狹)'과 '비(肥)/척(瘠)'은 모두 '소리로 형상을 유추한' 사례이다. 또, 인류는 감각 간의 이동과 통용을 가능케 하는 '화도의 본능'을 지닌다. 운남(雲 南)과학기술협회의 『오비(奧秘)』 제151호에 따르면, 현대 의학의 '공감각(共感覺)' 현 상이 소개되어 있다. 워싱턴의 리처드 사이토윅(Richard Cytowic) 박사는 일부 사람 들이 뚜렷한 감정을 경험하지 못하고 감정이 서로 섞이는 현상에 대해 다년간 연구 해 왔다. 예컨대, 청각과 시각, 미각과 시각, 미각과 촉각이 결합되는 경우가 그것이 다. 루돌프 아른하임(Rudolf Arnheim)의 『시각적 사유』에서도 이러한 '공감각' 현상 을 논의했다.(Rudolf Arnheim, 『視覺思維』(北京: 光明日報出版社, 1987), 180쪽.) 아울 러 臧克和, 『漢字單位觀念史考述』(上海: 學林出版社, 1998), 127-128쪽, 第四部分"和" 字類疏를 참조함.

돌아가니, 만물의 이치가 유형에 따라 서로 움직인다.(凡奸聲感人, 而逆气應
之. 逆气成象, 而淫樂興焉. 正聲感人, 而順气應之, 順气成象, 而和樂興焉. 倡和有
應, 回邪曲直各歸其分, 而萬物之理以類相動也.)16)

　'음악흥언(淫樂興焉)'과 '화악흥언(和樂興焉)'을 『순자악론편(樂論篇)』과 대조
해 보면, 상기 구절은 각각 '난생언(亂生焉)'과 '치생언(治生焉)'으로 표기되어 있
다. 이는 '음악(淫樂)'과 '화악(和樂)'을 상호 대립적 개념으로 정의한 것으로, 전
자는 혼란[亂]을, 후자는 다스림[治]을 상징한다. '창화유응(倡和有應)'은 제창자
와 화답자가 민풍(民風)과 인정(人情)에서 상호 반응함을 의미한다.17)

　문채(文采)와 절주(節奏)는 악상(樂象)을 수식하는 기능을 가지고 있다. 『악서
』에서는 이렇게 말했다.

　음악은 마음의 움직임이며, 소리는 음악의 형상이고, 문채와 절주는 그 소
리의 장식이다. 군자는 그 근본을 움직이고, 그 형상을 즐기며, 이후에 그
장식을 다스린다.(樂者, 心之動也; 聲者, 樂之象也; 文采節奏, 聲之飾也. 君子動
其本, 樂其象, 然後治其飾.)

---

16)『사기회주고증』 제1382쪽 각주 [4]에서는 "기운이 순조롭게 흐르고 백성들이 그것을
　본받아 규범으로 삼으니, 그러므로 음악의 소리 또한 화합(和合)에서 생겨난다.(順气
　流行, 民習成法, 故樂聲亦生于和也.)"라고 했다.([日] 瀧川資言著, 楊海峯整理,『史記會
　注考證』(上海: 上海古籍出版社, 2016), 1382쪽.)
17)『정의(正義)』에서는 "군주가 노래하면 하늘과 땅이 이에 화답하고 백성들이 이에 감
　응하다. 그러므로 '창(唱)'과 화(和)는 서로 감응한다.(唱和有應.)'라고 한 것이다.(君唱
　之, 天地和之, 民應之, 故云唱和有應也.)"라고 했다. 『사기회주고증』 '악서' 부분 참조
　([日] 瀧川資言著, 楊海峯整理,『史記會注考證』(上海: 上海古籍出版社, 2016), 1382쪽.)

이 문장의 해석에는 이본(異本)에 따른 차이가 존재한다. 특히 "군자동기본, 락기상(君子動其本, 樂其象.)"부분은 다소 난해한 표현이다.[18] 『설원(說苑)』에서는 "군자의 움직임은 그 음악의 형상에 근거한다.(君子之動, 本樂之象也.)"라고 했다.

## (2) 화악(和樂)과 그 생성

『악서』에서 이렇게 말했다.

> 고로 군자는 본래의 성정을 돌이켜 그 뜻을 화합하게 하며, 유사한 것을 비교하여 그 행실을 이룬다.(是故君子反情以和其志, 比類以成其行.)

『집해(集解)』에서는 정현(鄭玄)의 해석을 인용하여 "반(反)은 본(本)과 같아, 근본으로 삼는다는 뜻이다.(反, 猶本也.)"라고 설명했고, 『정의(正義)』에서는 "백성들이 익힌 것이 이미 군주를 따르므로, 군주는 마땅히 민정(民情)을 근본으로 삼아, 유랑(流宕)하지 않게 하여 스스로 그 뜻을 편안하고 조화롭게 해야 한다. (民下所習既從於君, 故君宜本情, 不使流宕, 以自安和其志也.)"라고 했다.

백성들이 아래에서 익힌 것이 이미 군주를 따르므로, 군주는 마땅히 민정을 근본으로 삼아 자신의 의지를 조화롭게 해야 한다. 또한 선(善)과 같은 유형을 본받아 자신의 품행(品行)을 이루어야 한다. 이것이 바로 '화악(和樂)', 즉 조화로운 음악이 생성되는 심층 구조이다.

'비류(比類)'는 여기서 동사로 사용되어, 모방하거나 본받는다는 의미이다. 『예기·악기(樂記)』에는 "고로 군자는 정을 돌이켜 그 뜻을 화합하게 하며, 유사한

---

18) [日] 瀧川資言著, 楊海峯整理, 『史記會注考證』(上海: 上海古籍出版社, 2016), 386쪽.

것을 비교하여 그 행실을 이룬다."라고 기록되어 있다. 공영달(孔穎達)은 『소
(疏)』에서 "비(比)란 선한 유형을 비교하여 자신의 아름다운 행실을 이룬다는
것이다."라고 설명했다.

## (3) 생기(生氣)의 조화를 응합(應合)함

『악서(樂書)』에서 이렇게 말했다.

> 고로 선왕(先王)은 정성(情性)을 근본으로 삼고, 도수(度數)를 고증하며, 예의
> (禮義)로 제정하되, 생기의 조화에 응합(應合)하고, 오상(五常)의 행실을 유도
> 하여, 양의 기운은 흩어지지 않게 하며, 음의 기운은 막히지 않게 하고, 강
> 한 기운은 노여움에 치우치지 않으며, 부드러운 기운은 위축되지 않게 하
> 였다. 이 네 가지 기운이 내면에서 원활히 교류하며 외부로 발현하되, 모두
> 각기 그 위치를 안정하게 지켜 서로 빼앗지 않게 하였다.(是故先王本之情性,
> 稽之度數, 制之礼義, 合生气之和, 道五常之行, 使之陽而不散, 陰而不密, 剛气不
> 怒, 柔气不懾, 四暢交於中而發作於外, 皆安其位而不相奪也.)[19]

여기서 '합(合)'은 '응하다[應]'는 의미로, "합생기지화(合生氣之和)"라는 것은
음양(陰陽)이 조화롭게 합하는 상태를 말한다. 이는 선왕이 음악을 제정하여 백
성을 교화하고자 하는 의미와 그 효과를 가리킨다. 그 효과를 표현하는 형식은

---

19) [日] 瀧川資言著, 楊海峯整理, 『史記會注考證』(上海: 上海古籍出版社, 2016), 1378쪽. 『
　　집해(集解)』에서 정현(鄭玄)은 "생기(生氣)는 음양(陰陽)을 이른다. '오상(五常)'은 오행
　　(五行)을 뜻한다."라고 했다. 『정의(正義)』에서는 "도(道)는 음이 '도(導: 인도하다)'이
　　다. '행(行)'은 호(胡)와 맹(孟)의 반절로 읽힌다. '합(合)'은 '응하다[應]'는 뜻이다."라고
　　했다.

전형적인 음양(陰陽) 조화의 구조에 속한다. 즉, "양의 기운은 흩어지지 않고, 음의 기운은 막히지 않으며, 강한 기운은 노여움에 치우치지 않고, 부드러운 기운은 위축되지 않는다."

이는 네 가지 기운이 원활히 내면에서 교류함으로써 외적인 형태로 발현됨을 의미한다.


## (4) 음악(樂淫)의 특장: 슬프지만 엄숙하지 않고, 즐겁지만 안정되지 않음

『악서』에서 이렇게 말했다.

> 세상이 어지러우면 예법이 폐기되고 음악이 음란해진다. 이 때문에 그 소리가 슬프지만 엄숙하지 않고, 즐겁지만 안정되지 않는다.(世亂, 則礼廢而樂淫. 是故其聲哀而不庄, 樂而不安.)

필자의 생각은 이렇다. 이는 '음악의 절도와 조화[和樂]'가 반드시 절제와 엄숙을 바탕으로 해야 함을 역으로 증명하고 있다. 여기서 '낙이불안(樂而不安)'은 즐겁지만 안정되지 않다는 뜻이다. 『고증』의 해당 각주에서 『관저(關雎)』에서 "즐거우되 방탕하지 않고, 슬프되 상심하지 않는다.(樂而不淫, 哀而不傷.)"라고 한 것은 바로 엄숙하고 공경스러우며 안정된 상태가 존재하기 때문이다.

## (5) '제악(齊樂)'의 기능과 그 구조적 형식

『악서』에서 이렇게 말했다.

무릇 음악은 선왕(先王)이 기쁨을 꾸미던 바요, 군대와 도끼는 선왕이 노여움을 꾸미던 바이다. 그러므로 선왕의 기쁨과 노여움은 모두 그 조화[제(齊)]를 얻었다. 기쁨이면 천하가 그와 더불어 화(和)하고, 노하면 폭란한 자들이 두려워하였다. 선왕의 예악(禮樂)의 도는 참으로 융성하였다고 할 만하다.(夫樂者, 先王之所以飾喜也; 軍旅鈇鉞者, 先王之所以飾怒也. 故先王之喜怒皆得其齊矣. 喜則天下和之, 怒則暴亂者畏之. 先王之道礼樂可謂盛矣.)[20]

'제(齊)'는 고대 음악의 이름이다. 『예가·악기(樂記)』에서는 다음과 같은 구절이 있다.

온화하고 어질면서도 결단력이 있는 자는 「제」를 노래해야 한다.…… 「제(齊)」는 3대(三代)에서 전해 내려오는 고대의 음악이다. 제나라 사람들이 알았기 때문에 『제(齊)』라고 부른다.(溫良而能斷者, 宜歌「齊」,……「齊」者, 三代之遺聲也. 齊人識之, 故謂之「齊」.)

제악(齊樂)의 특징은 "온화하고 어질면서도 결단력이 있다"는 데 있다. 이는 곧 성어의 '강유상제(剛柔相濟: 강함과 부드러움을 서로 조화시켜야 한다)'를 말하는 바이며 '화악(和樂)'의 전형적 구조에 속한다. 『악서』의 해당 구절에서 기술된 음악의 기능에 따르면, 음악은 바로 선왕이 기쁨을 드러내는 표현 형식이

---

20) 『고증(考證)』 해당 부분 각주 [2]: 『련제(練祭)』에서는 '제(齊)'를 '제(儕)'로 기록하였다. 『악기(樂記)』에도 '제(儕)'로 표기되어 있으나, 이는 가차자(假借字)일 뿐이다. '제(儕)'는 출토된 진한간독(秦漢簡牘)에서는 아직 발견된 기록이 없으며, 주로 북위(北魏)와 수당(隋唐) 시기의 석각(石刻)에서 많이 확인된다. 『고증』에서 확인된 『악기』의 '제(儕)' 표기는 가차자로 표기되어 있는 바, 이는 『악기』의 비교적 후대에 필사된 사본임을 나타낸다.

며, '기쁨'의 효과는 바로 '천하를 화합하게 하는 것'에 있다.

## (6) '화악(和樂)'의 기준으로 본 지역별 음악 특징

『악서』에서 자하(子夏)가 다음과 같이 대답했다.

> 정(鄭)나라 음악은 지나치게 방탕하여 마음을 음란하게 하고, 송(宋)나라 음
> 악은 여색에 빠지게 하여 사람의 뜻을 빠지게 하며, 위(衛)나라 음악은 박
> 자가 짧고 급하여 사람의 마음을 어지럽히고, 제(齊)나라 음악은 거칠고 제
> 멋대로라 사람의 마음을 교만하게 한다. 이 네 가지 음악은 모두 색욕에
> 빠져 덕을 해치므로, 제사에서는 사용하지 않는다. 『시경』에서 '엄숙하고
> 화순하게 여러 악기가 조화를 이루니 선조께서 들으신다'라고 하였으니,
> '숙숙(肅肅)'은 공경함을 말하는 것이고, '옹옹(雍雍)'은 화합함을 말하는 것
> 이다. 공경함과 화합함이 있으면, 무슨 일이든 이루어지지 않겠는가?(鄭音
> 好濫, 淫志; 宋音燕女, 溺志; 衛音趣數, 煩志; 齊音驁辟, 驕志. 四者皆淫于色而害
> 于德, 是以祭祀不用也. 詩曰: '肅雍和鳴, 先祖是聽.' 夫肅肅, 敬也; 雍雍, 和也. 夫
> 敬以和, 何事不行?)

이때 '음지(淫志)'라 함은 사람의 마음과 뜻이 방탕해지는 것을 말하며, 동시에
문법적으로는 수식 구조의 기록으로서 '방탕한 마음'이라는 뜻으로 쓰이기도 한다.

> '연녀(燕女)'는 여색에 빠져 안일하게 지내는 자를 이른다.
> '익지(溺志)'는 마음이 그 가운데 빠져 헤어나지 못함을 말한다.
> '취수(趣數)'는 리듬이 짧고 빠른 것을 말한다.
> '번지(煩志)'는 마음을 어지럽히는 것을 말한다.
> '교지(驕志)'는 마음을 교만하고 거만하게 만드는 것을 뜻한다.

이러한 각 지방의 음악은 모두 '화도(和道)'의 기준을 잃은 음악이며, 그 실제 효과 또한 사람의 마음을 '중화(中和)'의 상태에서 벗어나게 한다.

## (7) 노래[聲歌], 풍(風)·아(雅)·송(頌), 사계절[四時]과 왕조: 상호 조화로 만물을 낳는다

『예기·중용(禮記·中庸)』에서 이렇게 말했다.

> '중(中)'이란 천하의 큰 근본이요, '화(和)'란 천하의 통달한 도이다. 중화(中和)에 이르면 천지가 제자리를 잡고 만물이 생육한다.

이른바 "만물은 화(和)에서 생겨난다.(萬物生於和.)"는 원칙은 『악서(樂書)』의 「자공문악(子貢問樂)」편에서 완전하게 드러난다.

> 자공(子貢)이 사을(師乙)을 만나 물었다.[21] "제가 들으니 노래는 각각 적합한 것이 있다고 합니다. 저 같은 사람에게는 어떤 노래가 적합하겠습니까?"
> 사을(師乙)이 대답했다.
> "저는 미천한 악공에 불과하니, 어찌 감히 무엇이 어울린다고 말할 수 있겠습니까? 다만 내가 들은 바를 읊어보겠으니, 그대께서 스스로 판단하시

---

21) 을(乙)은 고대 악보에서 칠음(七音)을 표기하던 일곱 기호 중 하나이다. 역대 각 지역에서 음을 기록하기 위해 사용된 글자는 차례로 '상(上), 척(尺), 공(工), 범(凡), 육(六), 오(五), 을(乙)'이었다. 따라서 사을(師乙)은 악사의 이름이다.([日] 瀧川資言著, 楊海峯整理, 『史記會注考証』(上海: 上海古籍出版社, 2016), 1393쪽.)

기 바랍니다.

관대하고 고요하며 유순하고 바른 자는 「송(頌)」을, 광대하고 고요하며 소탈하고 믿음직한 자는 「대아(大雅)」를, 공손하고 검소하며 예를 좋아하는 자는 「소아(小雅)」를, 정직하고 청렴하며 겸손한 자는 「풍(風)」을, 곧으면서 직설적이며 자애로운 자는 「상(商)」을, 온화하고 어질며 결단력 있는 자는 「제(齊)」를 부르기에 적합합니다.

무릇 노래란 자기를 바르게 하여 덕을 펼치는 것입니다. 자신을 움직이면 천지가 응하고 사계절이 조화로우며 천체가 질서를 이루고 만물이 생육합니다.[22]

그러므로 「상(商)」은 오제(五帝)가 전하는 소리로 상나라 사람들이 이를 기록하였기에 「상(商)」이라 부르고, 「제(齊)」는 삼대(三代)가 전하는 소리로 제(齊)나라 사람들이 기록하였기에 「제(齊)」라 부릅니다. 「상(商)」의 시에 통달한 자는 일을 당하면 결단을 내릴 줄 알고, 「제(齊)」의 시에 통달한 자는 이익을 앞에 두고도 양보할 줄 압니다. 일을 당해 결단하는 것은 '용기[勇]'요, 이익을 보아도 양보하는 것은 '의로움[義]'입니다. 이 용기와 의로움을 노래가 아니고서야 누가 보존할 수 있겠습니까?

그러므로 노래는 위로는 받쳐 올리는 듯하고, 아래로는 떨어지는 듯 합니다. 구부러지면 꺾이는 듯 하고, 멈춤은 마른 나무 같습니다. 한가운데를 지켜 법도를 따르고, 구절마다 앞뒤가 걸려 서로 응하여 이어지며, 그 울림은 구슬을 꿴 듯 정연하고도 충실합니다. 노래란 말로 표현하는 것이니, 길

---

22) 육(育)은 '낳다[生育]'는 뜻이다. 출토 고문자에서 '육(育)'자는 (갑골문), (금문), (고대 도기문자) 등 여러 형태로 확인된다. 『설문』 소전에서는 돌(𠫓)이 의미부이고 육(肉)이 소리부인 구조이다. '돌(𠫓)'은 '자(子)'를 거꾸로 쓴 글자이다. 갑골문은 회의자로, 사람[人]과 거꾸로 된 아이[倒子], 혹은 머리에 장식을 한 여성(每)과 거꾸로 된 아이로 구성되어, '산모가 아이를 낳는다'는 뜻이다. 금문도 회의자로, 어머니와 거꾸로 된 아이의 아래에 출산할 때 나오는 피가 떨어지는 점을 추가해, 아이를 낳는 환경까지 표현했다. 『설문』의 혹체는 '매(每)'와 '류(充, tū)'로 구성되었는데, '류(充)'는 작은 점이 더해진 거꾸로 된 아이에게서 형태가 변화된 것이다.

게 말하는 것입니다. 기쁨이 있기에 말하고, 말로 부족하니 길게 말하며, 길게 말해도 부족하니 탄식하고, 탄식으로도 부족하니 어찌 손을 춤추고 발을 구르는지 모르게 되는 것입니다.(子貢見師乙而問焉, 曰: "賜聞聲歌各有宜也, 如賜者宜何歌也?" 師乙曰: "乙, 賤工也, 何足以問所宜. 請誦其所聞, 而吾子自執焉. 寬而靜, 柔而正者宜歌頌; 廣大而靜, 疏達而信者宜歌大雅; 恭儉而好礼者宜歌小雅; 正直淸廉而謙者宜歌風; 肆直而慈愛者宜歌商; 溫良而能斷者宜歌齊. 夫歌者, 直己而陳德; 動己而天地應焉, 四時和焉, 星辰理焉, 萬物育焉. 故商者, 五帝之遺聲也, 商人志之, 故謂之商; 齊者, 三代之遺聲也, 齊人志之, 故謂之齊. 明乎商之詩者, 臨事而屢斷; 明乎齊之詩者, 見利而讓也. 臨事而屢斷, 勇也; 見利而讓, 義也. 有勇有義, 非歌孰能保此? 故歌者, 上如抗, 下如隊, 曲如折, 止如槀木, 居中矩, 句中鉤, 累累乎殷如貫珠. 故歌之爲言也, 長言之也. 說之, 故言之; 言之不足, 故長言之; 長言之不足, 故嗟嘆之; 嗟嘆之不足, 故不知手之舞之足之蹈之.")[23]

---

23) 본 절의 말미에 ‘『자공문악(子貢問樂)』’이라는 표기가 있다. 『고증(考證)』 [13]에 따르면 “『예기의소(禮記義疏)』에서 이르되, ‘자공문악은 편명(篇名)으로, 고대 문헌에서는 편명의 표기를 문장 끝에 두는 경우가 많았다.(주: 서언 또한 문장 끝에 둔 예가 있다.) 이 표기는 그러한 관행이 우연히 남아 있는 사례일 뿐이다.”라고 했다.([日] 瀧川資言著, 楊海峯整理, 『史記會注考証』(上海: 上海古籍出版社, 2016), 1408쪽.)
　　또한, ‘상인지지(商人志之)’에 대해 『고증』 [7]에서는 “『예기』에서는 ‘지(志)’를 모두 ‘식(識)’으로 기록했다.”라고 주석했다.([日] 瀧川資言著, 楊海峯整理, 『史記會注考証』(上海: 上海古籍出版社, 2016), 1407쪽.)

## 제4절 '화도(和道)' 메커니즘에서의 언어 구조 유형

### (1) A와 B 두 항목이 상대될 경우: 'A而不B' 형식

'A而不B' 형식은 두 개의 병렬구조를 포용하면서도 상호 배타적인 조화 구조를 형성함으로써 극단적 치우침을 방지한다. 이와 같은 구조를 사용하는 대표적인 성어는 다음과 같다.

　　화이부동(和而不同): 조화롭되 같지 않음
　　소이불루(疏而不漏): 소홀하지만 빠뜨리지는 않음
　　락이불음(樂而不淫): 즐거우되 방탕하지 않음
　　애이불상(哀而不傷): 슬프되 상심하지 않음
　　려이불기(麗而不奇): 아름답되 기이하지 않음
　　렴이불귀(廉而不劌): 청렴하되 모나지 않음
　　만이불일(滿而不溢): 가득하지만 넘치지 않음
　　사이불후(死而不朽): 죽어도 썩지 않음
　　녈이불자(涅而不緇): 물들어도 검어지지 않음
　　군이불당(群而不黨): 무리를 이루되 파당을 짓지 않음
　　혜이불비(惠而不費): 은혜를 베풀되 낭비하지 않음
　　……

'화(和)'의 이념에 부응하여, 여러 주요 경전에는 '화이부동(和而不同: 조화롭되 같지 않음)'의 정신을 함축한 독특한 언어 구조가 다수 구성되어 있다. 'A而

不B'형－A와 B라는 두 글자의 의미가 서로 호환되는 것으로, 정도의 차이를
강조하면서 두 가지를 나누어 구별한 경우이다. 그 전형적인 형식은 'A而不B(A
이되 B가 아니다)'인데, 주요 경전에서 흔히 볼 수 있는 표현은 다음과 같다.

    침이불매(寢而不寐): 잠자되 잠들지 않음(『公羊傳·僖公二年』)

    패이불사(敗而不死): 패배하되 죽지 않음(『左傳·僖公十五年』)

    신이불신(臣而不臣): 신하되 신하답지 않음(『左傳·僖公十五年』)

    기이불해(飢而不害): 굶주리되 해를 입지 않음(『左傳·僖公二十一年』)

    언이불신(言而不信): 말하되 신의 없음(『谷梁傳·僖公二十二年』)

    인이불무(仁而不武): 어질되 용맹하지 않음(『(『左傳·宣公四年』)

    진이불오(盡而不汙): 사실을 다 말하고도 왜곡됨이 없음(『左傳·成公十四年』)

    진이부정(陳而不整): 진을 치되 정연하지 않음(『左傳·成公十六年』)

    군이부진(軍而不陳): 군대를 모으되 진을 치지 않음(『(『左傳·成公十六年』)

    사이불후(死而不朽): 죽되 썩지 않음(『左傳·襄公二十四年』)

    도이불사(禱而不祀): 빌되 제사 지내지 않음(『谷梁傳·襄公二十四年』)

    낙이불황(樂而不荒): 즐기되 방탕하지 않음(『左傳·襄公二十七年』)

    근이불원(勤而不怨): 수고하되 원망하지 않음(『左傳·襄公二十九年』)

    우이불곤(憂而不困): 근심하되 괴로워하지 않음(『左傳·襄公二十九年』)

    사이불구(思而不懼): 생각하되 두려워하지 않음(『左傳·襄公二十九年』)

    낙이불음(樂而不淫): 즐기되 지나치지 않음(『(『左傳·襄公二十九年』)

    직이불거(直而不倨): 곧되 오만하지 않음(『左傳·襄公二十九年』)

    곡이불굴(曲而不屈): 굽되 굴복하지 않음(『左傳·襄公二十九年』)

    이이불핍(邇而不偪): 가깝되 핍박하지 않음(『左傳·襄公二十九年』)

    천이불음(遷而不淫): 변하되 혼란하지 않음(『左傳·襄公二十九年』)

    애이불수(哀而不愁): 슬퍼하되 근심하지 않음(『左傳·襄公二十九年』)

    용이불궤(用而不匱): 쓰되 고갈되지 않음(『左傳·襄公二十九年』)

광이불선(廣而不宣): 넓되 드러내지 않음(『左傳·襄公二十九年』)

시이불비(施而不費): 베풀되 낭비하지 않음(『左傳·襄公二十九年』)

취이불탐(取而不貪): 취하되 탐내지 않음(『左傳·襄公二十九年』)

처이부저(處而不底): 머물되 정체되지 않음(『左傳·襄公二十九年』)

행이불류(行而不流): 흘러도 넘치지 않음(『(『左傳·襄公二十九年』)

종이불실의(從而不失儀): 따르되 예의를 잃지 않음(『春秋經傳·昭公五年』附1)

경이불실위(敬而不失威): 공경하되 위엄을 잃지 않음(『春秋經傳·昭公五年』附1)

명이미융(明而未融): 밝되 환하지 않음(『左傳·昭公五年』) ……

나머지 예들은 들지 않겠다.

## (2) A와 B 두 항목이 병렬되거나 대립될 경우: '不A不B' 형식

만약 A와 B의 의미가 서로 대립하거나 밀접하게 맞물려 있다면, 이 둘은 마치 얼음과 불이 서로를 미워하듯, 아교와 칠이 서로를 사랑하듯 서로 얽히고 결합되어 상호 보완적 형식에 편입된다. 예컨대, '주옥휘영(珠玉輝映: 구슬과 옥이 눈부시게 빛난다)', '생경화해(笙磬和諧: 생황과 경쇠가 화합을 이룬다)' 같은 것들이 있으며, 또 '계토공롱(雞兔共籠: 닭과 토끼가 함께 새장에 들어있다)', '우기동조(牛驥同槽: 소와 천리마가 같은 구유로 먹는다)' 등이 그러하다. 서로 다른 것들은 협력하고, 서로 반대되는 것들은 서로를 이룬다. 그 전형적인 구조는 '不A不B(A도 아니고 B도 아니다)'라는 형식으로, 흔히 볼 수 있는 성어는 다음과 같다.

　　1. 불항불비(不亢不卑): 거만하지도 않고 비굴하지도 않다

2. 불즉불리(不卽不離): 가깝지도 않고 멀지도 않다

3. 불색불류(不塞不流): 막힘이 없으면 흐름도 없다

4. 부지불행(不止不行): 멈춤이 없으면 나아감도 없다

5. 불풍불살(不豐不殺): 많지도 않고 적지도 않다

6. 불의불닐(不義不昵): 군주의 명을 받지 않고 형을 우애하지 않는다

경전의 용례를 세분하면 포용적 논리 관계에 따라 '병렬'과 '인과' 두 측면을 함께 내포한다. 『관추편』에서는 미세하게 고증하여 다음과 같이 밝혔다.

이러한 통사구조는 비록 정해진 형식(『좌전·은공(隱公)』원년에서는 "군주의 명을 받지 않고 형을 우애하지 않는다.(不義不昵)"라고 했다.)을 갖고 있지만, 그 의미는 하나로 획정하기가 힘들다. 예컨대, 『논어·술이(述而)』의 "발분하지 못하면 열어줄 수 없고, 말로 표현해내지 못하면 펴 줄 수가 없다.(不憤不啓, 不悱不發.)"나 『묵자·상현(尙賢)』(상편)에서의 "의롭지 못한 자는 그에 의해 부유할 수 없고, 의롭지 못한 자는 그에 의해 지위가 높고 귀해질 수 없다.(不義不富, 不義不貴.)"는 뒤의 절이 앞 절의 내용에 의해 발생한 것으로, 인과 구조에 속한다. 이는 달리 "발분하지 못하면 열어줄 수 없다.(不憤則不啓.)"나 "의롭지 못하면 귀할 수 없다.(不義則不貴.)"라고 할 수 있을 것이다. 또 『예기·예기(禮器)』에서의 "많지도 않고 적지도 않다.(不豐不殺.)"나 『장자·응제왕(應帝王)』편에서의 "취하지도 않고 맞서지도 않는다.(不將不迎.)"라는 것은 병렬구조이다.

그리고 여러 문헌에서는 완전히 하나의 격식어를 형성하기도 하는데, 예컨대, 『원각경(圓覺經)』의 "가깝지도 않고 멀지도 않다.(不卽不離)"나 『심경(心經)』의 "생기지도 않고 사라지지도 않으며, 더럽지도 않고 깨끗하지도 않으며, 늘지도 않고 줄지도 않는다.(不生不滅, 不垢不淨, 不增不減.)" 등과 같은 경우가 그러하다. 이러한 것들은 두 가지 일을 함께 들었으되 모두를 배척

하는 내용이다. 그래서 이들은 "많지도 않고 또 적지도 않다.(不豐亦不殺.)"
나 "가깝지도 않고 멀지도 않다.(非卽非離.)"라는 말과 같을 따름이다.……
'풍(豐)'과 '살(殺)', '장(將)'과 '영(迎)' 등의 뜻이 서로 상반되기 때문에, 이를
유추하여 두 글자 간의 뜻풀이를 반대되게 풀어서 이러한 형식으로 귀납한
다면 병렬구조가 되지만, 이는 옳지 않다. 한유(韓愈)는 「원도(原道)」에서
"막힘이 없으면 흐름도 없고, 멈춤이 없으면 나아감도 없다.(不塞不流, 不止
不行.)"라고 했는데, '색(塞)'은 '류(流)'의 반대개념이고, '지(止)'와 '행(行)'은
배치되어, '생(生)'과 '멸(滅)'과의 관계와 같다. 그래서 이는 인과 구조임이
분명하다. 또 『도덕지귀론(道德指歸論)』 제1권 「득일편(得一篇)」에서는 "뜨
지도 않고 잠기지도 않으며, 나아감도 없고 멈춤도 없다.…… 굽지도 않고
곧지도 않으며, 앞도 없고 뒤도 없다.(不浮不沉, 不行不止.…… 不曲不直, 不
先不後.)"라고 했는데, 여기서 말한 "나아감도 없고 멈춤도 없다.(不行不止)"
라는 표현은 병렬구조가 된다. 하지만 한유(韓愈)의 "멈춤이 없으면 나아감
도 없다.(不止不行)"라는 것은 인과 구조이다. 바로 앞뒤 문장과 전체 문장
의 내용을 근거로 하여, 이들 간의 차이를 구별해야 한다.

요컨대, 동일한 것은 구별하여 조화를 이루고, 다른 것은 서로 뒤섞여 함께 이루
어지도록 하여, 결국 '화(和)'의 작용으로 귀결되는데, 이는 언어 구조의 형식으로 구
현된다.[24]

---

24) 『管錐編』 第一冊論 「左傳正義」 第3條 「隱公元年」 '因果句與兩端句'(錢鍾書, 『管錐編』第一
冊, 『錢鍾書集』(北京: 生活·讀書·新知 三聯書店, 2008), 277-279쪽.; 臧克和, 『漢字單位觀
念史考述』第四部分 "和" 字類疏之四 "群經疏"(上海: 學林出版社, 1998), 133-134쪽 참조.
청(淸)나라 말기, 유악(劉鶚)의 『노잔유기(老殘遊記)』(上海: 上海古籍出版社, 2005) 제9
회에는 등장인물 여고(璵姑)가 '공호이단(攻乎異端)'과 '집기양단(執其兩端)'을 논변하
는 장면이 나온다.
"장저(長沮)와 걸닉(桀溺)은 참으로 이단(異端)이고, 불가(佛家)와 도가(道家)는 이단이
아니라고 하니 무슨 까닭인가?" 그러자 여자가 대답했다. "모두 다 이단입니다. 다만

선생께서는 '이(異)'자를 '다르다'는 뜻으로, '단(端)'자를 '시작'으로 이해해야 합니다. '집기양단'은 '그 두 끝을 잡는다'는 의미입니다. 만약 '이단'을 사교(邪敎)로만 이해한 다면, '양단'은 가지가 갈라진 종파쯤으로 읽혀야 하지 않겠습니까? 그렇다면 '집기 양단'이란 바로 '가지가 갈라진 종파를 붙잡는다'는 뜻이 되니, 그게 말이 되겠습니 까? 성인의 본뜻은 길이 달라도 같은 곳에 이를 수 있고, 곡조가 달라도 같은 아름 다운 소리를 낼 수 있다는 데 있습니다."

# 결론

# 결론

## 한자 '화도(和道)' 의미의 심층 구조

한어사(漢語史)와 문자 발전사에서 '화(和)'의 문자 구조가 기본적으로 나타내는 문화 사유의 핵심은 '조화와 조정'의 방식으로써, '적중(適中)과 적의(適宜)'라는 상태에 도달하고, 나아가 조화와 조절이라는 기능을 실현하는 데 있다. '화(和)'는 농업 문명이 고도로 발전한 단계에서 비롯되었으며, 그 근원 속에는 생동하는 생명력이 내재해 있다. 예로부터 '화(和)'는 줄곧 중화 문화 가치 체계의 키워드로서, '중화(中和)'와 '화합'이라는 핵심 가치의 가장 중요한 범주를 구성해 왔다. 후대에 이르러, 가장 광범위하게 사용된 의미 역시, '화(和)'의 조화 기능과 그 상태를 가리킨다.

'화도(和道)'의 관점으로 천지 만물과 인간 사회를 바라볼 때, 이는 인지 수준이 최고의 경지에 도달했음을 의미한다. 일반적인 인지로는 미처 발견하지 못한 다양한 연관성을 찾아낼 수 있으며, 서로 이질적인 요소들 사이의 '다름' 속에서 조화를 발견하며 다양한 에너지를 통합하여, 뛰어난 공명력을 창출하는 것이다. 조화의 양은 곧 인지의 수준과 정비례한다. 인지의 층위에서 '화(和)'가 구현되는 것은 다원적이고 다차원적인 연계 사유로서, 만일 한쪽에만 집착하여 굳어지면 인지구조는 영원히 저차원에 머물게 된다.

'화(和)'의 인지 전제는 바로 '차이'의 존재이다. 사물이 하나로만 존재하면 아름다움이 없고, 맛이 하나로만 존재하면 조화를 이룰 수 없으며, 소리가 하나뿐이면 화음을 만들 수 없다. 동일함만 있다면 '화(和)'는 존재하지 않는 것이다. '화(和)'는 서로 다른 요소나 속성들의 단순한 결합이 아니며, 또 경계를 없애고 시비(是非)를 지우는 것도 아니다. '화(和)'는 더 높은 차원에서의 생성 효과이다. 서양 철학의 '해석학'이 '차이[異]'를 통해 해석의 가능성을 탐구하듯, 동양 특히 중국의 '화(和)' 역시 '차이'를 중시하고 '동일'을 배제한다. 그러나 여기서의 '차이'는 단순히 양적으로 더해지는 것이 아니라, 물리량의 합을 훨씬 능가하는 에너지적 창조를 의미한다.

'화(和)'의 관점으로 천지 우주 만물 사이의 관계를 보면, 자연스럽게 대립이 존재하지만 서로 의존하며 상호 보완하고, 만물이 서로 연결되어 있으면서 이질적인 동일한 구조를 지닌다. '화(和)'가 이루어지면 구조는 개방되어 풍부함으로 나아가고, 만물이 서로 조화를 이루며 생성된다. '화(和)'가 무너지면 구조는 동질화되어 경직되고, 결국 고정되어 소멸에 이르게 된다.

요컨대, '화(和)'의 인지구조적 연관성을 고찰할 때, 그 근본 원칙은 두 측면으로 요약된다. 하나는 "화이부동(和而不同: 조화를 이루되 같지 않음)"으로, 원초적인 인지 메커니즘과 심층 구조를 드러내며, 다른 하나는 "화생만물(和生萬物: 조화가 만물을 생성함)"로, 고대의 생명 가치와 생태 관념을 응축한다.

'화(和)'는 기능적 메커니즘으로서, 중국 문자 체계 전반의 심층 구조를 형성하였고, 인간과 자연의 조화로운 관계, 인류 사회의 음식, 의료, 음악, 시가(詩

歌), 예술, 심미 등의 모든 문화 가치 체계에 스며들어 있다. 이를 제대로 이해한다면, '화(和)'를 인지 메커니즘으로 삼은 중화 문화의 계보가 공동체적 삶의 활력과 생명력을 향해 나아가며, 수많은 시련을 겪었음에도 강물이 마르지 않듯 끊임없이 생성하고 흐르는 생명의 힘을 유지하는 심층 구조의 비밀이 바로 여기에 있다.

'화도(和道)'의 또 다른 측면은 중국 고전 철학의 명제와 깊은 공명을 이룬다. 예컨대 『주역·계사(繫辭)』(하편)에서 말한 "천지의 위대한 덕은 '생(生)'이라는 사상과 상통한다. 이에 본서는 '화도'를 '한자 단위의 사상사적 관념을 해명하는 핵심 개념, 즉 문자 의미의 심층 구조로 규정한다.

중화민족 공동체 문화를 구성하는 '화(和)'의 인지적 심층 구조는 바로 '화도 (和道)' 의식, 즉 '화도(和道)' 가치관에 있다. 이는 언어 의미 이면의 심층 구조에 대한 이해를 열어주는 문화 사상사적 자원으로서, 오랜 역사성, 다층적 구조, 광범위한 영역이 모두 긴밀하게 연결되어 있다. 다른 어떤 문화 가치 체계도, 이처럼 깊이 있고, 순수하며, 선명한 예는 찾아보기 어렵다.

# 참고문헌

# 참고문헌

*중국어 한어병음 순으로 배열되었으며, 독자의 전문성을 고려하여 따로 번역하지 않았다.

**B**

北京圖書館金石組編, 『北京圖書館藏中國歷代石刻拓本彙編』(鄭州: 中州古籍出版社, 1989-1991).

**C**

長沙市文物考古研究所等編著, 『長沙走馬樓三國吳簡·嘉禾吏民田家莂』(北京: 文物出版社, 1999).

長沙市文物考古研究所等編著, 『長沙走馬樓三國吳簡·竹簡(一)〜(二)』(北京: 文物出版社, 2003
　　-2006).

[淸] 陳介祺編, 『十鍾山房印擧』(北京: 中國書店, 1985).

**D**

丁福保編, 『古錢大辭典』(北京: 中華書局, 1982).

董蓮池編著, 『新金文編』(北京: 作家出版社, 2011).

**G**

高明編著, 『古陶文彙編』(北京: 中華書局, 1990).

高峽主編, 『西安碑林全集』及附錄『陝西碑石菁華』(廣州: 廣東經濟出版社, 深圳: 海天出版社,
　　1999).

甘肅文物考古研究所等編, 『居延新簡·甲渠候官』(北京: 中華書局, 1994).

郭沫若主編·胡厚宣總編輯, 『甲骨文合集』(北京: 中華書局, 1979-1982).

**H**

湖北省荊沙鐵路考古隊編, 『包山楚簡』(北京: 文物出版社, 1991).

湖北省文物考古研究所·北京大學中文系編, 『望山楚簡』(北京: 中華書局, 1997).

湖北省荊州市周梁玉橋遺址博物館編, 『關沮秦漢墓簡牘』(北京: 中華書局, 2001).

湖南省文物考古研究所編著, 『裏耶秦簡(壹)~(貳)』(北京: 文物出版社, 2011-2017).

華東師範大學中國文字研究與應用中心: "中國文字智能檢索網絡數據庫",

https://wjwx.ecnu.edu.cn/wenzidb/Home/Login.aspx, 2000-2023.

黃錫全著, 『先秦貨幣研究』(北京: 中華書局, 2001).

侯燦·楊代欣編, 『樓蘭漢文簡紙文書集成』(成都: 天地出版社, 1999).


**J**

[日] 菅原石盧編, 『中國璽印集粹』(東京: 二玄社, 1997).

荊門市博物館編, 『郭店楚墓竹簡』(北京: 文物出版社, 1998).


**L**

李零著, 『長沙子彈庫戰國楚帛書研究』(北京: 中華書局, 1985).

李東琬主編, 『天津市藝術博物館藏古璽印選』(北京: 文物出版社, 1998).

劉雨·盧岩編, 『近出殷周金文集錄』四冊(北京: 中華書局, 2004).

劉釗編著, 『新甲骨文編』(福州: 福建人民出版社, 2009).

劉釗主編, 『馬王堆漢墓簡帛文字全編』(北京: 中華書局, 2020).

羅福頤主編, 『古璽彙編』(北京: 文物出版社, 1981).

羅福頤主編, 『故宮博物院藏古璽印選』(北京: 文物出版社, 1982).

羅福頤主編, 『秦漢南北朝官印征存』(北京: 文物出版社, 1987).

羅福頤編, 『增訂漢印文字徵』(北京: 故宮出版社, 2010).

羅振玉·王國維編著, 『流沙墜簡』(北京: 中華書局, 1993).

[日] 瀧川資言著, 楊海崢整理, 『史記會注考證』八冊(上海: 上海古籍出版社, 2016).


**M**

馬承源主編, 『商周青銅器銘文選(一)~(四)』(北京: 文物出版社, 1986-1990).

馬承源主編, 『上海博物館藏戰國楚竹書(一)~(八)』(上海: 上海古籍出版社, 2001-2011).

**P**

彭浩主編, 『張家山漢墓竹簡』(武漢: 湖北美術出版社, 2002).

**Q**

錢鍾書著, 『管錐編』五冊(北京: 前四冊, 最早由中華書局, 1979年出版, 第五冊1981年出版). 『管錐編』四冊, 『錢鍾書集』(北京: 三聯書店, 2008)第二版.

清華大學出土文獻研究與保護中心編, 『清華大學藏戰國竹簡(一)~(五)』(上海: 中西書局, 2010 -2015).

**S**

睡虎地秦墓竹簡整理小組編, 『睡虎地秦墓竹簡』(北京: 文物出版社, 1990).

**W**

汪濤等編著, 『英國國家圖書館藏斯坦因所獲未刊漢文簡牘』(上海: 上海辭書出版社, 2007).

王輝·程學華著, 『秦文字集證』(臺北: 藝文印書館, 1999).

王其禕·周曉薇編著, 『隋代墓志銘彙考』(北京: 線裝書局, 2007).

**X**

徐玉立主編, 『漢碑全集』(鄭州: 河南美術出版社, 2006).

**Z**

臧克和著, 『漢字單位觀念史考述』(第二版)(上海: 學林出版社, 1998).

臧克和著, 『「說文解字」的文化說解』(第一版)(武漢: 湖北人民出版社, 1994); 『「說文」認知分析』(第二版)(武漢: 湖北人民出版社, 2019).

臧克和著, 『「尚書」文字校詁』(上海: 上海教育出版社, 1999).

臧克和主編, 『中國文字發展史』五冊(上海: 華東師範大學出版社, 2015).

臧克和編著, 『讀字錄』上中下冊(上海: 上海古籍出版社, 2020).

臧克和·劉本才主編, 『漢字結構認知大字典』四冊(廣州: 廣東人民出版社, 2020).

張頷編, 『侯馬盟書』(北京: 文物出版社, 1976).

張頷編纂, 『古幣文編』(北京: 中華書局, 1986).

中國社會科學院考古研究所編, 『小屯南地甲骨』(北京: 中華書局, 1980).

中國社會科學院考古研究所編, 『殷墟花園莊東地甲骨』(昆明: 雲南人民出版社, 2003).

中國社會科學院考古研究所編, 『殷周金文集成』(北京: 中華書局, 1984-1995).

中國社會科學院考古研究所編輯, 『曾侯乙墓』(北京: 文物出版社, 1989).

中國文物研究所等編,   『新中國出土墓志』(河南壹·河南貳·河南三千唐志齋壹·陝西壹·陝西貳·陝西
    三·重慶·北京壹·河北壹·江蘇壹常熟·上海天津·江蘇貳南京)(北京: 文物出版社, 1994-2015).

## 한자 속의 화도(和道) 사상

초판 1쇄 인쇄 2025년 10월 25일
초판 1쇄 발행 2025년 10월 31일

저자 장극화(臧克和))
역자 김화영(金和英)
펴낸이 정혜정
펴낸곳 도서출판 3
표지디자인·편집 김형준
인쇄 호성 P&P

출판등록 2013년 7월 4일 (제2020-000015호)
주소 부산광역시 금정구 중앙대로 1929번길 48
전화 070-7737-6738
팩스 051-751-6738
전자우편 3publication@gmail.com

ISBN: 979-11-87746-97-3(93720)

○ 장극화(臧克和)

중국 화동사범대학교 중문과 종신교수, 박사지도 교수, 화동사범대학교 중국문자
연구와응용센터(중국교육부 인문사회과학 중점연구기지) 주임, 중국 국가어문위
원회 한자위원회 부주임과 중국교육부 학풍건설위원회 위원, 미국 아이오와 대
학교 명예교수, 독일 본 대학교 객원교수를 맡고 있다. 중국 국가중점과제, 교육
부 중점과제 다수를 수행했으며, 『설문해자인지분석』, 『실용설문해자』, 『중국문
자학발전사』, 『중고한자유변(中古漢字流變)』, 『간백(簡帛)과 학술』, 『독자록(讀字
錄)』 등 다양한 저술이 있다.


○ 김화영(金和英)

경성대학교 중국학과 교수, 중국 국가 교육부 인문사회과학 중점연구기지 화동사
범대학 중국문자연구응용센터 겸직연구원(中國國家敎育部人文社會科學重點研究基
地華東師範大學中國文字硏究與應用中心 兼職硏究員), 부산대학교 중문과 박사, 세
계한자학회(WACCS) 이사, 『한자연구』 부편집장을 맡고 있다. 한자어원 연구와
교육에 종사하고 있으며, 『그림책 한자』 등의 저서와 『한자와 유학사상』, 『중국
문자학 핸드북』, 『유래를 품은 한자』, 『갑골문고급사전』, 『삼차원한자학』, 『한
국한문자전의 세계』 등 여러 역서가 있다.